古代歷史文化 研究輯刊

十 編

王 明 蓀 主編

第 5 冊

春秋大都耦國政治現象剖析
——以晉國爲例

尉 博 博 著

國家圖書館出版品預行編目資料

春秋大都耦國政治現象剖析——以晉國為例／尉博博 著 — 初
版 — 新北市：花木蘭文化出版社，2013〔民103〕
目 2+154 面；19×26 公分
（古代歷史文化研究輯刊 十編：第 5 冊）
ISBN：978-986-322-333-7（精裝）
1. 政治制度　2. 春秋
618　　　　　　　　　　　　　　　　102014360

ISBN-978-986-322-333-7

古代歷史文化研究輯刊
十 編 第 五 冊　　　　　　ISBN：978-986-322-333-7

春秋大都耦國政治現象剖析
——以晉國爲例

作　　者　尉博博
主　　編　王明蓀
總 編 輯　杜潔祥
出　　版　花木蘭文化出版社
發 行 所　花木蘭文化出版社
發 行 人　高小娟
聯絡地址　235 新北市中和區中安街七二號十三樓
　　　　　電話：02-2923-1455／傳眞：02-2923-1452
網　　址　http://www.huamulan.tw 信箱 sut81518@gmail.com
印　　刷　普羅文化出版廣告事業
初　　版　2013 年 9 月
定　　價　十編 35 冊（精裝）新台幣 62,000 元　　　　版權所有·請勿翻印

春秋大都耦國政治現象剖析
——以晉國爲例

尉博博　著

作者簡介

尉博博，男，生於 1979 年，甘肅省甘穀縣人，現為天水師範學院文史學院教師。高中就讀于甘肅省甘穀一中，本科就讀于西北大學文學院，2007 年在西北師範大學文學院獲得歷史學碩士學位，2010 年在陝西師範大學歷史文化學院獲得歷史學博士學位，主要從事先秦史研究，擅長《左傳》、《國語》。

提　要

　　本書研究之目的是通過對春秋晉國大都耦國政治現象的剖析，揭示晉國乃至整個春秋時期所發生的歷史巨變，進而展現國家進步的軌迹，並初步探討邊緣崛起的歷史規律。全文主要由七部分組成。

　　第一部分，緒論。說明春秋晉國大都耦國政治現象研究的意義。大都耦國現象是春秋晉國史的一條主線，以此為線索，進一步探討晉國由方百里之國崛起為中原頭號強國的內在原因，進而由晉國聯系到整個春秋時期社會歷史發生的深刻變化。對大都耦國現象的研究，前人只是作了零星的考察，本書是對大都耦國現象的系統研究。唯物史觀是全文的指導思想。

　　第二部分，對都和國的概念進行了界定。都是指卿大夫所受封的大邑，即卿大夫家所在的城邑。國的含義前後變化較大，從西周至春秋時期，國一般指天子和諸侯的國城，隨著諸侯國領土的擴大，在春秋末年，國也可指領土國家。都的內部結構在一定程度上是諸侯國的翻版，卿大夫在諸侯之朝，世襲為官，而在自己的都中，就是家君，都中建有宗廟、社稷，而且設官分職。都中還有卿大夫的私家武裝。都的兩面性是指諸侯立家之本意是為了讓卿大夫藩屏公室，保衛國城，也是國君統治地方的一種手段，但是當卿大夫勢力膨脹，都的規模達到或超過國城時，都又成了卿大夫反抗國君的中心。而此時，大都耦國局面就形成了。

　　第三部分，重點闡述了春秋晉國大都耦國政治現象的過程和特點。晉國的大都耦國現象，主要出現在早期和晚期。早期是指曲沃代翼，公元前 745 年，晉昭侯分封其叔父成師于曲沃，曲沃大于國城翼，晉國首次出現大都耦國的現象。在之後的六十七年中，曲沃桓叔、莊伯、武公祖孫三代，持續不斷的進攻國城翼，弒殺了五位國君。公元前 678 年，周天子終于命曲沃武公為晉侯。至此，曲沃代翼取得了最後的勝利。曲沃代翼是春秋早期非常獨特的大都耦國現象，大約與此同時，鄭國也出現了共叔段以京耦國的現象，但被鄭莊公平定。晉國和鄭國幾乎同時出現大都耦國的政治現象，結果卻不同，這根源于兩國不同的政治背景。晉國長期與戎狄為伍，受中原周文化的影響較弱，而鄭國地處傳統周禮文化的核心區，對傳統因襲的負擔較重，所以，晉國的大都耦國取得了成功，而鄭國沒有實現以都代國。曲沃代翼後，晉國還出現了欒盈以曲沃耦國的現象。晉國中後期，六卿占據了許多大都，相互牽制，卻彼此勢力敵，于是形成都與國僵持的局面。之後，趙氏滅范、中行氏，趙、魏、韓三家滅知氏。晉的國力「萃于三族」，趙氏占據晉陽、魏氏占據安邑、韓氏占據平陽，都與國的僵持被打破，基本上實現了以都代國的目標。

第四部分，是晉、齊兩國的大都耦國現象與魯、鄭、宋、衛等國的比較。春秋後期，各主要諸侯國普遍出現了大都耦國的現象，晉國的趙、魏、韓三家取得了以都代國的成功；齊國實現了陳氏代齊；而魯、鄭、衛沒有能夠實現以都代國；宋國的公子鮑雖奪取了政權，但對宋國社會變革的影響微乎其微。晉、齊與中原各國存在差別，主要是對傳統周禮的因襲有程度上的差異。

　　第五部分，闡明了春秋大都耦國現象出現的原因。一是分封制發展的必然結果；二是生產發展後貴族中富族與敝族分化的必然結果；三是各國開疆拓土的必然結果。此外，對晉國大都耦國現象比較突出的特殊原因也作了分析。

　　第六部分，是關于大都耦國現象對春秋政治的影響。分別表現在縣制、兵制、賦稅制、官僚制、法制等方面。

　　第七部分，結語。說明大都耦國現象在春秋史研究中的地位、作用，以及對大都耦國現象研究的展望。

目

次

第一章　緒　論

第一節　春秋晉國大都耦國政治現象研究的意義

　　大都耦國是指卿大夫治下的都規模和實力達到或超過諸侯之國城。大都耦國的政治現象在春秋時期就已引起了人們的重視。如周大夫辛伯說：「並后、匹嫡、兩政、耦國，亂之本也。」〔註1〕晉大夫狐突說：「內寵並后，外寵二政，嬖子配嫡，大都耦國，亂之本也。」〔註2〕《左傳》記事，起於鄭莊公封共叔段於京，京邑坐大，又使北鄙、西鄙貳於己，已成耦國之勢。終於趙、魏、韓三家滅知伯，之後，三家更以晉陽、安邑、平陽三都代國。研究晉國大都耦國政治現象的重要意義在於，大都耦國政治現象基本上貫穿了春秋晉國歷史的全過程。魯惠公二十四年，即公元前 745 年，晉昭侯封其叔父成師於曲沃，開大都耦國之端，歷六十七年內戰，於魯莊公十六年，即公元前 678 年，周天子命曲沃武公為晉侯。這就是曲沃代翼。是春秋時期通過大都耦國的方式成功奪取政權的典型事件。曲沃代翼後，晉獻公為防止公族以同樣的方式奪取政權，遂滅桓莊之族，實行國無公族制度。然後提拔異姓、異宗卿大夫擔任要職，由此推動了晉國國家形態大踏步向前發展，異姓、異宗卿族逐漸從晉國政治舞臺的邊緣走向中心，這為晉國後期趙、魏、韓三家以都代國埋下了伏筆。晉獻公的改革對宗法分封制起了很大的破壞作用。晉獻公所推行的國無公族制度是戰國、秦朝不分封子弟的源頭。魯閔公元年，

〔註1〕 楊伯峻《春秋左傳注》中華書局 1990 年，頁 154。
〔註2〕 楊伯峻《春秋左傳注》中華書局 1990 年，頁 272。

即公元前 661 年，晉獻公封趙夙於耿，封畢萬於魏。二氏連同早已分封的韓氏，依靠耿、魏、韓三大都，不斷增強自身的實力，經過二百五十八年的不懈奮鬥，終於在周威烈王二十三年，公元前 403 年，因晉陽、安邑、平陽三都而代國分晉，成爲諸侯。三家以都代國的歷史是春秋後期因大都耦國而取得政權的典型，並爲戰國七雄並立局面的形成奠定了基礎。曲沃代翼後，晉國還出現過欒盈以曲沃耦國而攻絳的事件。晉平公以降，六卿佔據了許多大都，卻勢力分散，形成都與國僵持的局面。之後，范、中行、知氏相繼被趙、魏、韓所滅，三家成功實現了以都代國。所以說，晉國從曲沃代翼至三家分晉的歷史，就是從大都耦國到以都代國的歷史。幾乎貫穿春秋晉國歷史的始終。研究大都耦國對於進一步研究晉國史，乃至春秋史，提供了新的視角。

曲沃代翼和三家以都代國只是一種政治現象，其背後則隱藏著經濟基礎、上層建築、意識形態三方面的複雜而深刻的巨大變化。春秋時期是中國歷史上社會發生重大轉折的關鍵時期，宗法制和分封制逐漸向郡縣制、官僚制轉變；大夫食邑的勞役剝削形態逐漸向授田制的賦稅實物剝削形態轉變；君主與大臣的關係由宗法血緣關係占主導的「親親」觀念向社稷無常奉、君臣無常位的新型君臣關係理論轉變。晉國之所以會出現曲沃代翼、三家以都代國的大都耦國現象，根源於分封制。分封制在西周初年的確發揮了重要作用，但隨著時間的推移，其弊端日益顯現，大都耦國現象就是其中最重要的弊端之一，因爲大都耦國是諸侯立家的產物。分封制主要經歷了兩個階段，第一個階段是西周時期，西周時期也存在諸侯立家，但主要是天子建國；第二個階段是春秋時期，此時，周王室衰落，各主要諸侯國通過開疆拓土，地域不斷擴大，爲諸侯立家提供了有利條件。因此，春秋時期主要是諸侯立家的階段。晉昭侯封成師於曲沃，鄭莊公封共叔段於京，晉獻公封趙夙於耿，封畢萬於魏，晉文公封趙衰於原，魯封季友於費，齊封陳氏於高唐，皆在春秋時期。春秋早期，除曲沃及京邑外，私家卿族的勢力一般還不大。因爲這是「禮樂征伐自諸侯出」〔註3〕的時代，各國公室的力量都比較強大，鄭莊公、晉獻公、齊桓公、晉文公是其代表。春秋中期以後，各國公室開始衰落，各國政權漸入私家卿族之手，晉之趙、魏、韓，魯之三桓，齊之陳氏，開始活躍於政治舞臺，這是「禮樂征伐自大夫出」〔註4〕的時代。在魯國甚至出現

〔註 3〕《漢魏古注十三經》下冊，《論語》卷十六，中華書局 1998 年，頁 72。
〔註 4〕同上。

了「陪臣執國命」〔註5〕的現象。而大夫執政的背後是大都爲其提供政治、經濟、軍事的後盾。晉國的晉陽、安邑、平陽，魯之費、成、邱，齊之高唐，均是私家卿族叱吒風雲、呼風喚雨的資本。三家分晉後，趙、魏、韓三家認識到正是分封制導致了大都耦國的弊病，前鑒不遠，乃實行中央集權的官僚制和郡縣制。從這個意義上來講，大都耦國所起的作用其實是一種槓杆作用，春秋晉國歷史發展的過程既是從大都耦國到以都代國的過程，也是從分封制走向郡縣制、官僚制的進步過程。這是歷史發展的二律背反。

大都耦國只是一種表面現象。透過大都耦國的政治現象，我們可以看出國家進步的軌迹，並進一步明確中國歷史上血緣關係向地緣關係轉變，以及公共權力從確立到逐步成熟的特點。晉國史是春秋史的重心，而大都耦國政治現象的演進則是晉國史的主線。在晉國，大都耦國的政治現象主要結果是曲沃代翼和三家分晉。從深層次講，經過曲沃代翼，小宗取代大宗，晉國發生了巨大的變化。建立在血緣關係基礎之上的宗法制受到了極大的衝擊。正如驪姬所言：「自桓叔以來，孰能愛親？唯無親，故能兼翼。」〔註6〕新的晉國在獻公時期，國家形態取得了很大的發展，血緣關係在晉國政治生活中的地位降到春秋列國的最低程度。誅殺桓莊之族，太子申生遇讒被害，重耳、夷吾被迫出亡，詛無畜群公子，確立國無公族制度。獻公末年，部分地廢除了宗法分封制，而確立了軍功分封制。大大促進了中國社會從血緣關係向地緣關係的轉變。獻公大力加強公室集權，使晉國政權更具有公共權力的特徵。趙、魏、韓在武公、獻公時受封立家，至分晉而化家爲國，歷二百五十餘年，政權性質更是發生了質變。三家受封立家之時，皆爲血緣關係濃厚的宗法家族，而以都代國之時，三國成了實行郡縣制的中央集權制國家。因此，研究晉國大都耦國現象的全部歷程，就是探討中國歷史上國家進步的軌迹。關於三家以都代國的重要意義，古人早有洞見。司馬溫公之《資治通鑒》即始於三家分晉。〔註7〕可爲明證。同時我們還應該看到，不管是晉國，還是趙、魏、韓三家，奠基之時都處於邊緣地帶，「晉居深山，戎狄之與鄰，而遠於王室，王靈不及，拜戎不暇。」〔註8〕「戎狄之民實環之。」〔註9〕只

〔註5〕同上。
〔註6〕徐元誥《國語集解》中華書局 2002 年，頁 265。
〔註7〕〔宋〕司馬光《資治通鑒》中華書局 1956 年，頁 2。
〔註8〕楊伯峻《春秋左傳注》中華書局 1990 年，頁 1371。
〔註9〕徐元誥《國語集解》中華書局 2002 年，頁 288。

能「啓以夏政，疆以戎索。」〔註10〕這些都是早期晉國的眞實寫照。耿、魏、韓也處在戎狄的包圍之中，無論物質還是精神方面，都不屬於周文明的核心區。晉國的崛起，以及趙、魏、韓三家的崛起，都是邊緣崛起的典型。

春秋時期是中國古代政治、經濟、思想學術等發生重大轉折的時代。如何準確地概括和把握春秋時期的根本歷史特徵，無疑是對先秦史研究的一個重大挑戰，我們認爲，春秋時期的根本特徵或者說是主要政治現象之一就是大都耦國。之所以作此判斷，是因爲，西周時期的主要政治現象是天子建國，周天子是政治格局的重心。西周末年，王室統治危機四伏，無力駕馭局勢。齊、晉、秦、楚等大國崛起後，大肆開疆拓土，在宗法分封制的慣性作用下，諸侯國也大封了許多私家卿大夫，諸侯立家日益普遍。因而大國諸侯代替周天子成爲政治的重心。自鄭莊公始，開啓了「禮樂征伐自諸侯出」〔註11〕的時代。在禮壞樂崩、上陵下替的亂世中，私家卿族也乘機崛起，是以形成禮樂征伐自大夫出的格局，乃至有「陪臣執國命」〔註12〕之現象。大都耦國的政治現象就是伴隨著禮樂征伐自大夫出而登上歷史舞臺的。及至戰國之世，君主專制獨裁政體逐漸確立，士人崛起，私家卿大夫或上升爲諸侯，或淪爲士庶，分封制基本終止，大都耦國之局也就無從產生。因此，大都耦國是春秋時期所獨有的政治現象。

晉國是春秋第一大國，常以華夏盟主自居，大有取周而代之的勢頭。晉國也是大都耦國現象出現最早、表現最爲典型的國家。所以，以晉國爲主，兼及中原各國，深入剖析大都耦國政治，對進一步理解春秋史以及整個先秦歷史，探索國家進步的軌迹，進而建立邊緣崛起理論都具有重要意義。

第二節　春秋晉國大都耦國政治現象的研究狀況

對春秋晉國大都耦國政治現象的研究，主要就是對曲沃代翼和三家以都代國的研究。關於對三家以都代國的重要意義，司馬光所主編的《資治通鑑》有詳細的論述，《資治通鑑》第一句話就寫到：「威烈王二十三年，初命晉大夫魏斯、趙籍、韓虔爲諸侯。」〔註13〕此句之下，緊接著司馬光發表了著名

〔註10〕楊伯峻《春秋左傳注》中華書局 1990 年，頁 1539。
〔註11〕《漢魏古注十三經》下冊，《論語》卷十六，中華書局 1998 年，頁 72。
〔註12〕同上。
〔註13〕〔宋〕司馬光《資治通鑑》中華書局 1956 年，頁 2。

的《通鑑》綱領：「臣光曰：臣聞天子之職莫大於禮，禮莫大於分，分莫大於名。何謂禮？紀綱是也。何謂分？君臣是也。何謂名？公、侯、卿、大夫是也。」〔註14〕後又進一步分析了三家以都代國對周禮的巨大破壞性。得出了三家以都代國對宗法周禮的破壞是顛覆性的結論。並大聲疾呼，要後世統治者引爲鑒戒。

清代以來，學者們對曲沃代翼和三家以都代國的研究不斷增多。其搜集材料之完備，首推馬驌之《繹史》。該書卷三十九是曲沃并晉，〔註15〕卷八十七爲晉卿廢興。其中將趙、魏、韓三家崛起的史料羅列備至，卷一百一是三卿分晉。〔註16〕詳細記錄了晉國末年三家化家爲國的過程。馬驌被譽爲馬三代，實名不虛傳。《繹史》爲我們研究晉國大都耦國現象提供了翔實而完備的資料。

清高士奇的《左傳紀事本末》對曲沃代翼和三家分晉也進行了專門研究。該書卷二十三爲曲沃并晉。〔註17〕卷三十一是晉卿族廢興。〔註18〕其中小收錄了趙、魏、韓三家興起、發展並最終代國的史實。

清顧棟高之《春秋大事表》集清代春秋學之大成。其書之卷七之三有《春秋列國都邑表·晉》〔註19〕可作爲研究春秋晉國大都耦國現象的重要參考。

近代以來，涉及大都耦國問題的著作有：

孫曜《春秋時代之世族》一書第三章第一節，認爲晉昭侯封成師於曲沃，構成了大都耦國之勢。〔註20〕

侯外廬所著《中國古代社會史論》第六章第三節，專門論述了春秋大都耦國問題。該節的題目是：「春秋國家及其耦國制度。」〔註21〕侯外廬先生認爲耦國是一種制度。

侯外廬主編的《中國思想通史》第一卷也涉及大都耦國問題。該書認爲，春秋時代，土地所有制向下轉移，產生了大都耦國現象。〔註22〕

〔註14〕同上。
〔註15〕〔清〕馬驌《繹史》中華書局 2002 年，頁 956。
〔註16〕〔清〕馬驌《繹史》中華書局 2002 年，頁 2649。
〔註17〕〔清〕高士奇《左傳紀事本末》中華書局 1979 年，頁 257。
〔註18〕〔清〕高士奇《左傳紀事本末》中華書局 1979 年，頁 431。
〔註19〕〔清〕顧棟高《春秋大事表》中華書局 1993 年，頁 801。
〔註20〕孫曜《春秋時代之世族》，《民國叢書》第三編，上海書店 1991 年，頁 30。
〔註21〕侯外廬《中國古代社會史論》河北教育出版社 2000 年，頁 188。
〔註22〕侯外廬《中國思想通史》人民出版社 1957 年，頁 13。

　　童書業先生的《春秋左傳研究》一書也講到了大都耦國問題。童先生認
爲：三家分晉、陳氏代齊、三桓專魯是大都耦國的表現形式。〔註23〕

　　童書業先生所著《春秋史》一書，也系統敘述了曲沃代翼和三家以都代
國的史實。〔註24〕

　　顧德融、朱順龍著《春秋史》，是對二十世紀以前春秋史研究的總結。該
書詳細敘述了曲沃代翼和三家以都代國的全過程。〔註25〕

　　楊寬先生的《戰國史》在兩處分別從不同角度談到了三家以都代國的過
程。〔註26〕

　　李孟存著《晉國史》是迄今爲止研究曲沃代翼和三家分晉最爲詳細的著
作。〔註27〕

　　徐鴻修所著《先秦史研究》一書所收之《周代貴族專制政體中的原始民
主遺存》也提及了大都耦國問題。認爲耦國爲亂之本的說法，是鼓吹專制獨
裁的論調。〔註28〕

　　呂文郁的《周代的采邑制度》一書是研究大都耦國問題的重要著作。該書
第八章晉國的采邑，分析了曲沃代翼和三家以都代國的問題。〔註29〕尤其是第
九章第一節講郡縣制取代采邑制的歷史必然性，深刻論述了春秋大都耦國的意
義。呂氏又集中了《國語》、《左傳》中關於大都耦國的記載，並援引及秦、漢、
唐、明人之議論，點出大都耦國問題在古代就早已爲人所重視。〔註30〕

　　錢宗範所著《周代宗法制度研究》一書也談及大都耦國問題。認爲申生
之曲沃是與晉國相匹敵的。〔註31〕

　　許倬雲之《求古編》亦論及大都耦國。他認爲政柄倒置與大都耦國是一
件事的兩個不同表現形式。〔註32〕

　　趙世超先生的《周代國野制度研究》一書中對大都耦國作了獨到的分析。

〔註23〕童書業《春秋左傳研究》上海人民出版社1980年，頁159。
〔註24〕童書業《春秋史》上海古籍出版社2003年，頁175，266。
〔註25〕顧德融《春秋史》上海人民出版社2003年，頁87，356。
〔註26〕楊寬《戰國史》上海人民出版社2003年，頁166，288。
〔註27〕李孟存《晉國史》山西古籍出版社1999年，頁27，274。
〔註28〕徐鴻修《先秦史研究》山東大學出版社2002年，頁84。
〔註29〕呂文郁《周代的采邑制度》社會科學文獻出版社2006年，頁233，248。
〔註30〕呂文郁《周代的采邑制度》社會科學文獻出版社2006年，頁252～256。
〔註31〕錢宗範《周代宗法制度研究》廣西師大出版社1989年，頁136。
〔註32〕許倬雲《求古編》新星出版社2006年，頁92。

趙世超指出：都鄙人民衝不破家族的局限而變成國家編戶，以國君為代表的行政權力就不可能一下子順利地貫徹到底。正因為如此，才說：「大都耦國，亂之本也。」都的大量存在，仍是領土國家還不成熟的一種表現形式。把采邑說成是私有土地過於牽強。部分貴族長期據有大都，只能導致「大都耦國」。〔註33〕在某些場合，采邑可以充當卿大夫向公室奪權的基地，一旦奪權成功，它便連同從公室剛獲得的地盤一起，都成了新建國家的領土，邑中的人口也成了新建國家的編戶，三家分晉和田氏代齊都屬於這種情況。〔註34〕趙世超先生的以上教誨使我受到很大的啟發。

關於研究曲沃代翼和三家以都代國的論文主要有：

常正光《春秋時期宗法制度在晉國的開始解體與晉國稱霸的關係》〔註35〕一文，重點論述了曲沃代翼的特點，及其曲沃代翼後晉國社會經濟、政治的變化。常氏指出，曲沃在入春秋之前就是軍事要地。又具有優越的物質基礎。因為曲沃位於涑水上游，可用以灌溉，所以農業很發達。曲沃還靠近鹽池，因而是財富聚集之地。曲沃軍力又非鄭共叔段可比。經濟、軍事實力如此強大，滅翼乃屬必然。常氏認為，曲沃代翼是破壞宗法制度的勝利，與宮廷政變大有區別。該文最後指出，宗法分封制度是與西周生產力低下相適應的，隨著生產力的發展，舊的宗法制就不再適應經濟、政治的發展需要，於是才有曲沃代翼之發生。借此機會，晉國廢除了宗法分封制，重用異姓卿大夫，解決了經濟基礎與上層建築的矛盾。但是，這又潛藏著三家分晉的因素。

應永深《論春秋時代魯國和晉國的社會特點兼及儒家和法家產生的歷史背景》〔註36〕一文認為：趙、魏、韓在政治上得勢，而季氏在政治上沒有前途，是由於他們之間政治上的先進和落後決定的。

應永深《試論晉國政治的「尚公」特徵》〔註37〕一文以為：曲沃武公滅翼，其子獻公滅公族，晉國逐漸建立了中央集權制的新制度。

郭人民《秦漢制度淵源初論》〔註38〕一文十分精到的斷定：秦漢時期的政治、經濟制度，來源於晉國。郭先生指出，曲沃代翼開始破壞了晉國的公

〔註33〕　趙世超《周代國野制度研究》陝西人民出版社1991年，頁269。
〔註34〕　趙世超《周代國野制度研究》陝西人民出版社1991年，頁303。
〔註35〕　《歷史研究》1963年第1期。
〔註36〕　《歷史研究》1964年第1期。
〔註37〕　《晉陽學刊》1983年第2期。
〔註38〕　《河南師大學報》1981年第4期。

族制度。導致獻公廢除貴族世襲壟斷政權的傳統。至三家分晉後，繼承了晉國的法治思想。而形成了三個以法治思想爲指導，以土地私有爲基礎，以中央官僚和地方郡縣守令爲管理體制的集權軍功封建制國家。

周蘇平《春秋時期晉國政權的演變及其原因之分析》〔註 39〕一文簡要敘述了曲沃代翼和三家分晉的經過，認爲軍權下移是三家分晉的主要原因。三家分晉屬於新貴族即軍功貴族奪取政權。

徐勇《試析春秋中後期晉國的政局和趙氏強盛的原因》〔註40〕一文認爲，晉國中後期，趙、韓、魏三家採取了進步的政策，取得了領先的地位，而趙簡子、趙襄子之改革更爲徹底，所以傚果最好。

錢杭《春秋時期晉國的宗、政關係》〔註 41〕一文認爲，晉國師服通過曲沃代翼爲例，認定晉國公族與公室的關係是本末關係。進入戰國以後，趙、魏、韓三國的宗族蹤迹突然消失，其原因是宗族降低了存在的層次，從政治舞臺退至基層，亦退出了宮廷史官的記載。

彭邦本《從曲沃代翼後的宗法組織看晉國社會的宗法分封性質》〔註 42〕一文是研究曲沃代翼和三家分晉的一篇重要文章。文章之觀點我們雖不能完全贊同，但內容之翔實亦足資參考。文章開門見山就敘述曲沃代翼，明確指出晉制與列國優寵公室子弟存在重大差別。該文還特地作了春秋時期晉卿大夫領地狀況簡表。文章最後指出，三家分晉後，矯正了晉制的偏頗，恢復了對國君子弟的分封。三晉走上了郡國並行、但郡縣爲主的正軌。

林宏躍《論三家分晉形成的社會機制》〔註 43〕一文認爲：曲沃以小宗取代大宗，極大地淡化了晉國以血緣關係爲基礎的宗法關係。六卿在采邑領地上經營自己的大本營，使一些采邑成爲其政治、經濟中心。如趙氏之晉陽，魏之安邑，韓之平陽，皆爲相當規模的城市。如此，則六卿的采邑既有獨立的經濟體制，又有政治經濟中心城市，及其官僚體制和軍隊。實際上形成了新型獨立王國。六卿之間又相互兼併，於是有三家分晉之局面。

以上是前人對大都耦國現象研究的基本概況，不難看出，對大都耦國現象，前人早就注意到了，只是沒有進行專門、系統的研究。本文是在前人的

〔註39〕 《西北大學學報》1987 年第 2 期。
〔註40〕 《中國史研究》1989 年第 4 期。
〔註41〕 《華東師大學報》1989 年第 6 期。
〔註42〕 《中國史研究》1989 年第 4 期。
〔註43〕 《山西師大學報》1992 年第 1 期。

基礎之上，從都和國的概念、都的結構和性質入手，詳細闡述春秋晉國大都耦國發展的過程和特點，通過晉、齊與中原各國的對比，深入分析春秋大都耦國政治現象形成的原因，並初步論及了它對後世的影響。

第三節　理論基礎和研究思路

　　馬克思《〈政治經濟學批判〉序言》和恩格斯《家庭、私有制和國家的起源》是我們研究先秦史的理論基礎。

　　《序言》指出：「人們在自己生活的社會生產中發生一定的、必然的、不以他們的意志為轉移的關係，即同他們的物質生產力的一定發展階段相適合的生產關係。這些生產關係的總和構成社會的經濟結構，即有法律的和政治的上層建築豎立其上並有一定的社會意識形式與之相適應的現實基礎。物質生活的生產方式制約著整個社會生活、政治生活和精神生活的過程。不是人們的意識決定人們的存在，相反，是人們的社會存在決定人們的意識。」〔註44〕

　　春秋大都耦國政治現象的出現，有其深刻的經濟、政治、思想意識的根源。春秋時期，鐵耕農具的使用雖不如戰國時代普遍，但已標誌著新的生產力開始登上了歷史舞臺，同時由於金屬工具的增加，木質耒耜的製造也更加方便。由此便引發勞動組合方式出現改變。但政治制度和意識形態具有滯後性，宗法分封制和傳統周禮不會因生產力水平的提高馬上退出歷史舞臺。大都耦國政治現象就是在這種社會大背景下產生的。這裏我們引用馬克思的原話，並不是要生搬硬套。而是運用其基本原理，去考察中國歷史的具體實際，實事求是，不唯書，只唯實。

　　恩格斯在《家庭、私有制和國家的起源》〔註45〕中指出，國家和舊的氏族組織的區別，一是按地區劃分國民；二是公共權力的設立。其基本原理無疑是正確的。同時我們還應該看到，恩格斯是根據古希臘、羅馬等西方民族而抽象出來的結論，但是中國的情況卻複雜的多。因為中國社會從血緣關係到地緣的轉變，經歷了非常漫長的過程，公共權力與家族組織長期共存，國家形態走向成熟更是異常艱難。這些都是我們在運用基本理論時，所應明確的。

〔註44〕　《馬克思恩格斯選集》，第 2 卷，人民出版社 1995 年，頁 32～33。
〔註45〕　《馬克思恩格斯選集》，第 4 卷，人民出版社 1995 年，頁 170～171。

本文以晉國的大都耦國現象分析爲縱線，重點考察曲沃代翼和三家以都代國的過程，以便歸納春秋晉國大都耦國政治的特點。

本文以晉、齊與魯、鄭、宋、衛之比較爲橫線，力求突顯邊緣國家與中原國家之間大都耦國政治現象所呈現出的差異，晉、齊以都代國取得了成功，而魯、鄭、宋、衛等卻沒有能夠以都代國，由此揭示出晉、齊兩國與中原各國的社會、政治背景多有不同。

最後在唯物史觀的啓發下，探討春秋大都耦國政治現象形成的原因及其影響。

結語部分則是對大都耦國政治現象的總結。

第二章　都和國

第一節　都和國的概念

在先秦時期，古代先民經過漫長的歷史進化，從遊牧狀態進入定居生活。定居生活必須要有一個定居點，人們在這個定居點上，按血緣關係的遠近逐漸聚居起來。隨著聚居點人口的增加，以及規模的擴大，於是邑就產生了。邑的本義是指人群聚居的地方。如徐中舒先生認爲：「邑，囗象城郭之形，據考古發掘，夏商故城遺址多爲方形，可以印證；巴象人跽形。故甲骨文邑象人聚居之所。」〔註1〕《論語·公冶長》：「十室之邑，必有忠信如丘者焉。」〔註2〕《左傳·襄公二十七年》：「公與免餘邑六十。」〔註3〕是指基層最小的邑居。但當大邑發展到一定階段，在邑中建立了宗廟，並設置了先君之主，都於是就產生了。《左傳·莊公二十八年》：「凡邑，有宗廟先君之主曰都，無曰邑。」〔註4〕杜預注；「宗廟所在，則雖邑曰都，尊之也。」〔註5〕《說文解字》：「有先君之舊宗廟曰都。」段玉裁注：「按據杜氏釋例，大曰都，小曰邑。雖小而有宗廟先君之主曰都，尊其所居而大之也。」〔註6〕都是邑的一種，由都字從邑，就可以看得出來。根據已知的甲骨文材料，在

〔註1〕 徐中舒主編《甲骨文字典》四川辭書出版社 2006 年，頁 710。
〔註2〕 《漢魏古注十三經》下冊，《論語》卷五，中華書局 1998 年，頁 26。
〔註3〕 楊伯峻《春秋左傳注》中華書局 1990 年，頁 1128。
〔註4〕 楊伯峻《春秋左傳注》中華書局 1990 年，頁 242。
〔註5〕 《漢魏古注十三經》下冊，《春秋經傳集解》卷三，中華書局 1998 年，頁 86。
〔註6〕 〔漢〕許慎撰 〔清〕段玉裁注《說文解字注》中華書局 1988 年，頁 283。

甲骨文中尚未發現都字。據此推斷，都可能是西周以來才有的。宗廟和先君之主主要設在卿大夫的封邑中，卿大夫通過借助宗廟祭祀，鞏固血緣關係，增強都的凝聚力和向心力，以此來加強對都的控制，也能順應周人親親的政治理念。因為一般認為，宗廟制度和設立先君之主的制度在周代更為盛行，而且在邑中設立宗廟和先君之主，也與周人的宗法分封制相符合。在宗法分封制下，將王或國君的子弟分封出去，主要是利用血緣關係的紐帶作用，以加強對封地的控制。都在春秋時期，主要是指卿大夫所受封的大邑，即卿大夫家所在的城。如魯國季孫氏、孟孫氏、叔孫氏三家的大邑稱為三都。《左傳·昭公二十六年》：「有都，以衛國也，請我受師。」〔註7〕此處的都是指孟孫氏的成。晉獻公封太子申生之曲沃，被稱為都城。《左傳·閔公元年》：「分之都城，而位以卿。」〔註8〕家的本義是指人的居所。如《說文》：「家，居也。」〔註9〕而在春秋時期，家所在的城邑主要是指卿大夫的都。《論語·季氏》：「丘也聞有國有家者，不患寡而患不均，不患貧而患不安。」〔註10〕有國者指諸侯，有家者即指大夫。卿大夫稱家，他們居住和統治的中心就是都。《左傳·桓公二年》：「諸侯立家。」〔註11〕杜預注：「卿大夫稱家。」〔註12〕《左傳·昭公五年》：「今政令在家，不能取也。」〔註13〕杜預注：「在大夫。」〔註14〕《左傳·襄公二十四年》：「諸侯貳，則晉國壞；晉國貳，則子之家壞，何沒沒也。」〔註15〕這裏的家實指范氏之都。《左傳·莊公三十年》：「鬥穀於菟為令尹，自毀其家，以紓楚國之難。」〔註16〕《左傳·文公十四年》：「公子商人驟施於國，而多聚士，儘其家，貸於公有司以繼之。」〔註17〕這兩處之家均指卿大夫都中的財物。居於都中的貴族稱為都君子或都人士。如《左傳·昭公二十七年》：「楚莠尹然、王尹麇帥師救潛，左司馬沈尹戌帥

〔註 7〕 楊伯峻《春秋左傳注》中華書局 1990 年，頁 1471。
〔註 8〕 楊伯峻《春秋左傳注》中華書局 1990 年，頁 258。
〔註 9〕 〔漢〕許慎撰〔清〕段玉裁注《說文解字注》中華書局 1988 年，頁 337。
〔註10〕 《漢魏古注十三經》下冊，《論語》卷十六，中華書局 1998 年，頁 71。
〔註11〕 楊伯峻《春秋左傳注》中華書局 1990 年，頁 94。
〔註12〕 《漢魏古注十三經》下冊，《春秋經傳集解》卷二，中華書局 1998 年，頁 61。
〔註13〕 楊伯峻《春秋左傳注》中華書局 1990 年，頁 1266。
〔註14〕 《漢魏古注十三經》下冊，《春秋經傳集解》卷二十一，中華書局 1998 年，頁 315。
〔註15〕 楊伯峻《春秋左傳注》中華書局 1990 年，頁 1089。
〔註16〕 楊伯峻《春秋左傳注》中華書局 1990 年，頁 247。
〔註17〕 楊伯峻《春秋左傳注》中華書局 1990 年，頁 602。

都君子與王馬之屬以濟師。」〔註18〕《詩・小雅》有《都人士》篇。都中的兵車稱爲都車。如《左傳・定公八年》:「壬辰，將享季氏於蒲圃而殺之，戒都車。」〔註19〕本文所指的都，主要是指卿大夫所受封的大邑，即卿大夫家所在的城邑。與都相對的概念是公邑，公邑是諸侯國君直轄的城邑，故不需要另立宗廟或先君之主。爲了加深理解，可舉魯國卞的例子做典型。卞在魯襄公時是魯國的公邑，《左傳・襄公二十九年》記載，季武子利用魯公聘楚的時機，奪取了卞，並聲稱守卞者將會發生叛亂，故有取卞之事。就這樣，卞由公邑變爲季氏的封邑之一。

關於都的研究，清代以來，多有名家。顧炎武和金鶚可爲其代表。顧氏以都爲下邑，非人君所居。〔註20〕金鶚已辨其非。因爲《詩・小雅・雨無正》有「謂爾遷於王都」〔註21〕的詩句，證明王畿可稱都。金鶚比較贊同《左傳》的說法，即有宗廟先君之主的邑，才稱爲都。並竭力爲之辯護。他認爲:先君之廟有兩種，一是公卿大夫之采邑得立太祖廟。二是親王子弟采邑得立出王廟，亦是先君廟。侯國如魯三家立桓公廟，三家之采邑可稱爲都，王國公卿采邑稱大都，大夫采邑稱小都。〔註22〕金鶚以《左傳》爲根據立說，具有一定的說服力。

在春秋時期，都鄙經常連用。如《左傳・襄公三十年》:「子產使都鄙有章，上下有服。」〔註23〕這是子產在鄭國實施的整頓舊制的政策之一。《國語・楚語上》:「國有都鄙，古之制也。」〔註24〕鄙在甲骨文中是啚字。徐中舒先生主編的《甲骨文字典》認爲:「啚，象禾麥堆積於倉廩之形。釋義一:讀如鄙，邊邑也。」〔註25〕既然都鄙經常連用，都與鄙所在的位置當較爲接近，則都在其出現的初期，可能處在各諸侯國的邊緣地帶。

國是在邑的基礎上發展起來的。《說文》:「邑，國也。」〔註26〕國的本義是指城。國在甲骨文中是或字。徐中舒先生認爲:「或，孫海波謂口象城

〔註18〕楊伯峻《春秋左傳注》中華書局 1990 年，頁 1482。
〔註19〕楊伯峻《春秋左傳注》中華書局 1990 年，頁 1568。
〔註20〕〔清〕顧炎武著、黃汝成集釋《日知錄集釋》上海古籍出版社 2006 年，頁 1250。
〔註21〕《漢魏古注十三經》上冊，《毛詩》卷十二，中華書局 1998 年，頁 89。
〔註22〕〔清〕金鶚《求古錄禮說》山東友誼出版社 1992 年，頁 606～607。
〔註23〕楊伯峻《春秋左傳注》中華書局 1990 年，頁 1181。
〔註24〕徐元誥《國語集解》中華書局 2002 年，頁 499。
〔註25〕徐中舒主編《甲骨文字典》四川辭書出版社 2006 年，頁 610。
〔註26〕〔漢〕許慎撰〔清〕段玉裁注《說文解字注》中華書局 1988 年，頁 283。

形，以戈守之，國之義也。古國皆訓城。按孫說可從。」〔註27〕在古文獻中，每以邑稱國。如《尚書·康誥》：「周公初基作新大邑於東國洛。」〔註28〕《尚書·多士》：「今朕作大邑於茲洛。」〔註29〕《尚書·召誥》：「周公朝至於洛，則達觀於新邑營。」〔註30〕以上所舉以邑稱國的例子，是邑發展到相當規模，文明程度達到一定水平之後的大城邑。因此，國是指文明程度較高、發展階段較爲先進的邑。在西周時期，國是指周天子之京師、洛邑，以及各諸侯國君所居的國城。如《詩·大雅·民勞》：「惠此中國，以綏四方。」〔註31〕毛傳：「中國，京師也。」〔註32〕《尚書·酒誥》：「乃穆考文王，肇國在西土。」〔註33〕孔傳認爲西土指岐周。〔註34〕這是周人追述周滅商之前，周之京師在岐山周原的史實。《尚書·康誥》：「周公初基作新大邑於東國洛。」〔註35〕這是以洛邑稱國的例證。西周時期，周天子大量建國，這裏的國是指諸侯所居的國城。如《左傳·定公四年》記載，封魯公伯禽於少皞之虛。杜預注：「少皞虛，曲阜也，在魯城內。」〔註36〕封康叔於殷墟。杜預注：「殷虛，朝歌也。」〔註37〕由此可知，西周時期天子建國之國，是指諸侯之國城。在春秋時期，國也主要是指諸侯國君的國城。如《左傳·隱公元年》：「都城過百雉，國之害也。先王之制，大都不過三國之一，中五之一，小九之一。」〔註38〕這是說卿大夫的都超過一定限度，將會對諸侯之國城造成威脅。因而國與都的規模有定制，大都不能超過國城的三分之一，中都不能超過國城的五分之一，小都不能超過國城的九分之一。《詩·邶風·擊鼓》：「土國城漕，我獨南行。」〔註39〕鄭玄箋：「或役土功於國，或修理漕城。」〔註40〕則此

〔註27〕徐中舒主編《甲骨文字典》四川辭書出版社 2006 年，頁 1361。
〔註28〕《漢魏古注十三經》上冊，《尚書》卷八，中華書局 1998 年，頁 49。
〔註29〕《漢魏古注十三經》上冊，《尚書》卷九，中華書局 1998 年，頁 60。
〔註30〕《漢魏古注十三經》上冊，《尚書》卷八，中華書局 1998 年，頁 54。
〔註31〕《漢魏古注十三經》上冊，《毛詩》卷十七，中華書局 1998 年，頁 133。
〔註32〕同上。
〔註33〕《漢魏古注十三經》上冊，《尚書》卷八，中華書局 1998 年，頁 51。
〔註34〕同上。
〔註35〕《漢魏古注十三經》上冊，《尚書》卷八，中華書局 1998 年，頁 49。
〔註36〕《漢魏古注十三經》下冊，《春秋經傳集解》卷二十七，中華書局 1998 年，頁 392。
〔註37〕《漢魏古注十三經》下冊，《春秋經傳集解》卷二十七，中華書局 1998 年，頁 393。
〔註38〕楊伯峻《春秋左傳注》中華書局 1990 年，頁 11。
〔註39〕《漢魏古注十三經》上冊，《毛詩》卷二，中華書局 1998 年，頁 13。

國當指衛之國城。

《左傳・隱公五年》：「鄭人以王師會之，伐宋，……公聞其入郛也，」宋使卻說「未及國。」〔註41〕此國當指宋之國城而言。《國語・周語中》：「國無寄寓，縣無施捨，……國有郊牧，疆有寓望，……國有班事，縣有序民。」〔註42〕這裏的國也應指國城。《國語・齊語》：「三其國而伍其鄙。」〔註43〕該處之國是指齊之國城而言。《孟子・萬章下》：「在國曰市井之臣，在野曰草莽之臣。」〔註44〕國仍爲國城之意。春秋時期國指國城的例子還相當多。如：《左傳・僖公三十二年》：「杞子自鄭使告於秦曰：『鄭人使我掌其北門之管，若潛師以來，國可得也。』」〔註45〕《左傳・昭公三年》：「國之諸市，屨賤踴貴。」〔註46〕此外，國和家對舉的例子也很多。如《左傳・文公四年》：「棄信而壞其主，在國必亂，在家必亡。」〔註47〕《左傳・襄公三十一年》：「他日我曰，子爲鄭國，我爲我家。」〔註48〕《左傳・昭公二十六年》：「在禮，家施不及國。」〔註49〕《國語・楚語下》：「國於是乎烝嘗，家於是乎嘗禘。」〔註50〕

當然，國的含義並不是一成不變的，春秋時期，隨著一些諸侯國開疆拓土，直轄範圍的擴大，出現了表示諸侯領土的國的概念。如《左傳・襄公二十五年》：「今大國多數圻矣，若無侵小，何以至焉？」〔註51〕《左傳・成公八年》：「夫狄焉思啓封疆以利社稷者，何國蔑有？唯然，故多大國矣！」〔註52〕但是，春秋時期國表示國城的例子占多數。本文所論述的國，主要也是指諸侯的國城。

戰國以後，都逐漸取代了國的概念，多指各國的都城，而國則用來指稱君主所統轄的整個區域。

〔註40〕同上。
〔註41〕楊伯峻《春秋左傳注》中華書局 1990 年，頁 47。
〔註42〕徐元誥《國語集解》中華書局 2002 年，頁 62。
〔註43〕徐元誥《國語集解》中華書局 2002 年，頁 219。
〔註44〕《漢魏古注十三經》下冊，《孟子》卷十，中華書局 1998 年，頁 92。
〔註45〕楊伯峻《春秋左傳注》中華書局 1990 年，頁 489。
〔註46〕楊伯峻《春秋左傳注》中華書局 1990 年，頁 1236。
〔註47〕楊伯峻《春秋左傳注》中華書局 1990 年，頁 534。
〔註48〕楊伯峻《春秋左傳注》中華書局 1990 年，頁 1193。
〔註49〕楊伯峻《春秋左傳注》中華書局 1990 年，頁 1480。
〔註50〕徐元誥《國語集解》中華書局 2002 年，頁 519。
〔註51〕楊伯峻《春秋左傳注》中華書局 1990 年，頁 1106。
〔註52〕楊伯峻《春秋左傳注》中華書局 1990 年，頁 840。

第二節　都的大量出現

　　春秋時期，周王室衰落，一些諸侯國乘機開疆拓土，或兼併了周圍的鄰國，或奪取了別國的城邑，以及攻佔了大量戎狄的土地，於是出現了少數新興大國，齊、晉、秦、楚是其代表。對這些大國來說，僅靠擴建原來的國城，已無法包容新佔領的大量土地。因此，這些大國相繼興建了許多城邑，一方面是爲了分散國中日益增多的人口，另一方面是利用新建的城邑來加強對新開拓土地的控制。文獻和考古資料都證實了這一點。《左傳》所載的建城之事多達 68 次，除其中 5 次是重建外，新建城邑 63 座。考古發現的春秋城邑也很多，僅楚城的數量，已發表的就達 50 餘座。當然在考古斷代時，春秋和戰國的時代劃分不是十分清晰，但不管怎麼說，與夏、商、西周相比，春秋城邑的數量無疑是大大增加了。城邑數量的激增使得諸侯大量立家成爲可能，都是家所在的城邑，也就是卿大夫所受封的大邑，大量立家也就意味著都的大量出現。

　　根據現有材料，晉國的都，數量最多。如：隨和范，是士會之都，《國語·晉語八》：「世及武子（士會），佐文、襄爲諸侯，諸侯無二心。……後之人可則，是以受隨、范。」〔註53〕《左傳·宣公十二年》稱士會爲隨武子，《左傳·昭公二十年》稱爲范會，可爲明證。欒，爲晉大夫欒氏之都。顧棟高《春秋大事表·都邑表》持此說。蒲，晉公子重耳之都。《左傳·莊公二十八年》：「重耳居蒲城。」〔註54〕屈，晉公子夷吾之都。《左傳·莊公二十八年》：「夷吾居屈。」〔註55〕韓，原爲古韓國，晉文侯二十四年滅韓，後爲韓萬之都。陰，呂甥之都。《左傳·僖公十五年》：「晉陰飴甥會秦伯，盟於王城。」〔註56〕杜預注：「呂甥食采於陰。」〔註57〕原，趙衰之都。《左傳·僖公二十五年》：「趙衰爲原大夫。」〔註58〕屏，趙括之都。《左傳·僖公二十四年》：「文公妻趙衰，生原同、屏括。」〔註59〕樓，趙嬰齊之都。《左傳》稱趙嬰齊爲樓嬰。冀，本國名，曾被虞國吞併，晉滅虞後歸屬晉。晉惠公時將冀賜予郤芮爲都，故稱冀芮。魯僖公二十四年，郤芮

〔註53〕徐元誥《國語集解》中華書局 2002 年，頁 425。
〔註54〕楊伯峻《春秋左傳注》中華書局 1990 年，頁 240。
〔註55〕同上。
〔註56〕楊伯峻《春秋左傳注》中華書局 1990 年，頁 366。
〔註57〕《漢魏古注十三經》下冊，《春秋經傳集解》卷五，中華書局 1998 年，頁 106。
〔註58〕楊伯峻《春秋左傳注》中華書局 1990 年，頁 436。
〔註59〕楊伯峻《春秋左傳注》中華書局 1990 年，頁 416。

因謀害晉文公而被殺，冀被收回，其子郤缺因胥臣舉薦，被命爲卿，冀重歸郤氏。瑕，爲詹嘉之都。《左傳・文公十三年》：「晉侯使詹嘉處瑕。」〔註60〕杜預注：「詹嘉，晉大夫，賜其瑕邑。」〔註61〕箕，箕鄭之都。《左傳・昭公二十三年》記載，魯叔孫婼前往晉國，士伯曰：「將館子於都」，〔註62〕杜預注：「都，別都，謂箕也。」〔註63〕然後將叔孫婼軟禁在箕。陽，爲陽處父之都。苗，爲苗賁皇之都。《左傳・宣公十七年》：「苗賁皇使見晏桓子。」〔註64〕杜預注：「賁皇，楚鬥椒之子，楚滅鬥氏而奔晉，食邑於苗地。」〔註65〕邢，本爲故邢國，先爲衛所滅，後歸晉國，賜予申公巫臣爲都。《左傳・成公二年》：「（巫臣）遂奔晉，而因郤至，以臣於晉。晉人使爲邢大夫。」〔註66〕苦，爲郤犨之都。《左傳・成公十四年》稱郤犨爲苦成叔。霍，本西周時霍叔處所封，晉獻公滅霍，後爲先且居之都，是以先且居又稱霍伯。《左傳・文公五年》：「晉趙成子、欒貞子、霍伯、臼季皆卒。」〔註67〕杜預注：「霍伯，先且居，中軍帥也。」〔註68〕櫟，爲士燮之都。《國語・晉語八》：「及文子（士燮）成晉、荊之盟，豐兄弟之國，使無有間隙，是以受郇、櫟。」〔註69〕祁，祁奚之都。《左傳・襄公二十一年》：「叔向曰：『必祁大夫。』」〔註70〕杜預注：「祁大夫，祁奚也。食邑於祁，因以爲氏。」〔註71〕都，爲雍子之都。《左傳・襄公二十六年》：「雍子奔晉，晉人與之都，以爲謀主。」〔註72〕魯昭公十四年，邢侯與雍子爭都田，則邢與都地甚相近。任，是羽頡之都。《左傳・襄公三十年》：「（鄭）羽頡出奔晉，爲任大夫。」〔註73〕邯鄲，先爲趙午之都，後歸趙簡子。《左傳・定公十三年》稱趙

〔註60〕楊伯峻《春秋左傳注》中華書局 1990 年，頁 594。
〔註61〕《漢魏古注十三經》下冊，《春秋經傳集解》卷九，中華書局 1998 年，頁 149。
〔註62〕楊伯峻《春秋左傳注》中華書局 1990 年，頁 1443。
〔註63〕《漢魏古注十三經》下冊，《春秋經傳集解》卷九，中華書局 1998 年，頁 365。
〔註64〕楊伯峻《春秋左傳注》中華書局 1990 年，頁 773。
〔註65〕《漢魏古注十三經》下冊，《春秋經傳集解》卷十一，中華書局 1998 年，頁 178。
〔註66〕楊伯峻《春秋左傳注》中華書局 1990 年，頁 805。
〔註67〕楊伯峻《春秋左傳注》中華書局 1990 年，頁 541。
〔註68〕《漢魏古注十三經》下冊，《春秋經傳集解》卷八，中華書局 1998 年，頁 140。
〔註69〕徐元誥《國語集解》中華書局 2002 年，頁 426。
〔註70〕楊伯峻《春秋左傳注》中華書局 1990 年，頁 1060。
〔註71〕《漢魏古注十三經》下冊，《春秋經傳集解》卷十六，中華書局 1998 年，頁 251。
〔註72〕楊伯峻《春秋左傳注》中華書局 1990 年，頁 1121。
〔註73〕楊伯峻《春秋左傳注》中華書局 1990 年，頁 1178。

午爲邯鄲午。晉陽，是趙簡子之都。《左傳‧定公十三年》：「晉趙鞅謂邯鄲午曰：『歸我衛貢五百家，吾舍諸晉陽。』」〔註74〕杜預注：「晉陽，趙鞅邑。」〔註75〕曲沃。原爲桓叔成師之都，晉獻公時封給太子申生爲都，後歸欒盈。《左傳‧桓公二年》：「惠之二十四年，晉始亂，故封桓叔於曲沃。」〔註76〕《國語‧晉語一》：「乃城曲沃，大子處焉。」〔註77〕《左傳‧襄公二十三年》載欒盈入曲沃發動叛亂。耿，爲趙夙之都。原爲小國，據《左傳‧閔公元年》記載，爲晉所滅，以賜趙夙。魏，是畢萬之都。原也爲一國，據《左傳‧閔公元年》記載，爲晉所滅，以賜畢萬。安邑，是魏絳之都。《史記‧魏世家》記載魏絳徙治安邑。

春秋時期，就都的數量而言，齊僅次於晉。盧，爲齊高傒之都。顧棟高《春秋大事表‧都邑表》認爲盧後爲齊公子高傒邑。《左傳‧成公十七年》：「高弱以盧叛。」〔註78〕鮑，爲齊鮑氏之都。《齊乘》：「禹後有鮑叔仕齊，食采於鮑，因以爲氏。」〔註79〕晏，爲晏嬰之都。〔註80〕高唐，爲陳無宇之都。《左傳‧昭公十年》：「穆孟姬爲之（陳無宇）請高唐，陳氏始大。」〔註81〕廩丘，爲齊大夫烏餘之都。《左傳‧襄公二十六年》：「齊烏餘以廩丘奔晉。」〔註82〕杜預注：「烏餘，齊大夫。」〔註83〕崔，崔氏之都。《左傳‧襄公二十七年》：「崔，宗邑也，必在宗主。」〔註84〕莒，屬陳無宇之都。《左傳‧昭公十年》：「桓子（陳無宇）盡致諸公，而請老於莒。」〔註85〕舒州，是陳氏之都。《春秋大事表》認爲：「本薛地，爲齊陳氏邑。案春秋末薛尚存，當是齊侵其近郊之地，別置舒州以封陳氏耳。」〔註86〕隰，是齊大夫隰氏之都。顧棟高持此說。〔註87〕穀，又名小穀，爲管仲之都。《左傳‧莊公三十二年》：

〔註74〕 楊伯峻《春秋左傳注》中華書局 1990 年，頁 1589。
〔註75〕 《漢魏古注十三經》下冊，《春秋經傳集解》卷二十八，中華書局 1998 年，頁 406。
〔註76〕 楊伯峻《春秋左傳注》中華書局 1990 年，頁 93。
〔註77〕 徐元誥《國語集解》中華書局 2002 年，頁 262。
〔註78〕 楊伯峻《春秋左傳注》中華書局 1990 年，頁 898。
〔註79〕 轉引自〔清〕顧棟高《春秋大事表》中華書局 1993 年，頁 735。
〔註80〕 轉引自〔清〕顧棟高《春秋大事表》中華書局 1993 年，頁 736。
〔註81〕 楊伯峻《春秋左傳注》中華書局 1990 年，頁 1318。
〔註82〕 楊伯峻《春秋左傳注》中華書局 1990 年，頁 1124。
〔註83〕 《漢魏古注十三經》下冊，《春秋經傳集解》卷十八，中華書局 1998 年，頁 272。
〔註84〕 楊伯峻《春秋左傳注》中華書局 1990 年，頁 1137。
〔註85〕 楊伯峻《春秋左傳注》中華書局 1990 年，頁 1317。
〔註86〕 〔清〕顧棟高《春秋大事表》中華書局 1993 年，頁 747。
〔註87〕 〔清〕顧棟高《春秋大事表》中華書局 1993 年，頁 746。

「城小穀，爲管仲也。」〔註88〕《左傳・昭公十一年》：「齊桓公城穀而置管仲焉。」〔註89〕渠丘，是雍廩之都。《國語・楚語上》：「齊有渠丘。」〔註90〕韋昭注：「齊大夫雍廩之邑。」〔註91〕

　　魯國的都有：費，費庈父之都。《春秋大事表》：「魯大夫費庈父之食邑。讀如字。與季氏費邑讀曰秘者有別。」〔註92〕防，爲臧氏之都。《左傳・襄公二十三年》：「臧孫如防。」〔註93〕杜預注：「防，臧孫邑。」〔註94〕成，孟孫氏之都。《左傳・定公十二年》：「且成，孟氏之保障也。無成，是無孟氏也。」〔註95〕費，季氏之都。《左傳・僖公元年》：「公賜季友汶陽之田及費。」〔註96〕桃，爲孟孫氏之都。《左傳・昭公七年》記載晉人爲了杞國的原因，迫使魯國將成歸還杞國。孟孫氏只好遷往桃。郈，爲叔孫氏之都。《左傳・定公十二年》：「仲由爲季氏宰，將墮三都，於是叔孫氏墮郈。」〔註97〕〔註98〕漆，是邾庶其之都。《春秋經・定公十五年》：「冬，城漆。」〔註99〕杜預注：「邾庶其邑。」〔註100〕卞，也寫作弁。屬季氏之大邑。《左傳・襄公二十九年》：「季武子取卞。」〔註101〕《國語・楚語上》：「魯有弁、費。」〔註102〕韋昭注：「弁、費，季氏之邑。」〔註103〕

　　衛國的都有：蒲，爲甯氏之都。《春秋大事表》認爲屬甯氏。鄄，爲齊豹

〔註88〕楊伯峻《春秋左傳注》中華書局 1990 年，頁 251。
〔註89〕楊伯峻《春秋左傳注》中華書局 1990 年，頁 1328。
〔註90〕徐元誥《國語集解》中華書局 2002 年，頁 498。
〔註91〕同上。
〔註92〕〔清〕顧棟高《春秋大事表》中華書局 1993 年，頁 719。
〔註93〕楊伯峻《春秋左傳注》中華書局 1990 年，頁 1083。
〔註94〕《漢魏古注十三經》下冊，《春秋經傳集解》卷十七，中華書局 1998 年，頁 258。
〔註95〕楊伯峻《春秋左傳注》中華書局 1990 年，頁 1587。
〔註96〕楊伯峻《春秋左傳注》中華書局 1990 年，頁 279。
〔註97〕楊伯峻《春秋左傳注》中華書局 1990 年，頁 1586。
〔註98〕《漢魏古注十三經》下冊，《春秋經傳集解》卷二十七，中華書局 1998 年，頁 395。
〔註99〕《漢魏古注十三經》下冊，《春秋經傳集解》卷二十八，中華書局 1998 年，頁 408。
〔註100〕《漢魏古注十三經》下冊，《春秋經傳集解》卷二十八，中華書局 1998 年，頁 408。
〔註101〕楊伯峻《春秋左傳注》中華書局 1990 年，頁 1155。
〔註102〕徐元誥《國語集解》中華書局 2002 年，頁 498。
〔註103〕同上。

之都。《左傳‧昭公二十年》：「衛公孟縶狎齊豹，奪之司寇與鄄。」〔註104〕戚，爲孫林父之都。《國語‧楚語上》：「衛有蒲、戚，」〔註105〕韋昭注：「戚，孫林父之邑。」〔註106〕平陽，爲孔氏之宗邑。《春秋大事表》：「哀十六年衛侯飲孔悝酒於平陽。……下文云使貳車反祏於西圃，《注》云『還取廟主，西圃，孔氏廟所在』，則平陽蓋孔氏之宗邑。」〔註107〕

宋國的都有：蕭，蕭叔大心之都。《春秋大事表》：「蕭本宋邑，是年蕭叔大心殺南宮牛立桓公有功，宋封之以爲附庸。」〔註108〕鞌，桓魋之都。《左傳‧哀公十四年》：「（魋）請以鞌易薄。」〔註109〕杜預注：「鞌，向魋邑。」〔註110〕

鄭國的都有：京，共叔段之都。《左傳‧隱公元年》：「請京，使（共叔段）居之，謂之京城大叔。」〔註111〕祭，祭仲之都。祭仲見於《左傳‧隱公元年》。櫟，子元之都。《國語‧楚語上》：「昔鄭有京、櫟」〔註112〕韋昭注：「櫟，鄭子元之邑。」〔註113〕

楚國的都有：湫，也寫作椒，爲伍舉之都。《春秋大事表》：「楚靈王時爲伍舉采邑。」〔註114〕《國語‧楚語上》有椒舉，及其子椒鳴。葉，沈諸梁之都。〔註115〕棠，伍奢長子伍尚之都。《左傳‧昭公二十年》稱伍尚爲棠君尚。中犫，是鬬韋龜之都。《左傳‧昭公十三年》：「王奪鬬韋龜中犫。」〔註116〕養，楚封吳公子掩餘、燭庸之都。《左傳‧昭公三十年》：「吳子使徐人執掩餘，使鍾吾人執燭庸，二公子奔楚。楚子大封，而定其徙，……使居養。」〔註117〕

〔註104〕楊伯峻《春秋左傳注》中華書局 1990 年，頁 1410。

〔註105〕徐元誥《國語集解》中華書局 2002 年，頁 497。

〔註106〕同上。

〔註107〕〔清〕顧棟高《春秋大事表》中華書局 1993 年，頁 785。

〔註108〕〔清〕顧棟高《春秋大事表》中華書局 1993 年，頁 767。

〔註109〕楊伯峻《春秋左傳注》中華書局 1990 年，頁 1686。

〔註110〕《漢魏古注十三經》下冊，《春秋經傳集解》卷三十，中華書局 1998 年，頁 430。

〔註111〕楊伯峻《春秋左傳注》中華書局 1990 年，頁 11。

〔註112〕徐元誥《國語集解》中華書局 2002 年，頁 497。

〔註113〕同上。

〔註114〕〔清〕顧棟高《春秋大事表》中華書局 1993 年，頁 839。

〔註115〕〔清〕顧棟高《春秋大事表》中華書局 1993 年，頁 844。

〔註116〕楊伯峻《春秋左傳注》中華書局 1990 年，頁 1344。

〔註117〕楊伯峻《春秋左傳注》中華書局 1990 年，頁 1507。

白，楚太子建之子白公勝之都。《左傳‧哀公十六年》載子西召太子建之子勝，使處吳、楚邊境之地，爲白公。

秦國的都有：徵、衙，屬秦景公之弟公子鍼之都。《國語‧楚語上》：「秦有徵、衙。」〔註118〕韋昭注：「徵、衙，桓公之子，景公之弟公子鍼之邑。」〔註119〕

吳國的都有：延陵、州來，爲吳公子季札之都。《左傳‧襄公三十一年》：「趙文子問焉，曰：『延州來季子其果立乎？』」〔註120〕杜預注：「延州來，季札邑。」〔註121〕顧棟高認爲：「本封延陵，後復封州來，故曰延州來。」〔註122〕

第三節　都的內部結構

因爲都是卿大夫家所在的城邑，所以都實際上是政治、經濟、軍事實體。《左傳‧昭公十六年》：「立於朝而祀於家，有祿於國，有賦於軍。」〔註123〕是對都的內部結構的極好概括。

立於朝，是指卿大夫在國君的朝廷上擔任官職。春秋時代的卿大夫在朝廷上任職，幾乎是世代相承，魯國三桓是世襲同一官職，其他國家的卿大夫不一定世襲同一官職，但是可以世襲爵位。魯國是公族世卿制的典型。《左傳‧昭公四年》載杜洩曰：「吾子（季孫）爲司徒，實書名；夫子（叔孫）爲司馬，與工正書服；孟孫爲司空以書勳。」〔註124〕可知，季氏世代任司徒，叔孫氏世代任司馬，孟孫氏世代任司空。以魯之執政而言，從僖公元年至哀公二十七年，魯國的執政共有十一人，季氏占六人，分別是：季友、季孫行父、季孫宿、季孫意如、季孫斯、季孫肥。叔孫氏占二人，即叔孫豹和叔孫舍。孟孫氏占一人，是仲孫蔑。

晉國的世卿多爲異姓或同姓異宗。以中軍帥爲例，晉國的中軍帥共有十九人，其中郤氏占三人：郤縠、郤缺、郤克。原氏占二人：原軫和先且居父

〔註118〕徐元誥《國語集解》中華書局 2002 年，頁 498。

〔註119〕同上。

〔註120〕楊伯峻《春秋左傳注》中華書局 1990 年，頁 1189～1190。

〔註121〕《漢魏古注十三經》下冊，《春秋經傳集解》卷十九，中華書局 1998 年，頁 293。

〔註122〕〔清〕顧棟高《春秋大事表》中華書局 1993 年，頁 882。

〔註123〕楊伯峻《春秋左傳注》中華書局 1990 年，頁 1377。

〔註124〕楊伯峻《春秋左傳注》中華書局 1990 年，頁 1259。

子世襲中軍帥之位。趙氏佔了三人：趙盾、趙武、趙鞅。中行氏二人：荀林父、荀偃。范氏占三人：士會、士匄、范鞅。韓氏占二人：韓厥、韓起。知氏占二人：知罃、知瑤。欒氏和魏氏各一人：欒書、魏舒。其他貴族雖非中軍主帥，但也都有一定的軍職和公職。

宋國的執政多爲公族。華氏、樂氏、皇氏皆出自宋戴公。其中華氏占四人：華耦、華督、華元、華亥。樂氏占三人：樂大心、樂喜、樂茷。皇氏占二人：皇瑗、皇緩。其餘貴族如向氏等也是世代任職於朝堂之上。

鄭國的執政多出自鄭穆公之後。良、罕、駟、孔、國、游等氏之祖皆爲穆公之子。執政之中，罕氏占四人：子罕、子展、子皮、罕達。駟氏占三人：子駟、駟歂、駟弘。其餘各爲一人：子良、子孔、子產、子太叔。子良屬良氏，子孔爲孔氏，子產是國氏，子太叔屬游氏。豐氏、印氏也是鄭國的重要世卿。

世襲卿大夫們除了立於國君之朝外，自己還設有朝廷。《國語・魯語下》：「公父文伯之母如季氏，康子在其朝，與之言，弗應，從之及寢門，弗應而入。康子辭於朝而入見，曰：『肥也不得聞命，無乃罪乎？』曰：『子弗聞乎：天子及諸侯，合民事於外朝，合神事於內朝；自卿以下，合官職於外朝，合家事於內朝；寢門之內，婦人治其業焉。上下同之。夫外朝，子將業君之官職焉，內朝，子將庇季氏之政焉，皆非吾所敢言也。』」〔註125〕以上記載表明，季氏的朝廷與諸侯、天子的朝廷一樣，設有外朝和內朝。《左傳・襄公二十七年》：「九月庚辰，崔成、崔強殺東郭偃、棠無咎於崔氏之朝。」〔註126〕《左傳・昭公五年》：「昭子即位，朝其家眾。」〔註127〕昭子指魯國的叔孫婼。魯叔孫氏之朝設在其都郈中。《左傳・定公十年》載叔孫武叔之圉人之言曰：「吾以劍過朝。」〔註128〕《左氏會箋》云：「朝謂郈邑之朝。」〔註129〕雖然卿大夫的朝廷不一定皆在都中，但其朝廷是卿大夫之都不可缺少的，因爲都的指揮中心就是卿大夫的朝廷。

祀於家，是指卿大夫在設於都中的宗廟主持祭祀，利用祭祀權加強對都的控制。「凡邑有宗廟先君之主曰都。」〔註130〕設在都中的宗廟先君之主就

〔註125〕徐元誥《國語集解》中華書局 2002 年，頁 192。
〔註126〕楊伯峻《春秋左傳注》中華書局 1990 年，頁 1137。
〔註127〕楊伯峻《春秋左傳注》中華書局 1990 年，頁 1263。
〔註128〕楊伯峻《春秋左傳注》中華書局 1990 年，頁 1580。
〔註129〕〔日〕竹添光鴻《左氏會箋》巴蜀書社 2008 年，頁 2223。
〔註130〕楊伯峻《春秋左傳注》中華書局 1990 年，頁 242。

是卿大夫祭祀的對象。關於卿大夫之宗廟，文獻記載的有：《左傳·定公十四年》：「知伯從趙孟盟，而後趙氏定，祀安於於廟。」〔註131〕杜預注：「趙氏廟。」〔註132〕《左傳·莊公十四年》載鄭傅瑕曰：「先君桓公命我先人典祀宗祏。」〔註133〕杜預注：「桓公，鄭始受封君也。宗祏，宗廟中藏主石室也。言己世爲宗廟守臣也。」〔註134〕《左氏會箋》云：「鄭有屬王廟，桓公所命也。周禮，王子母弟有功者，得立祖王之廟。此追溯始封，言己爲社稷世臣，非一人之私臣也。《說文》：『祏，宗廟主也。』」〔註135〕《左傳·宣公十年》記載齊國卿大夫崔杼出奔衛國後，齊國通告諸侯說：「某氏之守臣某，失守宗廟，敢告。」〔註136〕劉文淇《左傳舊注疏證》：「宗廟，謂大夫之家廟也。」〔註137〕《左傳·襄公二十三年》記載臧紇說：「紇不侫，失守宗祧。」〔註138〕此宗祧是指臧氏之宗廟。《左傳·襄公二十四年》：「若夫保姓受氏，以守宗祊，世不絕祀，無國無之。祿之大者，不可謂不朽。」〔註139〕這裏的宗祊也是指卿大夫的宗廟。《國語·楚語下》：「是以古者先王日祭月享，時類歲祀。諸侯舍日，卿大夫舍月。……卿大夫祀其禮。」〔註140〕韋昭注：「有時祭也。時類及二祧。禮，謂五祀及祖所自出。」〔註141〕可見，卿大夫主要的祭祀對象是宗廟。《左傳·昭公元年》：「晉既烝，趙孟適南陽，將會孟子餘。甲辰朔，烝於溫。」〔註142〕杜預注：「孟子餘，趙衰，趙孟之曾祖。其廟在南陽溫縣。」〔註143〕這是卿大夫都中設有宗廟的又一確證。

有祿於國，是指卿大夫佔有都和大片采邑。此在上節已作了闡述，故不

〔註131〕楊伯峻《春秋左傳注》中華書局 1990 年，頁 1595。

〔註132〕《漢魏古注十三經》下冊，《春秋經傳集解》卷二十八，中華書局 1998 年，頁 407。

〔註133〕楊伯峻《春秋左傳注》中華書局 1990 年，頁 197。

〔註134〕《漢魏古注十三經》下冊，《春秋經傳集解》卷三，中華書局 1998 年，頁 79。

〔註135〕〔日〕竹添光鴻《左氏會箋》巴蜀書社 2008 年，頁 280。

〔註136〕楊伯峻《春秋左傳注》中華書局 1990 年，頁 707。

〔註137〕〔清〕劉文淇《左傳舊注疏證》科學出版社 1959 年，頁 667。

〔註138〕楊伯峻《春秋左傳注》中華書局 1990 年，頁 1083。

〔註139〕楊伯峻《春秋左傳注》中華書局 1990 年，頁 1088。

〔註140〕徐元誥《國語集解》中華書局 2002 年，頁 518。

〔註141〕同上。

〔註142〕楊伯峻《春秋左傳注》中華書局 1990 年，頁 1225。

〔註143〕《漢魏古注十三經》下冊，《春秋經傳集解》卷二十，中華書局 1998 年，頁 303。

再重複。有賦於軍，是指卿大夫以自己都中的私家武裝充當諸侯國軍隊的骨幹。《左傳》和《國語》中記載了大量有關卿大夫擁有私家武裝的歷史事實。魯僖公二十八年，楚國子玉率領的軍隊只有「西廣東宮與若敖之六卒。」〔註144〕杜預注：「六卒，子玉宗人之兵。」〔註145〕魯宣公四年，「楚子與若敖氏戰於皋滸。」〔註146〕若敖氏的私家軍隊能與楚王相抗衡，說明其私兵的實力相當可觀。魯宣公十七年，晉郤克因在齊國受辱，「請以其私屬」伐齊。《國語·晉語八》：「夫郤昭子，其富半公室，其家半三軍。」〔註147〕證明郤氏私家武裝的強大。魯宣公十二年，楚熊負羈俘虜了知罃，「知莊子以其族反之。」杜預注：「族，家兵也。」〔註148〕魯成公十六年，「欒、范以其族夾公行。」杜預注：「二族強，故在公左右。」〔註149〕則此族也當指家兵。魯襄公十年，鄭國尉止之亂，子產緊急調動了自己的「兵車十七乘。」〔註150〕魯襄公十九年，因鄭國子孔爲政專權，國人大爲不滿，欲討伐子孔，子孔「以其甲及子革、子良氏之甲守。」〔註151〕這些甲士屬於子孔等卿大夫的私家武裝。魯襄公二十五年，楚令尹子木討伐叛楚的舒鳩人，吳國救之。子強、息桓、子捷、子騈、子盂等「五人以其私卒先擊吳師。」〔註152〕此私卒即五人的私家武裝。魯襄公二十八年，齊國的子雅、子尾因自己的公膳待遇差，遷怒於齊國的執政慶封，慶封欲聯合晏平仲，晏平仲曰：「嬰之眾不足用也，知無能謀也。言弗敢出，有盟可也。」〔註153〕此嬰之眾即晏嬰的私家武裝。「慶氏以其甲環公宮。……欒、高、陳、鮑之徒介慶氏之甲。」〔註154〕可知，慶氏、欒、高、陳、鮑等族皆有私家武裝。魯襄公三十年，鄭「子晢以

〔註144〕楊伯峻《春秋左傳注》中華書局1990年，頁457。
〔註145〕《漢魏古注十三經》下冊，《春秋經傳集解》卷七，中華書局1998年，頁125。
〔註146〕楊伯峻《春秋左傳注》中華書局1990年，頁681。
〔註147〕徐元誥《國語集解》中華書局2002年，頁438。
〔註148〕《漢魏古注十三經》下冊，《春秋經傳集解》卷十一，中華書局1998年，頁173。
〔註149〕《漢魏古注十三經》下冊，《春秋經傳集解》卷十三，中華書局1998年，頁205。
〔註150〕楊伯峻《春秋左傳注》中華書局1990年，頁981。
〔註151〕楊伯峻《春秋左傳注》中華書局1990年，頁1050。
〔註152〕楊伯峻《春秋左傳注》中華書局1990年，頁1104。
〔註153〕楊伯峻《春秋左傳注》中華書局1990年，頁1146。
〔註154〕楊伯峻《春秋左傳注》中華書局1990年，頁1148。

馴氏之甲伐」〔註155〕伯有，伯有「聞子皮之甲不與攻己也。」〔註156〕魯昭
公五年，楚大夫薳啓強曰：「韓賦七邑，皆成縣也。羊舌四族，皆強家也。
晉人若喪韓起、楊肸，五卿、八大夫輔韓須、楊石，因其十家九縣，長轂九
百，其餘四十縣，遺守四千，奮其武怒，以報其大恥。」〔註157〕這是春秋
晉國私家卿族軍力的集中概括。魯昭公二十一年，宋國的華貙「以車十五乘，
徒七十人」〔註158〕武力護送華登。魯昭公二十七年，楚左司馬沈尹戍率領
「都君子」準備攻打吳國的軍隊。杜預注：「都君子，在都邑之士。」〔註159〕
《左氏會箋》：「君子即私卒之號也。」〔註160〕魯定公八年，陽虎欲加害季
氏，而「戒都車。」杜預注：「都邑之兵車也。陽虎欲以壬辰夜殺季孫，明
日癸巳以都車攻二家。」〔註161〕可見，此都車是季氏都中的武裝力量的組
成部分。魯定公十年，晉邯鄲午「以徒七十人」〔註162〕進攻衛國西門。這
裏的徒兵是邯鄲趙氏的私家武裝。魯哀公十一年，冉求曰：「魯之群室眾於
齊之兵車。……一室敵車優矣。」杜預注：「群室，都邑居家。」〔註163〕「季
氏之甲七千，冉有以武城人三百爲己徒卒。」〔註164〕由此可見魯國私家卿
族武裝力量的強大。

　　綜上所述，都的核心是立朝爲官的卿大夫，都的政治中心是卿大夫的朝
廷，都的精神中心是卿大夫之宗廟，卿大夫之私家武裝是都的堅強柱石。

第四節　都的兩面性

　　都具有兩面性。一方面，都是國君統治地方的工具；另一方面，都又是

〔註155〕楊伯峻《春秋左傳注》中華書局 1990 年，頁 1175。
〔註156〕楊伯峻《春秋左傳注》中華書局 1990 年，頁 1176。
〔註157〕楊伯峻《春秋左傳注》中華書局 1990 年，頁 1269。
〔註158〕楊伯峻《春秋左傳注》中華書局 1990 年，頁 1430。
〔註159〕《漢魏古注十三經》下冊，《春秋經傳集解》卷二十六，中華書局 1998 年，
　　　　頁 377。
〔註160〕〔日〕竹添光鴻《左氏會箋》巴蜀書社 2008 年，頁 2061。
〔註161〕《漢魏古注十三經》下冊，《春秋經傳集解》卷二十八，中華書局 1998 年，
　　　　頁 400。
〔註162〕楊伯峻《春秋左傳注》中華書局 1990 年，頁 1579。
〔註163〕《漢魏古注十三經》下冊，《春秋經傳集解》卷二十九，中華書局 1998 年，
　　　　頁 423。
〔註164〕楊伯峻《春秋左傳注》中華書局 1990 年，頁 1659。

卿大夫收族、聚黨對抗國君的中心。

　　西周時期，諸侯國的統治區域比較小，大多爲百里左右。如《左傳・襄公二十五年》：「昔天子之地一圻，列國一同。」杜預注：「方百里。」〔註165〕《左傳・昭公二十三年》：「無亦監乎若敖、蚠冒至於武、文，土不過同。」杜預注：「方百里爲一同。」〔註166〕《史記・十二諸侯年表序》：「齊、晉、秦、楚其在成周微甚，封或百里或五十里。」〔註167〕晉之始封，《史記・晉世家》：「在河、汾之東，方百里。」〔註168〕統治範圍在百里左右的情況下，諸侯國君直接統治各家族即可。然而到了春秋時期，齊、晉、秦、楚等國掀起了開疆拓土的浪潮，領土面積多達數千里。這時候，如何有效統治新增加的土地，就是大國國君所面臨的重大政治課題。以晉國爲例，見於文獻記載，晉在春秋時期共滅了十八國，又將衛所滅之邢國和秦所滅之滑國歸爲己有。對於所滅之國的土地，晉採取了將其分封給卿大夫爲都的統治方式。例如：春秋前晉文侯所滅之韓，封給韓萬爲都，這是晉國韓氏立家的開始。魯閔公元年，晉獻公滅耿，封給趙夙爲都，這是晉國趙氏立家之始。同年滅霍，封給先且居爲都，稱霍伯。魯閔公元年，晉獻公滅魏，封給畢萬爲都，這是晉國魏氏立家之始。《古本竹書紀年》記載：「晉獻公十有九年，獻公會虞師伐虢，滅下陽。虢公丑奔衛。獻公命瑕父呂甥邑於虢都。」〔註169〕可知，晉滅虢後，封給呂甥爲都。《古本竹書紀年》記載：「晉武公滅荀，以賜大夫原氏黯，是爲荀叔。」〔註170〕這是滅荀國而爲卿大夫之都的例證。晉滅賈國後，封給狐偃子狐射姑爲都，號賈季。晉滅楊國後，賜予羊舌氏爲都。邢爲申公巫臣之都。除了以滅國爲都外，晉國還將奪取的戎狄土地設爲都。《國語・晉語一》：「狄之廣莫，於晉爲都。」〔註171〕蒲與屈皆爲戎狄之地，獻公將蒲封給重耳爲都，將屈封給夷吾爲都。《左傳・文公十三年》：「晉侯使詹嘉處瑕，以守桃林之塞。」〔註172〕由上可知，晉國設立都的主要目的是有效統治新開拓的土

〔註165〕《漢魏古注十三經》下冊，《春秋經傳集解》卷十七，中華書局1998年，頁264。

〔註166〕《漢魏古注十三經》下冊，《春秋經傳集解》卷二十五，中華書局1998年，頁367。

〔註167〕〔漢〕司馬遷《史記》中華書局1982年，頁509。

〔註168〕〔漢〕司馬遷《史記》中華書局1982年，頁1635。

〔註169〕方詩銘、王修齡《古本竹書紀年輯證》上海古籍出版社2005年，頁78。

〔註170〕方詩銘、王修齡《古本竹書紀年輯證》上海古籍出版社2005年，頁76。

〔註171〕徐元誥《國語集解》中華書局2002年，頁262。

〔註172〕楊伯峻《春秋左傳注》中華書局1990年，頁594。

地，幫助國君鎮守地方。

　　魯國孟孫氏之都——成，是魯國防禦齊國的軍事重鎮，將孟孫氏分封於此地，是爲了替國君鎮守要地。《左傳・昭公二十六年》記載成大夫公孫朝對季平子曰：「有都，以衛國也。」〔註173〕此都，是指成。由此可知，費和郈設立的初衷也是爲了國君的利益。魯襄公二十六年，衛國的孫林父挾其戚都叛逃到晉國。《左傳》對此事的評價是：「書曰『入於戚以叛』，罪孫氏也。臣之祿，君實有之。義則進，否則奉身而退。專祿以周旋，戮也。」〔註174〕可見，都的賜予或收回應由國君決定，受封者不得隨意決定都的歸屬。魯襄公二十二年，號稱魯國聖人的臧武仲出使晉國，在經過御叔之都時，遭到雨淋，御叔遂諷刺臧武仲說：我將要飲酒，而你卻在雨中行走，還算什麼聖人？魯國執政聽到御叔之言後，決定懲罰御叔，「令倍其賦。」〔註175〕可知，卿大夫之都必須向國君繳納賦稅。這也是都受國君管轄的例證。魯襄公三十年，鄭子產爲政後，決定對都鄙進行整頓。「子產使都鄙有章，上下有服，田有封洫，廬井有伍。大人之忠儉者，從而與之，泰侈者因而斃之。」〔註176〕這是鄭國的國君，通過所委任的執政對都鄙行使管轄權的有力證據。魯昭公二十年，衛國的公孟縶可以任意剝奪或歸還齊豹的鄄都，「有役則反之，無則取之。」〔註177〕

　　以上例證表明卿大夫的都並不是完全不受國君管轄的獨立王國，而是國君統治地方的一種形式。

　　另一方面，都又是卿大夫收族、聚黨對抗國君的中心。

　　都是卿大夫家所在的城邑，卿大夫之家作爲政治、經濟、軍事實體，當其利益與國君一致時，自然是順從國君的；當其利益與國君相衝突時，就有可能反抗國君。春秋時期，宗法制雖受到削弱，但並未馬上退出歷史舞臺，卿大夫之家大多是以家族的形式存在，因而卿大夫家的利益主要是指其家族的利益。一般說來，卿大夫是整個家族的宗主。作爲宗主，其主要責任是確保整個家族不斷發展壯大，避免受到損失或遭到滅族。因此，對一族之宗主來說，本家族的利益是至高無上的，其次才是國君的利益。國君對家族宗主

〔註173〕楊伯峻《春秋左傳注》中華書局 1990 年，頁 1471。
〔註174〕楊伯峻《春秋左傳注》中華書局 1990 年，頁 1113。
〔註175〕楊伯峻《春秋左傳注》中華書局 1990 年，頁 1065。
〔註176〕楊伯峻《春秋左傳注》中華書局 1990 年，頁 1181。
〔註177〕楊伯峻《春秋左傳注》中華書局 1990 年，頁 1410。

的設立，一般不予干預，如《左傳·昭公十九年》記載鄭國七穆之一的駟氏立宗主時，其嫡子駟絲幼弱，同宗族的人立子瑕，子瑕是絲之叔父，執政子產不但憎惡其爲人，而且以爲不合禮制，但子產並沒有強行阻攔，於是子瑕最終成了駟氏的宗主。

　　卿大夫作爲家族的宗主，就有庇族、恤族的責任，也有收族、聚黨的資本。《儀禮》：「大宗者，收族者也。不可以絕。」〔註178〕《禮記·大傳》：「敬宗故收族。」〔註179〕收族也就是庇護家族的意思。《左傳·襄公三十一年》：「守其官職，保族宜家。」〔註180〕《左傳·文公十六年》：「棄官則族無所庇。」〔註181〕《國語·周語中》：「今夫二子者儉，其能足用矣，用足則族可以庇。」〔註182〕可知，卿大夫要能正常履行收族的責任，就必須手中掌握可支配的經濟資源，使得財物足用，而財物足用的根本保障是卿大夫的都。《左傳·襄公二十八年》：「慶封奔吳。吳勾餘予之朱方，聚其族焉而居之，富於其舊。」〔註183〕朱方爲吳國國君封給慶封的都，這是卿大夫以都爲根據地收族的極好例證。正因爲卿大夫有收族的權力，所以家族中個人的命運就掌握在卿大夫之手，是以卿大夫逐漸也就掌握了對族人的生殺大權。如魯隱公四年，衛國的石碏令家宰殺其子石厚。這在現代社會來講，是不可思議的，但在春秋時期，宗主對其家族成員有生殺大權，是天經地義的。魯成公三年，晉國的知罃對楚王說：「若從君之惠而免之，……而以戮於宗，亦死且不朽。」〔註184〕魯成公五年，晉趙同和趙氏宗主趙括將趙嬰流放到齊國。反過來，宗主個人的所作所爲也會影響全家族的命運。《國語·晉語九》：「智宣子將以瑤爲後，……若果立瑤也，智宗必滅。」〔註185〕宗主的地位既然如此重要，在家族內部，則家族個人只知忠於宗主，不復知有國君。

　　與收族意思相近，卿大夫還有聚黨的責任。黨在古文獻中的基本意義是：親族。如《爾雅·釋親》：「父之黨爲宗族，母與妻之黨爲兄弟。」〔註186〕《禮

〔註178〕《漢魏古注十三經》上冊，《儀禮》卷十一，中華書局 1998 年，頁 160。
〔註179〕《漢魏古注十三經》上冊，《禮記》卷十，中華書局 1998 年，頁 124。
〔註180〕楊伯峻《春秋左傳注》中華書局 1990 年，頁 1194。
〔註181〕楊伯峻《春秋左傳注》中華書局 1990 年，頁 621。
〔註182〕徐元誥《國語集解》中華書局 2002 年，頁 70。
〔註183〕楊伯峻《春秋左傳注》中華書局 1990 年，頁 1149。
〔註184〕楊伯峻《春秋左傳注》中華書局 1990 年，頁 813。
〔註185〕徐元誥《國語集解》中華書局 2002 年，頁 454。
〔註186〕胡奇光、方環海《爾雅譯注》上海古籍出版社 1999 年，頁 202。

記・坊記》：「子云：睦於父母之黨，可謂孝矣！」〔註187〕《禮記・雜記》：「其黨也食之，非其黨弗食也。」〔註188〕鄭玄注：「黨，猶親也。」〔註189〕其引申義主要是：類、同夥的人，又特指朋黨。如《論語・里仁》：「人之過也，各於其黨。」〔註190〕孔安國曰：「黨，黨類。」〔註191〕《禮記・仲尼燕居》：「辯說得其黨。」〔註192〕鄭玄注：「黨，類也。」〔註193〕《左傳・僖公十年》：「遂殺丕鄭、祁舉及七輿大夫……皆里、丕之黨也。」〔註194〕《左傳・僖公九年》：「臣聞亡人無黨，有黨必有讎。」〔註195〕後兩處黨是指朋黨而言。本文所指聚黨之黨既包括基本義又包含引申義。關於聚黨的出處是：《左傳・成公十七年》：「受君之祿，是以聚黨。」〔註196〕《國語・晉語六》：「夫利君之富以聚黨。」〔註197〕韋昭注：「利君寵祿以得富，得富故有徒黨。」〔註198〕都也就是卿大夫的祿。關於卿大夫聚黨的歷史事實，見於文獻記載的主要有：《左傳・文公六年》：「陽子，成季之屬也，故黨於趙氏。」〔註199〕陽處父曾爲趙衰的屬大夫，故結黨於趙氏，最終將趙盾推爲中軍帥。《左傳・成公十七年》韓厥說：「昔吾畜於趙氏，孟姬之讒，吾能違兵。」〔註200〕可知，韓厥早年爲趙盾所收養，所以在趙氏危難之際，力諫景公重立趙武爲趙氏之後，使趙氏得以復興。這充分說明韓厥與趙氏爲一黨。更典型的例證是齊國的陳氏，以大斗出，小斗進，通過厚施於民的辦法來聚黨。《左傳・昭公三年》：「（陳氏）以家量貸，而以公量收之。……其愛之如父母，而歸之如流水。欲無獲民，將焉辟之？」〔註201〕而陳氏之所以能夠厚施，其物資毫無疑問是出自受封的都，都是其得民心聚徒黨的經濟基礎。魯國季氏徒黨眾多，也是靠厚施。

〔註187〕《漢魏古注十三經》上冊，《禮記》卷十五，中華書局1998年，頁189。
〔註188〕《漢魏古注十三經》上冊，《禮記》卷十二，中華書局1998年，頁150。
〔註189〕同上。
〔註190〕《漢魏古注十三經》下冊，《論語》卷四，中華書局1998年，頁19。
〔註191〕同上。
〔註192〕《漢魏古注十三經》上冊，《禮記》卷十五，中華書局1998年，頁184。
〔註193〕同上。
〔註194〕楊伯峻《春秋左傳注》中華書局1990年，頁336。
〔註195〕楊伯峻《春秋左傳注》中華書局1990年，頁331。
〔註196〕楊伯峻《春秋左傳注》中華書局1990年，頁902。
〔註197〕徐元誥《國語集解》中華書局2002年，頁397。
〔註198〕徐元誥《國語集解》中華書局2002年，頁397。
〔註199〕楊伯峻《春秋左傳注》中華書局1990年，頁545。
〔註200〕楊伯峻《春秋左傳注》中華書局1990年，頁903。
〔註201〕楊伯峻《春秋左傳注》中華書局1990年，頁1235～1236。

《左傳·昭公二十五年》記載子家子論季氏之言曰：「政自之出久矣，隱民多取食焉，爲之徒者眾矣。」〔註202〕季氏要維持眾多黨徒的生計，必然是依靠其都的支撐。

卿大夫採取收族、聚黨的手段，必然使得都的規模不斷擴大，逐漸在都中形成了自己獨立的統治機構，在此機構中任職者被稱爲家臣。如晉國的家臣所任的職官有：祝宗，《左傳·成公十七年》：「晉范文子反自鄢陵，使其祝宗祈死。」〔註203〕祝史，《左傳·襄公二十七年》：「子木問於趙孟曰：『范武子之德何如？』對曰：『夫子之家事治，言於晉國無隱情，其祝史陳信於鬼神，無愧辭。』」〔註204〕老，《左傳·襄公二十一年》：「欒祁與其老州賓通，幾亡室矣！懷子患之。」〔註205〕室老，《左傳·襄公二十一年》：「其人皆咎叔向，叔向曰：『必祁大夫。』室老聞之曰：……祁大夫所不能也。」〔註206〕家宰，《國語·晉語九》：「少室周爲趙簡子（車）右，聞牛談有力，請與之戲，弗勝，致右焉。簡子許之，使少室周爲宰。」〔註207〕魯國的家臣所任的職官有：邑宰，《左傳·襄公七年》：「南遺爲費宰。」〔註208〕《左傳·定公八年》：「成宰公斂處父告孟孫曰：『季氏戒都車，何故？』」〔註209〕《左傳·哀公十四年》：「初，孟孺子洩將圉馬於成。成宰公孫宿不受。」〔註210〕《論語·雍也》：「季氏使閔子騫爲費宰。子游爲武城宰。」〔註211〕《論語·先進》：「子路使子羔爲費宰。」〔註212〕《左傳·定公十年》：「使公若爲郈宰。」〔註213〕家宰，《左傳·定公十二年》：「仲由爲季氏宰，將墮三都。」〔註214〕《論語·子路》：「仲弓爲季氏宰。」〔註215〕家大夫，《左傳·昭公二十六年》：「成大夫公孫朝謂平

〔註202〕楊伯峻《春秋左傳注》中華書局 1990 年，頁 1463。
〔註203〕楊伯峻《春秋左傳注》中華書局 1990 年，頁 897。
〔註204〕楊伯峻《春秋左傳注》中華書局 1990 年，頁 1133。
〔註205〕楊伯峻《春秋左傳注》中華書局 1990 年，頁 1058。
〔註206〕楊伯峻《春秋左傳注》中華書局 1990 年，頁 1060。
〔註207〕徐元誥《國語集解》中華書局 2002 年，頁 451。
〔註208〕楊伯峻《春秋左傳注》中華書局 1990 年，頁 951。
〔註209〕楊伯峻《春秋左傳注》中華書局 1990 年，頁 1568。
〔註210〕楊伯峻《春秋左傳注》中華書局 1990 年，頁 1689。
〔註211〕《漢魏古注十三經》下冊，《論語》卷六，中華書局 1998 年，頁 28。
〔註212〕《漢魏古注十三經》下冊，《論語》卷十一，中華書局 1998 年，頁 49。
〔註213〕楊伯峻《春秋左傳注》中華書局 1990 年，頁 1580。
〔註214〕楊伯峻《春秋左傳注》中華書局 1990 年，頁 1586。
〔註215〕《漢魏古注十三經》下冊，《論語》卷十三，中華書局 1998 年，頁 57。

子曰：『有都以衛國也，請我受師。』」〔註216〕馬正，《左傳・定公十年》：「武叔既定，使邱馬正侯犯殺公若，弗能。」〔註217〕《左傳・襄公二十三年》：「季氏以公鉏爲馬正。」〔註218〕工師，《左傳・定公十年》：「叔孫謂邱工師駟赤。」〔註219〕司徒，《左傳・昭公十四年》：「南蒯之將叛也，盟費人。司徒老祁、慮癸僞廢疾。」〔註220〕司馬，《左傳・昭公二十五年》：「叔孫氏之司馬鬷戾。」〔註221〕

　　由以上晉、魯兩國卿大夫家臣職官的設置可以看出，卿大夫在都中的統治機構已初具規模，而且家臣完全聽命於卿大夫，不受國君的調遣。《左傳・昭公十四年》：「家臣而欲張公室，罪莫大焉。」〔註222〕《左傳・昭公二十五年》：「我，家臣也，不敢知國。」〔註223〕可知，家臣只效忠於卿大夫，而並沒有效忠國君的義務。

　　卿大夫在聚黨的時候往往採取「委質爲臣」的形式吸引外族的士人來作家臣。《國語・晉語九》：「委質爲臣，無有二心。委質而策死，古之法也。君有烈名，臣無叛質。」〔註224〕魯僖公二十三年，晉懷公下令不可追隨流亡在外的人，而狐突之子狐偃和狐毛皆追隨重耳在秦國。於是懷公逮捕了狐突。狐突解釋說：「子之能仕，父教之忠，古之制也。策名、委質，貳乃辟也。」〔註225〕比較典型的事例是晉國欒氏的家臣辛俞。晉欒盈出奔楚國後，晉國執政命令其家臣不許追隨出亡，而欒氏的家臣辛俞拒不從命。辛俞說：「三世事家，君之；再世以下，主之。事君以死，事主以勤，君之明令也，自臣之祖，以無大援於晉國，世隸於欒氏，於今三世矣，臣故不敢不君。」〔註226〕欒氏在其都中的巨大影響力還表現在，魯襄公二十三年，欒盈從齊國潛入曲沃，決定發動叛亂，曲沃人表示全力擁護欒氏。《左傳》記載了曲沃人對欒盈的赤

〔註216〕楊伯峻《春秋左傳注》中華書局1990年，頁1471。
〔註217〕楊伯峻《春秋左傳注》中華書局1990年，頁1580。
〔註218〕楊伯峻《春秋左傳注》中華書局1990年，頁1079。
〔註219〕楊伯峻《春秋左傳注》中華書局1990年，頁1581。
〔註220〕楊伯峻《春秋左傳注》中華書局1990年，頁1364。
〔註221〕楊伯峻《春秋左傳注》中華書局1990年，頁1464。
〔註222〕楊伯峻《春秋左傳注》中華書局1990年，頁1364。
〔註223〕楊伯峻《春秋左傳注》中華書局1990年，頁1464。
〔註224〕徐元誥《國語集解》中華書局2002年，頁445。
〔註225〕楊伯峻《春秋左傳注》中華書局1990年，頁402。
〔註226〕徐元誥《國語集解》中華書局2002年，頁421。

膽忠心：「皆曰：『得主而爲之死，猶不死也。』皆歡，有泣者。爵行，又言。皆曰：『得主，何貳之有！』」〔註227〕可見，家臣和黨徒只以傚忠家君爲其職責，而並沒有效忠國君的義務和意識。

卿大夫通過收族、聚黨，都中的家臣和人民只服從卿大夫的統治，國君的影響力很難滲透到都中，隨著時間的推移，其都的獨立性將會日益增強，最終成爲對抗國君的中心。因此，春秋時期屢有卿大夫據都叛亂之事。如《左傳·襄公二十一年》記載，邾國的庶其以漆、閭丘兩都叛逃到魯國。《左傳·襄公二十六年》載，齊國的烏餘以廩丘叛逃到晉國。《左傳·昭公四年》載，莒國的鄆都叛歸魯國。《左傳·昭公五年》云，莒國的牟夷以牟婁及防、茲叛降魯國。《左傳·昭公三十一年》說，邾國的黑肱以濫叛至魯。《左傳·哀公十五年》又載，魯國的成叛歸齊。《春秋經·襄公二十六年》和《左傳·襄公二十六年》均載衛孫林父據戚都以叛降晉的史實。

第五節　大都耦國局面的形成

「大都耦國」一詞係出《左傳·閔公二年》：「內寵並后，外寵二政，嬖子配嫡，大都耦國，亂之本也。」〔註228〕《左傳·桓公十八年》：「並后、匹嫡、兩政、耦國，亂之本也。」杜預注：「耦國，都如國。」〔註229〕《春秋經·隱公元年》：「夏五月，鄭伯克段於鄢。」杜預注：「言段強大儁傑，據大都以耦國。」〔註230〕《春秋經·定公十三年》：「晉趙鞅歸於晉。」杜預云：「韓、魏有耦國之強，陳、蔡有復國之端，故晉趙鞅、楚公子比皆稱歸。」〔註231〕可知，大都耦國的基本含義是指卿大夫都的規模和實力達到了國君的國城。其引申義是指卿大夫都的政治、經濟、軍事實力達到甚至超過國的實力，並最終取代了國君的政權。本文所說的大都耦國是立足於其本義的基礎之上，進而涵蓋了其引申義。

如上節所說，都的兩面性決定了都在其規模達到國城的時候，必將走上反抗國君的道路。此時，大都耦國的局面就形成了。下面以國別爲例以說明之。

〔註227〕楊伯峻《春秋左傳注》中華書局 1990 年，頁 1074。

〔註228〕楊伯峻《春秋左傳注》中華書局 1990 年，頁 272。

〔註229〕《漢魏古注十三經》下冊，《春秋經傳集解》卷二，中華書局 1998 年，頁 71。

〔註230〕《漢魏古注十三經》下冊，《春秋經傳集解》卷一，中華書局 1998 年，頁 45。

〔註231〕吳靜安《春秋左氏傳舊注疏證續》東北師範大學出版社 2005 年 1877 頁。

晉國：魯惠公二十四年，晉昭侯封其叔父桓叔於曲沃。《史記·晉世家》：「曲沃邑大於翼。」〔註232〕形成曲沃耦國的局面。在之後的六十七年裏，曲沃桓叔、莊伯、武公祖孫三代不斷進攻晉國公室，終於取代了大宗而成功奪權。

晉國末年，趙氏之大都晉陽，魏氏之安邑，韓氏之平陽，與晉國國城新田形成大都耦國的局面，最終三分晉國，取代了晉國政權。

齊國：渠丘，是齊大夫雍廩之都。《國語·楚語上》說到國有大城時，提到「齊有渠丘。」〔註233〕可知，渠丘的規模當與齊國國城相當，是以形成耦國之勢。魯莊公九年，雍廩殺了國君無知，卻沒有自立爲君。

陳氏原爲陳國公室之後，陳敬仲完因避陳國內亂，投奔齊桓公，被任爲工正，陳氏開始立足於齊。至陳桓子時以高唐爲都，陳氏勢力開始壯大。春秋末年，陳恒以齊國的安平以東到琅邪爲自己的統治領域，形成耦國之勢。《史記·田敬仲完世家》：「田常於是盡誅鮑、晏、監止及公族之強者，而割齊自安平以東至琅邪，自爲封邑。封邑大於平公之所食。」〔註234〕之後，陳氏最終取代了齊國政權。

在春秋時期，異姓卿大夫因大都耦國而成功奪權的只發生在晉國和齊國。

魯國：春秋中後期，季氏以費，叔孫氏以成，孟孫氏以郕，與魯國國城形成大都耦國的局面。三桓雖專魯政，但並沒有取代魯國公室。

鄭國：魯隱公元年，鄭莊公封其弟共叔段於京。《史記·鄭世家》：「京大於國。」〔註235〕形成大都耦國的局面。但共叔段並沒有取代鄭公室，最終被鄭莊公鎮壓了。魯莊公十四年，鄭厲公自櫟攻打鄭之國城，重新奪回了政權。櫟本是鄭厲公之都，《國語·楚語上》記載各國大城時，有「昔鄭有京、櫟。」〔註236〕《左傳·昭公十一年》：「鄭莊公城櫟而置子元焉，使昭公不立。」〔註237〕子元即厲公。可知，櫟爲大都，與鄭國城形成大都耦國之局。鄭厲公雖然成功了，但鄭厲公爲莊公之子，他據櫟攻鄭，帶有爭奪君位繼承權的性質，與晉國和齊國以異姓或異宗耦國奪權者不同。

〔註232〕〔漢〕司馬遷《史記》中華書局 1982 年，頁 1638。
〔註233〕徐元誥《國語集解》中華書局 2002 年，頁 498。
〔註234〕〔漢〕司馬遷《史記》中華書局 1982 年，頁 1884。
〔註235〕〔漢〕司馬遷《史記》中華書局 1982 年，頁 1759。
〔註236〕徐元誥《國語集解》中華書局 2002 年，頁 497。
〔註237〕楊伯峻《春秋左傳注》中華書局 1990 年，頁 1328。

衛國：蒲爲甯氏之都，戚爲孫氏之都。《國語·楚語上》記載各國大城時，有「衛有蒲、戚。」〔註238〕則蒲、戚實與衛國城已形成大都耦國之局。魯襄公十四年，孫林父和甯殖驅逐了衛獻公，獻公被迫出奔齊國。可是，孫、甯二氏並沒有取公室而代之，只是另立了新君。

宋國：蕭、蒙爲公子鮑之都。《國語·楚語上》：「宋蕭、蒙實弒昭公。」〔註239〕則蕭、蒙爲宋國大都，與國城形成大都耦國之局。魯文公十六年，《左傳》記載公子鮑厚施而得民，厚施的經濟支撐必然是其大都。結果宋舉國上下皆擁護公子鮑，昭公被弒，公子鮑即位，是爲宋文公。公子鮑雖然憑藉大都成功奪權，但這一事件亦帶有君位繼承之爭的性質，與晉國和齊國以異姓或異宗耦國奪權者有異。

楚國：有白公勝之亂，白公勝爲楚平王太子之子，流亡在吳國，楚令尹子西將其召回楚國，封於吳楚邊境之白都，號稱白公。魯哀公十六年，白公發動叛亂，攻入楚國國城，殺令尹子西和子期，劫持了楚惠王。白公勝以都攻破國城，很明顯是屬於大都耦國的政治現象。但不久，白公即被葉公子高擊敗。因此，在楚國，卿大夫沒有實現以都代國的目標。

秦國：徵、衙爲公子鍼之都。《國語·楚語上》記載：「秦徵、衙實難桓、景。」〔註240〕《左傳·昭公元年》明確說明公子鍼：「有寵於桓，如二君於景。鍼適晉，其車千乘。」〔註241〕其都能出千乘兵車，說明徵、衙爲秦大都無疑，已與國城形成大都耦國之局。可是，以都代國的現象在秦國也沒有發生。

關於春秋時期大都耦國的政治現象，《國語》和《左傳》都有明確的記載。

《國語·楚語上》：「靈王城陳、蔡、不羹，使僕夫子皙問於范無宇，曰：『諸夏不服吾而獨事晉，何也？唯晉近我遠也。今吾城三國，賦皆千乘，亦當晉矣。又加之以楚，諸侯其來乎？』對曰：『其在《志》也，國爲大城，未有利者。昔鄭有京、櫟，衛有蒲、戚，宋有蕭、蒙，魯有弁、費，齊有渠丘，晉有曲沃，秦有徵、衙。叔段以京患莊公，鄭幾不封，櫟人實使鄭子不得其

〔註238〕徐元誥《國語集解》中華書局 2002 年，頁 497。
〔註239〕徐元誥《國語集解》中華書局 2002 年，頁 498。
〔註240〕徐元誥《國語集解》中華書局 2002 年，頁 498。
〔註241〕楊伯峻《春秋左傳注》中華書局 1990 年，頁 1214。

位，衛蒲、戚實出獻公，宋蕭、蒙實弒昭公，魯弁、費實弱襄公，齊渠丘實殺無知，晉曲沃實納齊師，秦徵、衙實難桓、景，皆志於諸侯，此其不利者也。且夫制城邑若體性焉，有首領股肱，至於手拇毛脈，大能掉小，故變而不勤。地有高下，天有晦明，民有君臣，國有都鄙，古之制也。先王懼其不帥，故制之以義，旌之以服，行之以禮，辨之以名，書之以文，道之以言。既其失也，易物之由，夫邊境者，國之尾也，譬之如牛馬，處暑之既至，蟁蝱之既多，而不能掉其尾，臣亦懼之。不然，是三城也，豈不使諸侯之心惕惕焉。』子皙復命，王曰：『是知天咫，安知民則？是言誕也。』右尹子革侍，曰：『民，天之生也，知天，必知民矣。是其言可以懼哉！』三年，陳、蔡及不羹人納棄疾而弒靈王。」〔註242〕

《左傳‧昭公十一年》：「楚子城陳、蔡、不羹。使棄疾為蔡公。王問於申無宇曰：『棄疾在蔡何如？』對曰：『擇子莫如父，擇臣莫如君。鄭莊公城櫟而寘子元焉，使昭公不立。齊桓公城穀而置管仲焉，至於今賴之。臣聞五大不在邊，五細不在庭。親不在外，羈不在內。今棄疾在外，鄭丹在內，君其少戒！』王曰：『國有大城，何如？』對曰：『鄭京、櫟實殺曼伯，宋蕭、亳實殺子游。齊渠丘實殺無知。衛蒲、戚實出獻公。若由是觀之，則害於國。末大必折，尾大不掉，君所知也。』」〔註243〕

以上闡述了春秋時期在各主要諸侯國普遍形成了大都耦國的局面，通過具體事例，我們可以看出，卿大夫以大都耦國的方式成功奪取政權，在晉國和齊國最為典型，尤其是晉國，以都代國出現的最早。

〔註242〕徐元誥《國語集解》中華書局 2002 年，頁 497。
〔註243〕楊伯峻《春秋左傳注》中華書局 1990 年，頁 1327。

第三章　春秋晉國大都耦國政治現象的發展過程和特點

第一節　曲沃耦國的波折

一、曲沃代翼的過程和特點

　　在闡述曲沃代翼的過程之前，我們先追述一下晉國早期的歷史。晉國是西周成王時所分封的諸侯國，首封之君爲周武王子、成王弟叔虞。因封叔虞於唐，又稱唐叔虞。唐又稱夏墟，在黃河和汾河之東，周圍方百里。唐叔子燮改國號爲晉。由於史料缺乏，西周時期晉國的詳情不得而知，西周、春秋之交，周王室東遷，晉文侯護駕有功，受到王室獎勵，這是晉國史上較爲重大的事件。今保存在《尚書》中的《文侯之命》反映了這一史實。《國語·鄭語》：「及平王末，而秦、晉、齊、楚代興，秦景、襄於是乎取周土。晉文侯於是乎定天子，齊莊、僖於是乎小伯，楚蚡冒於是乎始啓濮。」〔註1〕可見，晉文侯是晉國歷史上佔有重要地位的國君。本文所說的曲沃代翼就是緊接晉文侯開始的，根據《左傳·桓公二年》的記載，早在晉穆侯時，其夫人姜氏恰好在條之役時生了太子，遂命名爲仇，即後來的晉文侯。而姜氏隨之在千畝之戰時生有一子，被命名爲成師。晉大夫據此就預言說，國君給二子所起的名字眞是怪異。因爲一般而言，先制義理，然後命名，義理既定，方能產

〔註 1〕 徐元誥《國語集解》中華書局 2002 年，頁 477。

生出禮。政以禮來成就，才能正其民俗。政成然後民聽，如若反易禮義，則會生亂。好的配偶，稱爲妃，相怨的配偶，稱爲仇。這是古之言。如今以仇爲太子之名，成師爲其弟之名，這是國將大亂的預兆，作爲兄長的可能會被取代。

爲了更清晰的闡述曲沃代翼的過程，應該明確晉國之國城翼和曲沃的地理位置。

首先，關於國城翼的位置。

翼，首見於《左傳·隱公五年》：「曲沃莊伯以鄭人、邢人伐翼。」杜預注：「翼，在平陽絳邑東。」〔註2〕平陽絳邑即今山西省曲沃縣。顧祖禹《讀史方輿紀要》：「曲沃縣，後漢爲絳邑縣地，晉屬平陽郡。」〔註3〕翼在《國語》中首見於《國語·晉語一》：「武公伐翼，殺哀侯。」〔註4〕著名考古學家鄒衡先生認爲翼即今翼城縣東，南梁故城遺址。〔註5〕

其次，關於大都曲沃的位置。

曲沃，是春秋時期晉國的重要大都。曲沃首見於《左傳·隱公五年》：「曲沃莊伯以鄭人、邢人伐翼。」杜預注：「曲沃，晉別封成師之邑，在河東聞喜縣。」〔註6〕顧祖禹之《讀史方輿紀要》也認爲：「曲沃，今山西聞喜縣東左邑故城是，晉文侯弟成師所封。」〔註7〕又說：「聞喜縣，（解）州東北百二十里。北至絳州七十里。春秋時晉之曲沃地，秦改爲左邑，屬河東郡。漢武帝經此聞破南粵，因置聞喜縣，仍屬河東郡。」〔註8〕

我們仔細考察古曲沃的地理位置，發現古曲沃，即今聞喜縣是晉國通往宗周豐、鎬和東周王室的必經之地，也是晉國的南大門，所處方位十分重要。可以想見，往來朝聘，商旅不絕，必爲貨物的集散地，經過長期發展，其經濟之富庶，是毫無疑問的，這正是曲沃的巨大優勢。其附近多有豐富的資源，在春秋時期，農業是國家富強的基礎，曲沃有涑水可供灌溉。其東南三十里

〔註2〕 《漢魏古注十三經》下冊，《春秋經傳集解》卷一，中華書局1998年，頁51。

〔註3〕 〔清〕顧祖禹《讀史方輿紀要》中華書局2005年，頁1882。

〔註4〕 徐元誥《國語集解》中華書局2002年，頁247。

〔註5〕 鄒衡《夏商周考古學論文集》（續）科學出版社1998年，頁318。

〔註6〕 《漢魏古注十三經》下冊，《春秋經傳集解》卷一，中華書局1998年，頁51。

〔註7〕 〔清〕顧祖禹《讀史方輿紀要》中華書局2005年，頁10。

〔註8〕 〔清〕顧祖禹《讀史方輿紀要》中華書局2005年，頁1908。

有湯山，可產銅，尤其在青銅時代，這是事關一國經濟命脈的資源。其東北三十五里，有董澤，產楊柳，可以用來製作箭。魯文公六年，晉國大蒐於董，即在該地。以上有利的物質條件成就了曲沃的大都地位。晉昭侯將如此重要的大都封給其叔父成師，爲曲沃與國城翼之間形成大都耦國之勢提供了條件。

《左傳・桓公二年》：「惠之二十四年，晉始亂，故封桓叔於曲沃。靖侯之孫欒賓傅之。師服曰：吾聞國家之立也。本大而末小，是以能固。故天子建國，諸侯立家，卿置側室，大夫有貳宗，士有隸子弟，庶人、工商各有分親，皆有等衰。是以民服事其上，而下無覬覦。今晉，甸侯也，而建國。本既弱矣。豈能久乎。」〔註9〕劉文淇《左傳舊注疏證》云：「師古注云，昭侯國亂身危，不能自安，故封成師爲曲沃伯也。桓，諡也。昭侯叔父，故謂之叔。杜亦云，昭侯元年，危不自安，封成師爲曲沃伯。《郡國志》，曲沃在聞喜縣東北數里。沈欽韓云：《水經注》涑水又西南，逕左邑縣故城南，故曲沃也。《一統志》左邑故城，今絳州聞喜縣治。《晉語》，今晉國之方，偏侯也。注，方，大也。偏，偏方也。乃甸內偏方小侯也。」〔註10〕《左氏會箋》：「惠之二十四年，平王二十六年也。《世家》，桓叔是時年五十八矣，好德，晉國之眾皆附焉。今通觀其本末，文侯平定王室，受秬鬯圭瓚之榮，在位三十五年，不見兄替之征。文侯卒而晉始亂，昭侯自危，而封桓叔於曲沃。好德而眾附，成師之名始徵焉。其後數十年，晉亂不平，桓叔之子孫，仇視宗室，而相攻伐，遂盡併晉國而有之，於是師服之言若合符節焉。晉，甸服諸侯也。而封建桓叔於曲沃，大都耦國，先自弱其根本矣，不久必爲曲沃所併也。」〔註11〕公元前745年，晉昭侯封其叔父成師於曲沃，與居於翼的昭侯形同兩國並立，大都耦國之形勢首次在晉國出現。《史記・晉世家》：「文侯仇卒，子昭侯伯立。昭侯元年，封文侯弟成師於曲沃，曲沃邑大於翼。翼，晉君都邑也。成師封曲沃，號爲桓叔，靖侯庶孫欒賓相桓叔。桓叔是時年五十八矣，好德，晉國之眾皆附焉。」〔註12〕

《詩・唐風》中的《山有樞》、《揚之水》、《椒聊》、《杕杜》、《無衣》等，皆爲反映曲沃代翼的詩篇。

〔註 9〕　楊伯峻《春秋左傳注》中華書局 1990 年，頁 93。
〔註10〕　〔清〕劉文淇《左傳舊注疏證》科學出版社 1959 年，頁 77～79。
〔註11〕　〔日〕竹添光鴻《左氏會箋》巴蜀書社 2008 年，頁 151～154。
〔註12〕　〔漢〕司馬遷《史記》中華書局 1982 年，頁 1638。

《詩序·山有樞》：「刺晉昭公也，不能修道以正其國，有財不能用，有鐘鼓不能以自樂，有朝廷不能灑掃，政荒民散，將以危亡，四鄰謀取其國家而不知，國人作詩以刺之也。」〔註13〕《山有樞》：「山有樞，隰有榆。子有衣裳，弗曳弗婁。子有車馬，弗馳弗驅。宛其死矣，他人是愉。山有栲，隰有杻。子有廷內。弗灑弗掃。子有鐘鼓，弗鼓弗考。宛其死矣，他人是保。山有漆，隰有栗。子有酒食，何不日鼓瑟？且以喜樂，且以永日。宛其死矣，他人入室。」〔註14〕該詩透漏出的歷史信息是，國君有財貨而不能用，如山隰不能自用其財。

《詩序·揚之水》：「刺晉昭公也，昭公分國以封沃，沃盛強，昭公微弱，國人將叛而歸沃焉。」〔註15〕《揚之水》：「揚之水，白石鑿鑿。素衣朱襮，從子於沃。既見君子，云何不樂！揚之水，白石皓皓。素衣朱繡，從子於鵠。既見君子，云何其憂！揚之水，白石粼粼。我聞有命，不敢以告人！」〔註16〕此詩反映出，激揚之水，波流湍急，洗去垢濁，使白石鑿鑿然，比喻桓叔盛強，除民所惡，民得以有禮義。國人欲進獻諸侯之服去從桓叔。聞曲沃有善政命，不敢以告人，因為害怕昭公謂己煽動民心。

《詩序·椒聊》：「刺晉昭公也，君子見沃之盛強，能修其政，知其蕃衍盛大，子孫將有晉國焉。」〔註17〕《椒聊》：「椒聊之實，蕃衍盈升，彼其之子，碩大無朋，椒聊且！遠條且！椒聊之實，蕃衍盈匊，彼其之子，碩大且篤。椒聊且！遠條且！」〔註18〕此詩是說：椒之性，芬香而少實，今一結果實，蕃衍滿升，很反常。比喻桓叔是晉君的別支，今其子孫眾多，將日益強盛。椒之氣日益遠長，就好像桓叔之德非常廣博。

《詩序·杕杜》：「刺時也，君不能親其宗族，骨肉離散，獨居而無兄弟，將為沃所并爾。」〔註19〕《杕杜》：「有杕之杜，其葉湑湑。獨行踽踽。豈無他人？不如我同父。嗟行之人，胡不比焉？人無兄弟，胡不佽焉？有杕之杜，其葉菁菁。獨行睘睘。豈無他人？不如我同姓。嗟行之人，胡不比焉？人無兄

〔註13〕《漢魏古注十三經》上冊，《毛詩》卷六，中華書局 1998 年，頁 47。
〔註14〕同上。
〔註15〕同上。
〔註16〕同上。
〔註17〕《漢魏古注十三經》上冊，《毛詩》卷六，中華書局 1998 年，頁 48。
〔註18〕《漢魏古注十三經》上冊，《毛詩》卷六，中華書局 1998 年，頁 48。
〔註19〕《漢魏古注十三經》上冊，《毛詩》卷六，中華書局 1998 年，頁 48。

弟，胡不佽焉？」〔註20〕此篇是講：昭侯遠其宗族，獨行於國中踽踽然。是說昭侯任用異姓卿大夫，而異姓卿大夫卻不能幫助昭侯處理政務。

《詩序‧無衣》：「美晉武公也，武公始并晉國，其大夫爲之請命乎天子之使，而作是詩也。」〔註21〕《無衣》：「豈曰無衣七兮？不如子之衣，安且吉兮！豈曰無衣六兮？不如子之衣，安且燠兮！」〔註22〕此詩是說，侯伯之禮七命，冕服七章，我難道是沒有七章之衣嗎？晉舊有之，不是新命之服。諸侯不命於天子，則不其成爲君。武公初并晉國，心未自安，故以得到命服爲安。天子之卿六命，車旗衣服以六爲節。變七言六，是武公之自謙，不敢承受侯伯之禮，得受六命之服，列爲天子之卿。

根據以上《詩經》和《詩序》的材料，透露出晉國國君方面的政治情形是：晉昭侯不能治理朝政，不善理財，禮樂廢弛，朝廷之上一片混亂景象，人民無所歸依，公室統治出現重大危機，周圍鄰國想乘機滅亡晉國。從文獻記載的參與曲沃代翼鬥爭的諸侯國來看，周圍鄰國可能指鄭、邢、虢、芮、梁、荀、賈、董等國。按邏輯推之，晉昭侯在國、內外強大政治壓力下，被迫封其叔父成師於曲沃，目的是幫助公室鎮守晉國的南大門，防止周圍鄰國入侵晉國。昭侯平日所重用之人多爲異姓卿大夫，可能指後來迎立晉鄂侯的懷姓之九宗，職官之五正。晉國同姓公族於是對昭侯不滿。

大都曲沃方面的政治形勢是：桓叔在曲沃實施了一些善政，廢除了人民所不滿的政令、政策，排除了人民所遇到的困難和障礙，人民開始遵守禮儀，政治開始走上正軌。晉國國人聽到曲沃政治安定，政通人和，漸有歸向曲沃之心。隨著曲沃之勢蒸蒸日上，桓叔好德的聲譽日益遠揚，曲沃開始日益富強，有超過國城的趨勢。《史記‧晉世家》：「君子曰：『晉之亂其在曲沃矣。末大於本而得民心，不亂何待！』」〔註23〕

曲沃桓叔受封六年後，聯合潘父，欲裏應外合，奪取政權，但遭到晉國內部昭侯支持者的抵抗。《左傳‧桓公二年》：「惠之三十年，晉潘父弒昭侯而納桓叔，不克。晉人立孝侯。」〔註24〕桓叔奪嫡之戰失敗後退回曲沃，其子曲沃莊伯繼承父業，繼續進攻晉孝侯。《左傳‧桓公二年》：「惠之四十五

〔註20〕同上。
〔註21〕《漢魏古注十三經》上冊，《毛詩》卷六，中華書局1998年，頁49。
〔註22〕同上。
〔註23〕〔漢〕司馬遷《史記》中華書局1982年，頁1638。
〔註24〕楊伯峻《春秋左傳注》中華書局1990年，頁95。

年，曲沃莊伯伐翼，弒孝侯。翼人立其弟鄂侯。」〔註25〕《左傳》的記載比較簡略，其間鬥爭之曲折已難詳考，然《古本竹書紀年》保存了一些線索。《竹書紀年》：「莊伯以曲沃叛，伐翼，公子萬救翼，荀叔軫追之，至於家穀。莊伯十二年，翼侯焚曲沃之禾而還。」〔註26〕荀氏出於周文王子原叔。雷學淇《竹書紀年義證》卷二十九：「大夫原氏黯者，文王子原叔之裔孫，仕於曲沃者也，即荀息。」〔註27〕是可知荀氏於曲沃屬同姓不同宗，血緣關係已不甚親近，曲沃重用荀氏，具有明顯的尚賢色彩。這也是曲沃獲得發展之一因。曲沃莊伯與晉孝侯經過反復鬥爭，孝侯被殺，但曲沃並沒有取得完全勝利。莊伯以爲僅靠自己的力量是不夠的，決定爭取他國和周王的支持。《左傳·隱公五年》：「曲沃莊伯以鄭人、邢人伐翼，王使尹氏、武氏助之，翼侯奔隨。」〔註28〕據此可知，曲沃深得周天子和諸侯的支持。周桓王和鄭、邢兩國支持小宗攻打大宗，從外面加速了晉國宗法禮制的解體。就在曲沃莊伯即將代翼之際，形勢出現了微妙變化，莊伯失去了周王和諸侯的支持，且受到周王的討伐。《左傳·隱公五年》：「曲沃叛王。秋，王命虢公伐曲沃，而立哀侯於翼。」〔註29〕因爲周王並不想曲沃完全取代翼，其目的還是要維護宗法分封制，這是周王和諸侯支持曲沃的底線。但曲沃莊伯是要一舉消滅大宗，得知周天子不同意他的企圖，遂一意孤行而叛王。蓋周王之意伐翼是可以的，滅翼則不可。晉哀侯二年，曲沃莊伯卒，武公即位。由於周天子和諸侯轉而支持哀侯，曲沃此時的處境不容樂觀。《古本竹書紀年》：「晉武公元年，尙一軍。芮人乘京，荀人董伯皆叛。翼侯伐曲沃，大捷，武公請成於翼，至桐乃返。」〔註30〕連欒賓之子欒共叔也轉向哀侯。武公受命於敗軍之際，奉命於危難之間，毅然奮發圖強，伺機反攻。而晉哀侯正陶醉在一時的勝利之中，不僅沒有居安思危，反而大肆侵奪田地，終爲曲沃所弒。《左傳·桓公二年》：「哀侯侵陘庭之田，陘庭南鄙啓曲沃伐翼。」〔註31〕賈逵、杜預皆以陘庭爲翼南鄙的一個城邑。〔註32〕根據《左傳》用「侵」字推測，陘庭當

〔註25〕楊伯峻《春秋左傳注》中華書局 1990 年，頁 95。
〔註26〕方詩銘、王修齡《古本竹書紀年輯證》上海古籍出版社 2005 年，頁 71。
〔註27〕轉引自呂文郁《周代的采邑制度》社會科學文獻出版社 2006 年，頁 217。
〔註28〕楊伯峻《春秋左傳注》中華書局 1990 年，頁 44。
〔註29〕楊伯峻《春秋左傳注》中華書局 1990 年，頁 45。
〔註30〕方詩銘、王修齡《古本竹書紀年輯證》上海古籍出版社 2005 年，頁 73。
〔註31〕楊伯峻《春秋左傳注》中華書局 1990 年，頁 95。
〔註32〕〔清〕劉文淇《左傳舊注疏證》科學出版社 1959 年，頁 79。

為私邑，可能其時實際處於半獨立狀態，大體上類似曲沃的情形。可見，晉哀侯時晉國強族林立，私家都邑之離心傾向十分嚴重，大有國將不國之勢。曲沃武公借陘庭之亂，大舉進攻哀侯，並將其活捉。《左傳·桓公三年》：「曲沃武公伐翼，次於陘庭。韓萬御戎，梁弘為右。逐翼侯於汾隰，驂絓而至，夜獲之，及欒共叔。」〔註33〕

　　《國語·晉語一》：「武公伐翼，殺哀侯，止欒共子曰：『苟無死，吾以子見天子，令子為上卿，制晉國之政。』辭曰：『成聞之：民生於三，事之如一。父生之，師教之，君食之。非父不生，非食不長，非教不知，生之族也，故壹事之。唯其所在，則致死焉。報生以死，報賜以力，人之道也。臣敢以私利廢人之道，君何以訓矣？且君知成之從也，未知其待於曲沃也。從君而貳，君焉用之？』遂鬭而死。」〔註34〕以上材料雖體現了欒共子為臣忠君之氣節，但從側面反映出曲沃代翼對人們思想觀念的衝擊，曲沃以臣弒君，以小宗代大宗，從傳統周禮的角度來看，是大逆不道的，為當時士大夫所不齒。另一方面，也反映出曲沃政治胸懷之寬廣，只要是真正的棟梁之才，均願意與之捐棄前嫌，委以大任，使之制晉國之政。曲沃能夠取翼而代之，實非偶然。

　　欒氏之所以轉向哀侯，是由於其政治底線為不滅大宗，但曲沃莊伯、武公的目的是消滅大宗翼，最終取而代之。隨著武公政治、經濟實力的增強，決心將父、祖之事業進行到底。哀侯被弒後，晉人立小子侯為君，武公又將其誘殺。周王被迫繼立晉侯緡，且命諸侯討伐曲沃武公。《左傳·桓公七年》：「冬，曲沃伯誘晉小子侯殺之。」〔註35〕《左傳·桓公八年》：「八年春，滅翼。……冬，王命虢仲立晉哀侯之弟緡於晉。」〔註36〕《左傳·桓公九年》：「秋，虢仲、芮伯、梁伯、荀侯、賈伯伐曲沃。」〔註37〕周王和諸侯仍然要維護傳統之周禮，為自己切身利益計，也要千方百計保住晉國大宗的地位。他們很清楚，一旦曲沃代翼成為事實，將對傳統周禮造成巨大的衝擊。然而歷史的車輪是擋不住的，曲沃武公雖遭到周王和諸侯的孤立，欒氏等舊公族的背叛，但經過無數次的政治、軍事鬥爭，曲沃的勢力已不可遏抑，曲沃經過桓叔、莊伯、武公祖孫三代，歷六十七年艱苦卓絕的鬥爭，終於取晉國大

〔註33〕楊伯峻《春秋左傳注》中華書局1990年，頁97。

〔註34〕徐元誥《國語集解》中華書局2002年，頁247。

〔註35〕楊伯峻《春秋左傳注》中華書局1990年，頁119。

〔註36〕楊伯峻《春秋左傳注》中華書局1990年，頁123。

〔註37〕楊伯峻《春秋左傳注》中華書局1990年，頁125。

宗而代之。《左傳・莊公十六年》：「王使虢公命曲沃伯以一軍爲晉侯。」〔註38〕

曲沃自桓叔至武公，祖孫三代，竭盡六十七年之力，而奪得晉國政權。其過程可總結爲以下六個方面：

一是魯惠公三十年，晉國大臣潘父弒昭侯，桓叔欲裏應外合而奪得政權，由於國人反對，群起攻打桓叔，桓叔敗歸，國人誅潘父而立孝侯。是以終桓叔之世，奪權之謀未能得逞。

二是魯惠公四十五年，曲沃莊伯弒孝侯，國人不受莊伯之命，驅逐莊伯而立鄂侯。

三是魯隱公四年，莊伯伐晉，反爲鄂侯所敗，晉人乘勝追擊，並火燒曲沃之禾。此事《左傳》不載，而《史記》、《竹書紀年》載之。曲沃見形勢於己不利，只好暫時與晉求和。

四是魯隱公五年，莊伯聯合鄭、邢兩國的軍隊，並請周王之師助戰以攻打晉國，此舉扭轉了戰局，曲沃重新佔據上風。晉鄂侯奔隨，國人立哀侯以拒曲沃。

五是魯隱公六年，晉國的九宗五正，復迎鄂侯入晉，可見，國人不忘故君，忠君之情，不言而喻。桓王十二年，陘庭倒戈曲沃，導引曲沃以攻晉，哀侯被俘，晉人又立小子侯以拒晉。

六是魯桓公八年，曲沃誘殺小子侯，而周王救晉，晉人以王命立哀公之弟。此後，晉國大宗又拒守二十七年，終亡於曲沃。

《左傳・莊公十六年》：「王使虢公命曲沃伯以一軍爲晉侯。」《左氏會箋》：「桓八年立晉侯緡，至此二十七年矣，武公滅緡，當先於今年，《史記》、《紀年》不吻合，其事亦不足徵。左氏不書曲沃伐晉之詳，蓋文獻不足故也。魏禧曰：後世咸以不討晉罪而命爲侯，是天子亂法之首，夫周不命晉，晉將不爲侯乎？後世權宜之計多如此，唐部將殺節度，即命爲節度，姑息養亂。然當時天子之令，不行於藩鎮，若不姑與之，則明叛王朝矣。但不當一昧苟且不思善後之計，周之勢又自不同。曲沃之侯，必由請而後命，則王命重矣。王命猶重，則命之者失矣。寧可使晉自侯，猶我愛其禮之意。」〔註39〕

曲沃代翼的特點是：

第一，曲沃主要是靠長期的武裝鬥爭而最終奪取了政權。與春秋時期各

〔註38〕楊伯峻《春秋左傳注》中華書局 1990 年，頁 203。
〔註39〕〔日〕竹添光鴻《左氏會箋》巴蜀書社 2008 年，頁 287。

國的大都耦國現象相比，這是非常獨特的。鄭國的共叔段，很快即被鄭莊公鎮壓下去了。鄭厲公以櫟耦國入鄭，主要靠傅瑕作內應。衛國的甯殖和孫林父並沒有取代衛國政權。宋國公子鮑雖取代了公室政權，被立為國君，但主要是其祖母和國人的擁戴，不是依賴大規模的武裝鬥爭。魯國的三桓始終沒有取代公室政權。齊國雍廩也沒有自立為君，陳氏代齊主要是循序漸進，並沒有與國君發生大規模的武裝衝突。秦國和楚國的卿大夫也未能以大都耦國的方式成功奪權。與此形成鮮明對照的是，曲沃祖孫三代，在六十七年中，進行了長期不懈的武裝鬥爭，連弒五君，驅逐一君，鬥爭異常激烈而殘酷，期間又經歷了周天子和諸侯國的倒戈等反復，整個鬥爭過程，具有曲折多變、複雜激烈的特點。

　　第二，曲沃善於充分利用當時晉國外部的政治大環境和晉國內部的小氣候，使自己在政治上處於主動地位，乃是曲沃代翼的另一特徵。所謂晉國外部的政治大環境，是指西周末年至春秋早期，在周王室和諸侯列國出現的國君更迭和政權轉移現象。在周王室，國人發動了政治暴亂，趕走了周厲王。齊哀公同母弟公子山不滿胡公，率領其黨徒與營丘人一起攻殺了胡公，自立為君，是為齊獻公。魯懿公兄姬括之子伯御，與魯人一起攻殺懿公，立伯御為魯君。周宣王大怒，出兵伐魯而殺伯御，立魯孝公為君。衛共伯之弟和弒共伯，衛人遂立和為君，是為衛武公……等。所謂晉國內部的小氣候，是指晉昭侯封曲沃桓叔之前，晉國內部既已發生了一次內亂。晉穆侯之弟殤叔自立為君，晉文侯被迫出奔，四年後，晉文侯率領其徒黨襲殺殤叔，奪回君位。文侯子昭侯即位後，不能妥善處理政務，統治出現危機，引起國人不滿。面對這樣的政治形勢，桓叔豎起好德的旗幟，將周天子、周圍各諸侯國及其晉國內部的一部分國人拉向自己一邊，使得晉國公室空前孤立。等周天子和諸侯們倒戈時，曲沃的力量早已壯大了。曲沃的地理位置比較優越，阻三面而守，易守難攻，其豐富的水資源可供灌溉，有利於農業生產，其地產銅，更是得天獨厚。再加上曲沃頗得民心，又得靖侯之孫欒賓輔佐。天時、地利、人和皆在曲沃，從耦國到代晉已是必然。

二、欒氏以曲沃耦國的過程和特點

　　欒氏與曲沃頗有淵源，早在曲沃桓叔時，欒賓曾任桓叔之傅相。曲沃自申生之後，收歸公室，不再分封。因厲公集權失敗，大權落入欒氏之手，欒

氏乘機據爲己有。《國語·晉語八》:「且夫欒氏之誣晉國久矣,欒書實覆宗弑厲公以厚其家,若滅欒氏,則民威矣。」〔註40〕此「厚其家」即包括佔據曲沃。《左傳·襄公十四年》:「秦伯問於士鞅曰:『晉大夫其誰先亡?』對曰:『其欒氏乎!』秦伯曰:『以其汰乎?』曰:『然。欒黶汰虐已甚,猶可以免,其在盈乎!』秦伯曰:『何故?』對曰:『武子之德在民,如周人之思召公焉,愛其甘棠,況其子乎?欒黶死,盈之善未能及人,武子所施沒矣,而黶之怨實章,將於是乎在。』」〔註41〕吳靜安《左傳舊注疏證續》:「杜預曰:『武子欒書,黶之父也。召公奭聽訟於甘棠之下,周人思之,不害其樹,而作勿伐之詩在《召南》。』李石曰:『欒氏之惡三世矣,晉厲之弑,書則階之,晉政歸之,晉民畏之,以其久且專也。黶則已虐,盈則不足道,仍世下軍之職。士鞅乃對秦伯以《召南》甘棠之子孫,豈所擬乎?召伯之甘棠,遺愛也。欒氏三世,積惡也。至盈卒爲范鞅所仇,出奔於楚。此豈甘棠之比乎?』韓席籌曰:『此緊接士鞅奔秦於是下三十七字,疑後之經師妄增之,以附會其解經之說,而不知文之橫插於中而不通也。欒書逞兵殘民,且爲弑君之賊,幸保首領者,以悼公初政,未暇討耳。欒黶汰虐已甚,猶可以免,實晉法之不行,非乃父之德在民,足以庇蔭之也。欒盈好施養死士,同列多怨,畏罪出亡,逞志復入,覆宗絕嗣,災自取之。范鞅之論,未敢信其爲知言也。』」〔註42〕《左氏會箋》:「欒書以非所當怨害原屏三郤,又親弑君,其兇險奸黠如此,而比之召公,可見書平生以私惠曲謹收人心如季桓子、陳成子之爲也。而當時盛稱之者,徒以世教久替,視弑君父爲故常耳。」〔註43〕

根據顧棟高《春秋大事表》〔註44〕,欒氏的世系是:欒叔生欒賓,賓生欒共叔,欒貞子欒枝爲欒賓之孫,枝生欒盾,盾生欒書,書生欒黶,黶生欒盈。《左傳·桓公二年》:「惠之二十四年,晉始亂,故封桓叔於曲沃。靖侯之孫欒賓傅之。」〔註45〕則欒氏出於晉靖侯,是名副其實的舊族。在晉景公之前,欒氏雖爲舊族,但無人入居中軍帥之位,故並不顯榮。至景公即位,因其欲滅趙氏,遂起用舊族欒書任中軍帥。是以欒氏崛起始於欒書任中軍帥。

〔註40〕 徐元誥《國語集解》中華書局 2002 年,頁 420。

〔註41〕 楊伯峻《春秋左傳注》中華書局 1990 年,頁 1010。

〔註42〕 吳靜安《春秋左氏傳舊注疏證續》東北師範大學出版社 2005 年 181 頁。

〔註43〕 〔日〕竹添光鴻《左氏會箋》巴蜀書社 2008 年,頁 1285。

〔註44〕 〔清〕顧棟高《春秋大事表》中華書局 1993 年,頁 1268。

〔註45〕 楊伯峻《春秋左傳注》中華書局 1990 年,頁 93。

欒氏之崛起，除景公有意扶植外，主要靠戰功。在晉國的歷代正卿中，欒書之戰功最高，且執政時間較長，掌兵權達十五年。歷代中軍帥，諡號爲「武子」者，只有三人，他們是范武子士會，欒武子欒書，知武子知罃。士會雖有戰功，但執政只有兩年；知罃主要是以謀略勝出，嚴格講不屬戰功。欒書執政的十五年，幾乎都是在戰爭中度過的。魯成公四年，欒書救許伐鄭，攻取了氾、祭；成五年，欒書欲滅趙氏；成六年，欒書救鄭侵蔡；成七年，救鄭，晉國囚鄖公鍾儀於軍府；成八年，欒書侵蔡，侵楚，俘獲楚大夫申驪，回師途中，又侵沈，俘獲沈子揖初；成九年，伐鄭，殺鄭使伯蠲；成十年，欒書伐鄭；成十二年，晉克白狄於交剛；成十三年，欒書率軍大敗秦於麻隧，俘獲秦成差和不更女父；成十五年，討曹成公，欒書主張報復楚國；成十六年，欒書率軍大敗楚於鄢陵；成十七年，欒書拘捕晉厲公於匠麗氏；成十八年，弒厲公，迎立悼公。欒書爲晉國的霸業立下了赫赫戰功，就此而言，任何一位正卿都無法與他比肩。因此，欒書諡爲欒武子，是名副其實的。郤氏滅亡後，欒氏由於欒書爲國政且功勳卓著，一躍成爲晉國頭號強族。悼公即位後，因欒書擁立有功，遂任命其子欒黶爲公族大夫之一。魯襄公九年，欒黶從晉軍伐鄭。襄十年，晉率諸侯伐鄭，楚國子囊救鄭，兩軍對峙於陽陵，楚軍不退，知罃欲退，欒黶表示反對，且單兵獨進。足見欒氏軍力甚強。鄭軍欲退，欒黶謀伐鄭軍，遭到知罃制止。襄十三年，綿之蒐，欒黶將下軍，新軍沒有合適的將帥，晉悼公命由欒黶之下軍統新軍。本來悼公欲以范宣子爲中軍帥，但范宣子讓給中行偃，欲以韓起爲上軍將，韓起讓趙武，悼公又提名欒黶爲上軍將，欒黶說，自己不如韓起，韓起既然讓趙武，國君就聽從吧！不管怎麼說，綿之蒐的結果是，欒氏既將下軍，又統新軍，實力不但沒有削弱，反而有所增強。襄十四年，在遷延之役中，中行偃命令全軍，統一聽從他一人的號令，觀其馬首行事。欒黶公然表示反對，稱晉國從來沒有這種命令，我馬首欲向東，獨自歸國，導致整個下軍撤退，新軍回撤，亦可想而知。中行偃被迫命令全軍撤退。此役欒黶實則犯了軍中大忌，即違抗軍令，常言軍令如山。在邲之戰中，先縠違抗軍令，旋即伏誅。今欒黶安然無恙，反襯出欒氏族大勢強。不僅如此，由於對欒黶之撤退深以爲恥，欒鍼乃與范鞅一起策馬衝入秦軍陣中，鍼戰死而范鞅安全返回。欒黶卻威脅范宣子說，如果不驅逐你的兒子范鞅，我也會殺死他。於是范鞅被迫出奔秦國。可見，欒氏飛揚跋扈已至無以復加的程度。說欒氏是過分汰虐，可謂恰如其分。魯

襄公十六年春，晉平公即位。中行偃、欒屬伐楚，楚軍戰敗，且侵方城之外，伐許而班師。平公又以欒屬子欒盈爲公族大夫之一。可見，此時欒氏強盛依然如故。襄十八年，晉伐齊，欒盈爲下軍佐，與下軍將魏絳一起克邿。襄十九年，欒魴率晉軍與衛孫林父一起伐齊。說明欒氏的軍事實力在晉平公初年仍然甚爲強大。鑒於欒氏實力雄厚，范宣子將其女欒祁嫁於欒屬爲妻，此是以聯姻而結黨於欒氏。欒盈好行施捨，士人多歸欒氏。由於欒書曾翼戴過王室，其事史籍無載，但《左氏會箋》認爲：「書必有爲王室致力以受賞賜。傳雖不載其事，書爲政時，三從王卿士伐鄭，郤至獻捷，又聘於周，則有其事可推而知焉。」〔註 46〕是以王室亦頗傾向欒氏。總之，欒氏在晉悼公和晉平公時爲晉國最強大的舊族。曲沃爲晉之宗邑大都，欒氏佔據曲沃，與晉之國城形成大都耦國之局。《國語・楚語上》記載國之大城的危害，有「晉有曲沃，……晉曲沃實納齊師。」〔註47〕韋昭注：「曲沃，欒盈之邑。欒盈奔齊，齊莊公納之，盈以曲沃之甲晝如，爲賊於絳。在魯襄二十三年。」〔註48〕另外，州縣也是欒氏屬邑。《左傳・昭公三年》：「州縣，欒豹之邑。」〔註49〕

欒氏以大都耦國之勢發動叛亂，其導火線是范氏的逼迫。欒屬娶范宣子之女爲妻，生欒盈。范宣子之子范鞅因爲曾被欒屬強迫出亡秦國，此事上文已作了說明。所以，范鞅心中怨恨欒氏，與欒盈同爲公族大夫，互不和睦。正在此時，欒氏家族內部出現了問題，欒盈之母欒祁通於欒氏之老州賓，欒盈之室幾爲州賓所亡，州賓成爲欒盈的心腹大患。欒祁害怕欒盈討伐州賓，遂在其父范宣子面前構陷欒盈，說盈將會發動叛亂，原因是「以范氏爲死桓主而專政矣，曰：『吾父逐鞅也，不怒而以寵報之，又與吾同官而專之。……』其謀如是，懼害於主，吾不敢不言。」〔註 50〕范鞅爲欒祁作了假見證。欒盈平日好厚施於士人，士人多歸欒氏。范宣子本來就因欒盈多聚士人而心有餘悸、有所顧慮。一聽此言，就信以爲眞。欒盈此時位居下卿，范宣子遂以修築著城的名義，將欒盈驅逐出晉國。魯襄公二十一年，欒盈出奔楚國。范宣子大開殺戒，一舉誅殺了箕遺、黃淵、嘉父、司空靖、邴豫、董叔、邴師、申書、羊舌虎等欒氏之黨，又囚禁了伯華、叔向、籍偃等三人。其餘欒氏黨

〔註46〕〔日〕竹添光鴻《左氏會箋》巴蜀書社 2008 年，頁 1363。
〔註47〕徐元誥《國語集解》中華書局 2002 年，頁 498。
〔註48〕同上。
〔註49〕楊伯峻《春秋左傳注》中華書局 1990 年，頁 1239。
〔註50〕楊伯峻《春秋左傳注》中華書局 1990 年，頁 1058。

徒知起、中行喜、州綽、邢蒯出奔齊國。魯襄公二十二年，欒盈自楚國前往齊國。齊莊公納欒氏，欲攻打晉國。魯襄公二十三年，晉國將嫁女給吳國，齊莊公使析歸父護送媵妾，乘此機會將欒盈及其士運送至曲沃。欒盈深夜會見了守曲沃之大夫胥午，告知自己將以曲沃進攻國城絳的意圖。《左傳》對此的記載特別生動。現錄之如下：「欒盈夜見胥午而告之。對曰：『不可。天之所廢，誰能興之？子必不免。吾非愛死也，知不集也。』盈曰：『雖然，因子而死，吾無悔矣。我實不天，子無咎焉。』許諾。伏之而觴曲沃人，樂作，午言曰：『今也得欒孺子何如？』對曰：『得主而為之死，猶不死也。』皆歎，有泣者。爵行，又言。皆曰：『得主，何貳之有！』盈出，徧拜之。」〔註51〕由該段記載可以看出，欒氏在大都曲沃進行了長期經營，已經籠絡了曲沃民心，願意為欒氏赴湯蹈火，不惜以命相許。這是欒氏能夠以曲沃舉事的重要原因。

欒盈得到曲沃人的擁護，遂率領曲沃之兵甲，因魏獻子作內應，攻入了國城絳。范宣子倉促應戰，奉晉平公走保固宮。又命范鞅挾持魏獻子，並承諾事後將曲沃送給魏氏，魏氏倒戈。欒氏力臣督戎被罪隸斐豹誘殺，范氏之徒黨埋伏在公臺之後，及欒氏之徒登公門，范氏從臺後衝出，猛攻之，欒樂戰死，欒魴受傷，欒盈被迫撤防曲沃。晉人隨即包圍了曲沃。之後，晉人攻破曲沃，除欒魴逃往宋國外，其餘欒氏族黨盡滅。與此同時，齊莊公攻衛伐晉，奪取了朝歌。繼而兵分兩路，一路進入孟門，另一路上太行。攻佔熒庭、郫邵、少水，直逼晉國國城。

《國語・晉語八》：「盡逐群賊，而使祁午及陽畢適曲沃逐欒盈，欒盈出奔楚。……居三年，欒盈晝入，為賊於絳，范宣子以公入於襄公之宮，欒盈不克，出奔曲沃。遂刺欒盈，滅欒氏。」〔註52〕

欒氏以曲沃耦國的特點是：

第一，從欒氏自身來講，缺乏穩固的政治基礎。曲沃雖是欒盈之都，但欒盈是在出奔楚、齊數年後潛回曲沃的，雖然曲沃人表示支持欒氏，但家君與家臣之間存在一定的隔閡。內部有家臣州賓為亂，捨新軍，兵力裁去一半。且事先沒有作充分的準備，也沒有周密的計劃，倉促發動叛亂。而曲沃桓叔祖孫三代一直在曲沃堅守，沒有出現出亡在外的情況，家君與臣民之間始終

〔註51〕楊伯峻《春秋左傳注》中華書局 1990 年，頁 1073。
〔註52〕徐元誥《國語集解》中華書局 2002 年，頁 421。

團結一致，穩紮穩打，當戰事偶有不利或間有反復時，仍能堅持到底而不動搖。而欒氏卻正好相反，從絳撤至曲沃後，一戰即潰，再也無法堅持拒守。在晉國內部，欒氏樹敵過多，政治盟友也不堅定。趙氏與欒氏有血海深仇，魯成公八年，趙莊姬在晉景公面前誣陷趙氏，說趙同、趙括將要發生叛亂，欒書為此作了偽證，結果趙氏幾乎被滅族，幸好趙武當時躲在公宮，趙氏後來才得以復興。韓氏一向黨於趙氏。中行氏也怨欒氏，起因是魯襄公十四年，中行偃以中軍帥統軍伐秦，而欒黶不聽軍令，擅自撤退，致使伐秦無功。此後中行氏重用范氏，以范宣子為中軍佐，所以中行氏和范氏關係比較親密。知氏與中行氏本屬同族，且知悼子當時年少，而聽命於中行氏。各大族中，只有魏氏支持欒氏，但范宣子以曲沃賄賂魏氏，魏氏中途倒戈。這樣，欒氏在晉國實際上處境相當孤立。在晉國外部，只有齊國支持欒氏，但齊國內部意見不統一，晏平仲、陳文子、崔武子皆不同意齊莊公援助欒盈。儘管齊國最終出兵攻打晉國，還是未能真正起到密切配合欒氏的作用。因為齊莊公的目的是為了藉此報復齊晉平陰之戰的失利，並沒有長期支持欒氏的打算。晉之敵國秦、楚，皆不支持欒盈，魯國等盟國更是站在晉國執政一邊。

第二，晉國公室仍具有一定實力，六卿正在崛起。欒盈以曲沃耦國叛晉之時，正是晉平公初年，晉國的霸主地位仍在保持，楚國在鄢陵之戰中被晉國擊敗後，一時難以對晉國採取大規模軍事行動，而且此時吳國開始興起，楚國後院起火，也無力與晉國抗衡。秦國在麻隧之戰中為晉所敗，受到重挫。只有齊國有攻晉的圖謀，但內部意見不一，主張伐晉的齊莊公不久即被崔杼所弒，之後齊國以禮樂之器賄賂晉侯，以和好於晉。六卿之中，趙、韓、知氏，在悼公時勢力得到很大的發展，韓厥、知罃皆為中軍帥，趙武位居卿列，中行偃亦為正卿，范氏在此時正是其力量最盛之際。范氏作為欒氏的主要對手，政治、軍事、道義上都占主動地位，有明顯優勢。政治上，范宣子挾平公以令諸卿，身為中軍帥，大權在握，可以及時以執政的名義調集人力、戰備物資等，傾晉國之力以攻欒氏。又掌控賞罰大權，可以赦免罪犯，如斐豹，本為罪隸，因犯罪被罰為官奴，罪行被寫於丹書之上。當時欒氏有一位大力士叫督戎，由於驍勇善戰，力量超群，國人皆畏懼他。於是斐豹對范宣子說，如若焚燒丹書，赦免我的罪行，我可以殺掉督戎。范宣子欣然允諾，斐豹遂殺督戎。魏氏原本支持欒氏，但范宣子許諾將曲沃賞給魏氏，在重賞之下，魏氏倒向范氏一邊。這樣，以范氏為首，六卿結成了統一戰線，欒氏處於孤

立之境。這一事例說明范氏掌控政權，在政治上具有明顯優勢。軍事方面，范氏以逸待勞，熟悉國城絳之形勢，且堅守固宮，軍事上具有一定優勢。道義上，范氏以國君的名義，討伐欒氏，屬於以君討臣，可以贏得國人的支持。范氏又利用晉國作爲盟主的名義，兩次盟會諸侯錮欒氏，盟國除齊國外，皆支持晉國，欒氏以臣攻君，在春秋時期，是屬於犯上作亂，得不到國人支持。欒氏的舉動也使人聯想到欒書弒殺厲公的情形，必然也會激起國人對欒氏的反感。《國語·晉語八》：「且夫欒氏之誣晉國久矣。」〔註53〕

第二節　都與國的僵持

　　欒氏欲以曲沃耦國之勢而奪取政權，但被國君和六卿所鎮壓。此後，六卿成爲與公室勢力相抗衡的主要政治勢力。因六卿勢均力敵，力量分散，形成了六卿之都與國城絳的僵持局面。都與國的僵持局面開始於欒氏滅亡，即魯襄公二十三年，公元前 550 年，結束於范、中行氏滅亡，即魯哀公五年，公元前 490 年。六卿是指范氏、中行氏、知氏、趙氏、魏氏、韓氏等六族。

　　范氏：關於范氏的起源，《左傳》和《國語》都有明確的記載。《左傳·襄公二十四年》載范宣子自報家門說：「昔匄之祖，自虞以上爲陶唐氏，在夏爲御龍氏，在商爲豕韋氏，在周爲唐杜氏，晉主夏盟爲范氏。」〔註54〕匄指范宣子。《國語》的記載與此大致相同。《左傳·昭公二十九年》：「有陶唐氏既衰，其後有劉累，學擾龍於豢龍氏，以事孔甲，能飲食之。夏后嘉之，賜氏曰御龍。以更豕韋之後。……范氏其後也。」〔註55〕《世本》記載范氏的世系是：「范氏，晉大夫隰叔之子，士蔿之後，蔿生成伯缺，缺生武子會，會生文叔燮，燮生宣叔匄，匄生獻子鞅，鞅生吉射。」〔註56〕范氏自晉獻公以來即是顯族，士蔿是獻公的重要謀臣，被提拔爲大司空。士蔿之孫士會，晉景公時擔任中軍帥，又兼任太傅，范氏開始崛起。范宣子士匄在晉平公時任中軍帥，滅欒氏，范氏實力大增。范鞅在晉定公時爲中軍帥。范氏出了三位正卿，這在晉國是不多見的，可見范氏在六卿中的地位是舉足輕重的。

　　范氏之都和重要采邑計有：隨、范、郇、櫟、朝歌。

〔註53〕徐元誥《國語集解》中華書局 2002 年，頁 420。
〔註54〕楊伯峻《春秋左傳注》中華書局 1990 年，頁 1087。
〔註55〕楊伯峻《春秋左傳注》中華書局 1990 年，頁 1501。
〔註56〕〔清〕秦嘉謨等《世本八種》北京圖書館出版社 2008 年，頁 743。

　　《國語‧晉語八》詳細記載了范氏實力擴大的情況：「昔隰叔子違周難於晉國，生子輿，爲理，以正於朝，朝無奸官。爲司空，以正於國，國無敗績。世及武子，佐文、襄爲諸侯，……是以受隨、范。及文子成晉、荊之盟，是以受郇、櫟。」〔註57〕隨，顧棟高認爲在清山西省汾州府介休縣東之隨城。〔註58〕隨是晉陽通往國城新田的必經之地，瀕臨汾河，地勢十分險要，最險處位於介休縣城西南二十里的雀鼠谷。《水經注》：「汾水南過冠爵津，俗謂之雀鼠谷。數十里間，道皆險隘。水左右悉結偏梁閣道，累石就路，縈帶岩側，或去水一丈，或高六丈，上帶山阜，下臨絕澗，俗謂之魯般橋，蓋古之津隘，今之地險也。」〔註59〕可知，隨是晉國汾水之上的咽喉要塞，范氏得到隨，北可以威脅趙氏之晉陽，南可控制晉中盆地一帶。

　　范，顧棟高考證認爲在今河南省范縣。〔註60〕范原爲赤狄潞氏之地，晉滅潞氏後，封給范氏。范靠近齊、魯、衛，便於范氏聯絡三國，以爲外援。後來范氏與晉陽趙氏之戰，齊、魯、衛皆支持范氏，絕非偶然，因爲范氏利用范結好於齊、魯、衛等國。

　　郇，是晉國有名的肥沃富饒之地，晉景公時遷國城，眾大夫多主張遷往郇。《左傳‧成公六年》：「晉人謀去故絳，諸大夫皆曰：『必居郇、瑕氏之地，沃饒而近鹽，國利君樂，不可失也。』」〔註61〕在古代，鹽是非常重要的財源，范氏佔有郇，其富庶可想而知。櫟的地理位置還有待考證。

　　朝歌，是范氏在晉國後期的重要大都，原爲衛國的國城。魯閔公二年，狄人滅衛，齊桓公遷衛於楚丘，朝歌暫爲狄人佔有。後晉滅狄，朝歌爲晉所有，在晉國後期，爲范氏之大邑。《左傳‧定公十三年》：「荀寅、士吉射奔朝歌。」〔註62〕

　　中行氏，《世本》記載中行氏的世系是：「晉大夫逝遨生桓伯林父，林父生宣伯庚，庚生獻伯偃，偃生穆伯吳，吳生寅。本姓荀，自荀偃將中軍，晉改中軍曰中行，因氏焉。」〔註63〕關於荀氏改稱中行氏的時間和原因，《世本》所說有誤，《左傳‧僖公二十八年》：「晉侯（文公）作三行以禦狄。荀林父將

〔註57〕徐元誥《國語集解》中華書局 2002 年，頁 425。

〔註58〕〔清〕顧棟高《春秋大事表》中華書局 1993 年，頁 801。

〔註59〕酈道元《水經注》華夏出版社 2006 年，頁 116。

〔註60〕〔清〕顧棟高《春秋大事表》中華書局 1993 年，頁 2197。

〔註61〕楊伯峻《春秋左傳注》中華書局 1990 年，頁 827。

〔註62〕楊伯峻《春秋左傳注》中華書局 1990 年，頁 1591。

〔註63〕〔清〕秦嘉謨等《世本八種》北京圖書館出版社 2008 年，頁 746。

中行。」〔註64〕可知荀氏改稱中行氏是在荀林父為中行主將之後，並非始自荀偃。原因是晉文公設立中行，而非改中軍為中行。荀林父在晉景公時任中軍帥，中行氏開始崛起。荀林父最大的功績是在曲梁打敗了赤狄，消滅了潞，使晉國獲得了大片狄人的土地。之後中行偃在晉悼公和晉平公初年任中軍帥，中行氏的勢力得到鞏固和發展。

中行氏的都文獻沒有明確記載，根據中行寅敗退的地點分析，晉國東陽一帶可能是中行氏的勢力範圍，其中心大都大概在柏人。《左傳·哀公四年》「會鮮虞，納荀寅於柏人。」〔註65〕柏人位於太行山東麓的華北平原之上，土地肥沃但無險可守，所以，在趙氏與中行氏的鬥爭中，柏人很快陷落。

知氏，《世本》記載知氏的世系是：「逝敖生莊子首，首生武子罃，罃生莊子朔，朔生悼子盈，盈生文子櫟，櫟生宣子申，申生智伯瑤。」〔註66〕知文子櫟在《左傳》中寫作躒。可知，知氏與中行氏同出於逝敖，知罃在晉悼公時任中軍帥，知氏開始崛起。知瑤為晉國最後一任中軍帥，因貪婪剛愎，被趙、魏、韓三族所滅。

知氏之都和采邑有知、宅陽、高梁。《古本竹書紀年》：「晉出公六年，齊、鄭伐衛。荀瑤城宅陽。」〔註67〕又云：「晉出公十年，智伯瑤城高梁。」〔註68〕

趙氏之中心大都在晉陽，魏氏以安邑為中心，韓氏以平陽為中心。三族之詳細發展歷程見下節。

以上簡要敘述了六卿都的大致情形。

下面具體說明都與國僵持形勢下所發生的歷史事件及其過程。

首先，自平公之後，公室逐漸衰落，但並沒有退出歷史舞臺，仍然具有一定的勢力。國城絳所在的汾、澮流域，是公室的核心統治區，始終掌握在國君手中，沒有封給卿大夫。晉國後期的重要大臣叔向，任太傅，盡力維護公室的統治地位。平公對三軍將佐具有人事任免權，晉大夫程鄭，受到平公寵信，平公命其為下軍佐。魯襄公二十五年，晉平公召集諸侯盟會於夷儀，準備討伐齊國，齊人賄賂平公以宗器、樂器，遂與齊國和解。平公命令魏獻子、宛沒將被逐的衛獻公迎往夷儀。這是公室仍具有調兵權的證據。魯襄公

〔註64〕楊伯峻《春秋左傳注》中華書局1990年，頁474。
〔註65〕楊伯峻《春秋左傳注》中華書局1990年，頁1628。
〔註66〕〔清〕秦嘉謨等《世本八種》北京圖書館出版社2008年，頁862。
〔註67〕方詩銘、王修齡《古本竹書紀年輯證》上海古籍出版社2005年，頁86。
〔註68〕方詩銘、王修齡《古本竹書紀年輯證》上海古籍出版社2005年，頁89。

二十六年，晉囚禁了衛獻公和衛大夫甯喜，趙文子向晉平公轉達了要求釋放衛獻公的意願，但平公遲遲不放人，直至衛國向平公進獻衛姬，平公才釋放了衛侯。這充分說明晉平公具有最後決定權。晉平公因爲是杞國之女所生，遂命令諸侯爲杞國修築國城。魯昭公二年，晉平公拘捕了齊國的陳無宇，叔向爲之求情，平公才答應放人。平公又大興土木，修建宮室，是公室具有一定財力的證明。當然，此時的晉國公室也不可能如晉景公滅趙氏、晉厲公滅郤氏一樣滅掉六卿，只能處於僵持狀態。《左傳·昭公九年》：「初，公欲廢知氏而立其外嬖，爲是悛而止。秋，八月，使荀躒佐下軍以說焉。」〔註69〕晉平公沒有能夠廢除六卿之一的知氏，正是國與都僵持的有力證據。

其次，六卿內部，及其六卿之間充滿了矛盾，互相牽制，也有利於國與都僵持局面的形成。

趙氏內部有晉陽趙氏和邯鄲趙氏的矛盾；范氏內部有范皋夷和范吉射之間的矛盾；韓不信與中行寅不和；魏曼多與范吉射互相不睦。邯鄲趙午是中行寅的外甥，中行寅與范吉射互爲姻親關係，是以邯鄲趙氏與范吉射、中行寅結爲同黨。晉大夫梁嬰父受到知躒的寵信，知躒欲使之爲卿。所以，范皋夷、梁嬰父、知躒、韓不信、魏曼多五人爲同黨，圖謀驅逐中行寅，由梁嬰父代替中行氏爲卿，再驅逐范吉射，由范皋夷代替。這是晉國後期范、中行氏之亂前六卿關係的概況。下面我們作逐層分析。

晉陽趙氏與邯鄲趙氏的矛盾起因是趙鞅欲將衛貢五百家移往晉陽，邯鄲趙午表面應允，卻遲遲不見行動，趙鞅遂殺趙午，邯鄲趙氏於是反叛。關於衛貢五百家的來歷，是趙鞅於魯定公十年討伐衛國，衛人進貢五百家以求和，趙鞅將其暫時安置在邯鄲。魯定公十三年，趙鞅徙此五百家以充實晉陽，而邯鄲趙氏拖延不給。其中原因，《左傳》認爲是如果此五百家留在邯鄲，衛國將會幫助邯鄲，一旦徙走，衛國將會以此仇恨邯鄲，無疑是斷絕與衛國的和好關係。所以，邯鄲趙氏不肯歸還衛貢。其實，這只是表面原因，其深層原因是，邯鄲所在的位置與范氏之大都朝歌相近，且邯鄲趙午是中行寅的外甥，中行寅是范氏的姻親。所以，此時邯鄲趙氏已倒向范、中行氏一邊，成爲范、中行氏的同黨。而晉陽趙氏與范氏在此之前就有矛盾，魯定公六年，宋國派樂祁出使晉國，此時晉國正卿爲范鞅，按以往慣例，樂祁應主范氏，可是此次樂祁反而主趙氏，致使范鞅大爲惱火，將樂祁拘禁在晉國三年不歸。州縣

曾爲欒豹之邑。欒氏亡，范氏和趙氏皆欲占爲己有，最後雖屬韓氏，但此事必然影響范、趙二氏的關係。范氏與趙氏矛盾的根本原因是，范氏之都——隨，是趙氏南下的障礙，且由於晉陽的實力增強，范氏日益感到威脅，范氏和趙氏的矛盾不可避免。因此，當邯鄲趙氏與范、中行氏關繫日益密切，並結爲同黨時，晉陽趙氏決不會善罷甘休，這是趙鞅殺邯鄲趙午的根本原因。

范氏內部的矛盾是指范氏的小宗范皋夷企圖取代大宗范吉射。《左傳・定公十三年》：「范皋夷無寵於范吉射，而欲爲亂於范氏。……逐范吉射而以范皋夷代之。」杜預注：「皋夷，范氏側室子。」〔註70〕《國語・晉語九》：「范、中行有函冶之難。」〔註71〕韋昭注：「函冶，范皋夷之邑。皋夷無寵於范吉射，而欲爲亂於范氏。中行寅與范氏相睦，故皋夷謀逐二子，卒滅之。」〔註72〕

韓氏與中行氏的矛盾可追溯到晉厲公時，魯成公十七年，欒書和中行寅謀弒晉厲公，曾要求韓厥也參與其事，但遭到韓厥的拒絕，於是，中行偃欲討伐韓氏，而欒書認爲不能伐韓氏，乃作罷。《國語・晉語六》：「欒武子、中行獻子圍公於匠麗氏，乃召韓獻子，獻子辭曰：『弒君以求威，非吾所能爲也。威行爲不仁，事廢爲不智，享一利亦得一惡，非所務也。』昔者吾畜於趙氏，孟姬之讒，吾能違兵。人有言曰：『殺老牛而莫之敢屍。而況君乎？二三子不能事君，安用厥也！』中行偃欲伐之，欒書曰：『不可。』」〔註73〕

魏氏與范氏不睦，是由於欒氏進攻范氏時，魏氏原本支持欒氏，此其一；其二是范鞅繼魏獻子爲政，去掉了魏獻子之柏槨。更重要的原因是范氏之都——郖，與魏氏之安邑、魏距離比較近，且范氏控制著郖地的鹽資源，魏氏欲在晉西南有更大的發展，必然與范氏發生衝突。

如上所述，六卿之間矛盾重重，力量分散，只能導致國與都的僵持局面。則六卿中的任何一卿都不足以取代公室。如魯定公十三年，范、中行氏進攻晉定公，晉之國人站在公室一邊，幫助晉定公打敗了范、中行氏，迫使中行寅、范吉射逃往朝歌。趙鞅雖是正卿，但在韓、魏兩家向定公求情後，才允許其由大都晉陽返回國城，且被迫在晉定公之宮盟誓。這些是晉國後期國與都僵持的極好例證。

〔註70〕《漢魏古注十三經》下冊，《春秋經傳集解》卷二十八，中華書局 1998 年，頁 406。
〔註71〕徐元誥《國語集解》中華書局 2002 年，頁 455。
〔註72〕同上。
〔註73〕徐元誥《國語集解》中華書局 2002 年，頁 398。

第三節　萃於三族及三家分晉

一、從萃於三族到三家分晉

　　「萃於三族」出自《左傳·襄公二十九年》：「（季札）適晉，說趙文子、韓宣子、魏獻子，曰：『晉國其萃於三族乎！』」〔註74〕其具體含義是指趙、魏、韓三家以晉陽、安邑、平陽三大都取代了國城絳，實現了以都代國。趙、魏、韓三家以都代國是春秋時期非常重大而又影響至深至遠的大都耦國現象。三家以都代國的形成，與晉獻公和晉悼公有很重要的關係。晉獻公在同一年分封趙、魏兩家，即魯閔公元年，獻公賜趙夙耿，賜畢萬魏。從此爲兩家奠定了基業。晉悼公即位，命趙武爲卿，提拔魏相，魏頡，重用魏絳，又以韓厥爲中軍帥。趙、魏、韓三家是以大興。直到三家於同一年，即周威烈王二十三年被命爲諸侯。

　　趙氏：趙氏在晉國的興盛始於晉獻公封趙夙於耿。從受封耿至趙國建立，即魯閔公元年到周威烈王二十三年，長達二百五十八年。從趙氏以晉陽爲大都至趙國建立，即至遲在魯定公十三年到周威烈王二十三年，是爲九十四年。趙氏在晉國後期，主要以晉陽爲中心大都，不斷壯大自己的實力。

　　晉陽，古書多以晉陽爲晉之始封地，顧炎武已深辨其非。〔註75〕晉陽應是晉國後期趙氏所盤踞之大都。晉陽之名首見於《國語·晉語九》，該書記載，趙簡子使尹鐸治理晉陽，可證晉陽是趙氏邑。晉陽在《左傳》中首見於魯定公十三年。考古工作者已發現晉陽故城。《文物》1962 年第 4、5 期，發表了謝元璐、張頷的文章《晉陽古城勘察記》，認定其位於今太原市西南約十五公里處的古城遺址屬於東周時期，在該城附近發現了趙卿墓，據此可斷定該遺址是趙氏大都晉陽。由於晉陽遺址損毀嚴重，無法看到城址全貌，只能看到部分西城牆，以及據西城牆而推測的北城牆。西城牆約爲 2700 米，北城牆長約 4500 米。城牆遺址之夯土非常堅硬，夯土層有 17 釐米，夯窩直徑是 5 釐米左右，城牆寬 30 米，殘留城牆最高者達 7 米。〔註76〕

　　以上考古發現還不能完全明瞭晉陽作爲大都的規模，但 1987 年 7 月，在山西太原市南郊金勝村附近的太原第一熱電廠發現的太原晉國趙卿墓，可以映襯

〔註74〕楊伯峻《春秋左傳注》中華書局 1990 年，頁 1167。
〔註75〕〔清〕顧炎武著 黃汝成集釋《日知錄集釋》上海古籍出版社 2006 年，頁 1767。
〔註76〕劉緒《晉文化》文物出版社 2007 年，頁 59。

出晉陽當年之大都盛況。根據陶正剛等著《太原晉國趙卿墓》，由於趙卿墓 M251
沒有受到盜掘，因而保存非常完整，尤為可貴的是整個墓葬保留了原貌。這為
我們研究趙氏以晉陽耦國的現象提供了堅實的依據。M251 的時間被定在春秋
晚期，約在公元前 475～450 年左右。M251 的隨葬器物數量是驚人的。青銅器
是 1402 件；石磬 13 件；玉石器 297 件；金器 11 件；陶器 8 件；藤弓 1 件；木
器 479 件；骨角器 551 件；瑪瑙器 17 件；水晶串珠 1 串；玻璃串珠 2 串；綠松
石串珠 1 串；礫石 6 件；蚌器 117 件；海貝 151 件。《太原晉國趙卿墓》的作者
還說，隨葬武器特別多，車馬坑規模龐大，斷定墓主人生前是位具有強大軍事
實力的重大人物，其勢力遠遠超過普通晉卿和小國諸侯。〔註77〕

　　根據《國語》、《左傳》，晉陽在晉國後期趙氏與其他敵對勢力的政治鬥爭中，
發揮了巨大作用。魯定公十三年秋七月，范氏、中行氏討伐趙氏，趙鞅奔晉陽，
隨後晉人包圍了晉陽。在韓、魏兩家的請求下，十二月辛未，趙鞅回到國城絳。
且盟誓於公宮。晉陽之所以固若金湯，與趙簡子知人善任，得到了賢臣輔佐密
切相關。《國語‧晉語九》記載，趙簡子派尹鐸治理晉陽，尹鐸請示趙簡子，你
想讓晉陽成為賦稅之源還是趙氏之保障？趙簡子回答說：成為保障。尹鐸遂減
損晉陽的戶數，使之民優稅少。趙簡子遂告誡趙襄子說：若晉國有難，不要因
為尹鐸減少了晉陽的戶數，誤以為晉陽人數少不足恃。也不要因晉陽遠而放棄。
務必歸保晉陽。就在尹鐸赴晉陽上任前夕，趙簡子囑咐尹鐸說：必須將中行寅、
范吉射包圍晉陽的壁壘廢除，因為我一見到那些壁壘，就如同見到中行寅和范
吉射。但是尹鐸不但不遵照執行，竟反其道而行之，增高了壁壘，趙簡子去晉
陽視察，見到壁壘增高，怒不可遏，說道：必須先殺尹鐸，而後入晉陽。眾大
夫急忙為尹鐸求情，簡子不肯，說：尹鐸此舉是故意彰顯我的怨仇，以侮辱我。
正在這時，晉大夫郵無正進言簡子：昔日，先主趙文子因莊姬之讒，年少之時
就遭此大難，從其母莊姬而養於公宮，因趙武有孝德而出任公族大夫，因恭德
升為卿，因武德進為正卿，因溫德而名譽在外。由於趙氏中衰，趙氏之常法失
傳，養在公宮，而無師保，始更修其身，是以能夠恢復趙氏之常法。趙景子也
長於公宮，未及傳授趙氏之常法以教訓之，就嗣立為趙氏宗主，也能修其身而
受先人之基業。在晉國，也聽不到任何誹謗趙景子的言語。以順德教您，擇言
以教您，擇師保以相您，今吾子您嗣位為趙氏宗主，有文子之常法，有景子之
教訓，以師保之重教導之，又加上同宗之父兄規過之，如今您皆疏遠了他們，

〔註77〕陶正剛《太原晉國趙卿墓》文物出版社 1996 年，頁 241。

是以有范、中行氏圍攻晉陽之難。尹鐸說得好：思樂而喜，思難而懼，是人之常情。見范、中行氏所築壁壘，可以產生戒懼之情，足當師保，為什麼不增壁壘呢？所以進一步提拔尹鐸，庶幾可以作為鏡鑒，以安趙氏宗族！若懲罰尹鐸，是懲罰善行，懲罰善行必然是獎賞惡行，那我們作大臣的，還有啥盼頭？簡子聽後大悅，說：倘若沒有你郵無正，我幾不為人！遂以免難之賞賞尹鐸。由於有晉陽作為堅強的後盾，終趙簡子之世，趙氏雖歷經重大政治鬥爭，也能化險為夷、化凶為吉，贏得鐵之戰的勝利，最終消滅了范、中行氏。總而言之，晉陽功不可沒。

趙襄子之時，智襄子欲進攻趙氏，趙氏家臣張談對趙襄子說：先主簡子製作了許多重器，如圭、璧、鍾、鼎等，今趙氏有難，可用這些重器行賂，以求助於諸侯。襄子說：我沒有很好的使者。張談說：地可作使者，襄子說：我不幸有許多毛病在身，不敢與先主相比，無德而以賄求助諸侯，地但求滿足我的欲望，無忠諫，是助長我的毛病，以求祿於我，我不想與他一起滅亡。趙襄子乃問計於眾家臣，我們走保何處？有人說：長子離國城近，而且城牆厚實完固。襄子說：長子城牆完固，是靠勞民，使之筋疲力盡而實現的，而且守城的也是這些疲憊之民。則有誰能與我同力呢？有人說：邯鄲倉庫殷實，襄子說：搜刮民脂民膏以充實府庫，又讓他們去送死，有誰能與我同力呢？還是走保晉陽吧！因為先主曾經囑咐過我，務必以晉陽為歸。尹鐸長期實施寬民惠民的政策，必能得人和。於是趙襄子決定走保晉陽。趙氏以晉陽為中心大都，發展軍事、經濟實力，消滅了范、中行氏。晉國後期，國城在新田，即今天山西侯馬；魏氏佔領了今山西西南大部；韓氏逐步控制了晉之南陽和山西中部一帶。在此情形之下，趙氏敏銳的認識到佔領晉陽，控制晉國北部，才是根本之策。關於晉陽地理位置的戰略意義，顧祖禹《讀史方輿紀要》卷四十有極精到的分析：「（太原）控帶山、河，踞天下之肩背，為河東之根本，誠古今必爭之地也。……太原東阻太行、常山，西有蒙山，南有霍太山，高壁嶺，北扼東陘、西陘關，是以謂之四塞也。……李白云：『太原襟四塞之要衝，控五原之都邑。』夫太原為河東都會，有事關、河以北者，此其用武之資也。」〔註78〕晉陽位於汾河上游，阻三面而南下，高屋建瓴，勢如破竹，進可攻，退可守，事關晉國之命脈。趙氏佔領了晉陽，就等於在地理上掌握

〔註78〕 〔清〕顧祖禹《讀史方輿紀要》中華書局 2005 年，頁 1806。

了晉國之命而占得先機，在耦國分晉中已占上風。

趙簡子消滅范、中行氏之後，趙氏幾乎佔領了今山西省北部的大部分地區和太行山以東的邯鄲和長治地區。《史記·趙世家》：「晉定公二十一年，（趙）簡子拔邯鄲，中行文子奔柏人。簡子又圍柏人，中行文子、范昭子遂奔齊。趙竟有邯鄲、柏人。范、中行餘邑入於晉。趙名晉卿，實專晉權，奉邑侔於諸侯。」〔註79〕

由此可知，在晉國晚期，趙氏以晉陽爲中心大都，形成耦國之勢，最終以都代國。

魏氏：魏氏之所以能以都代國，追根溯源，當在獻公之時。魯閔公元年，晉獻公封畢萬於魏，從此奠定了崛起的基礎。從受封魏至魏國建立，時間與趙氏相同，皆爲二百五十八年。

魏，本爲西周之古國。顧棟高《春秋大事表·春秋列國爵姓及存滅表》：「魏，姬姓，國城在今山西解州芮城縣東北七里有古魏城。桓三年見。閔元年爲晉所滅，以賜畢萬爲邑。」〔註80〕古魏城遺址已被考古工作者所發現。距離今山西芮城縣北約 2.5 公里，大致爲方形，城牆周長爲 4500 米，牆根寬15 米左右。遺址中南部發現有 10 座小型墓。考古工作者斷定時代爲春秋中晚期，有可能爲魏氏宗廟。〔註81〕顧祖禹《讀史方輿紀要》：「魏，芮城縣東北有古魏城。閔元年，晉滅魏。」〔註82〕《詩經·魏風》所保留的詩篇，反映了古魏國的社會面貌、風土人情。如《葛屨》、《汾沮洳》、《園有桃》、《陟岵》、《十畝之間》、《伐檀》、《碩鼠》等。

《詩序》：「《葛屨》，刺褊也。魏地陿隘，其民機巧趨利，其君儉嗇褊急，而無德以將之。《汾沮洳》，刺儉也。其君儉以能勤，刺不得禮也。《園有桃》，刺時也。大夫憂其君國小而迫，而儉以嗇，不能用其民，而無德教，日以侵削，故作是詩也。《陟岵》，孝子行役，思念父母也。國迫而數侵削，役乎大國，父母兄弟離散，而作是詩也。《十畝之間》，刺時也。言其國削小，民無所居焉。《伐檀》，刺貪也。在位貪鄙，無功而受祿，君子不得進仕爾。《碩鼠》，刺重斂也。國人刺其君重斂蠶食於民，不修其政，貪而畏人，若大鼠

〔註79〕〔漢〕司馬遷《史記》中華書局 1982 年，頁 1792。

〔註80〕〔清〕顧棟高《春秋大事表》中華書局 1993 年，頁 575。

〔註81〕劉緒《晉文化》文物出版社 2007 年，頁 44。

〔註82〕〔清〕顧祖禹《讀史方輿紀要》中華書局 2005 年，頁 17。

也。」〔註83〕吳公子季札聽到《魏風》後說，魏地若得良弼佐之，必出明主。

由上可知，古魏國在周室東遷之後，出現了嚴重的政治危機。國君無力駕馭局勢，又重斂於民，人民痛苦不堪，又受到大國役使，人民不堪重負，國將不國。《左傳》記載，魯桓公三年，芮伯萬之母芮姜因芮伯身邊多寵人，而大爲不滿，並將其驅逐出芮國。芮伯萬被迫出居魏國，魯桓公四年冬，周王室和秦國的軍隊包圍魏國，抓走了芮伯。魏國無可奈何，只能聽之任之。魏國之軟弱無力，可見一斑。乘魏國衰微之際，晉獻公滅了魏國。

畢萬是魏氏崛起大業的奠基人。晉國的卜偃說：畢萬的後世子孫必然要顯大，因爲萬是過滿之數，魏是高大之名。數從一起至萬爲滿，魏可喻爲巍，巍是高大的意思。以魏賞畢萬，是上天開啓魏氏之大福。天子治下之民稱兆民，諸侯治下之民稱萬民。今畢萬之名大到盈滿之數，必然會擁有眾民而得勢。畢萬早年在周王國，占卜自己出仕晉國的吉凶，周大夫辛廖占之，說吉。其後必然蕃衍昌盛。因其所占爲公侯之卦，公侯之子孫，必將爲公侯。春秋之後，三家分晉，而周威烈王命魏氏爲諸侯，是公侯之卦之驗。《左氏會箋》云：「公侯之子孫，將夫爲公侯，是以魏後建國而言，非特謂子孫眾多，此與陳敬仲奔齊篇，都爲全部世家之冒。」〔註84〕

畢萬之後，魏氏有名者，有魏武子犫。重耳出亡列國，魏武子追隨左右，忠心不二。晉楚城濮之戰，魏犫爲右。文公圍攻曹國，下令三軍，不得進入僖負羈之宮，並赦免其宗族，以報飧璧之施。魏犫、顚頡聽後非常生氣，說我們有從亡功勞的人尚且未得到回報，還說什麼報答施捨。魏犫、顚頡之所以有此怨言，是因爲魯僖公二十七年晉作三軍，使郤縠將中軍，郤溱佐之，使欒枝將下軍，先軫佐之。以上四人皆無從亡的功勞，卻被右遷爲命卿，而魏犫才僅僅是戎右，顚頡更無官可言，其地位肯定更低。二人心裏很不平衡，故把怒氣發泄到僖負羈身上。放火燒了僖負羈家。魏犫在此次圍曹之役中，還胸部受傷。文公原本想殺掉魏犫，但愛其材。有些不忍，派人察看傷之輕重，如果是輕傷，就予以赦免，如果是重傷，則殺之以正軍法。魏犫包紮好胸部，出見使者，說：託君之福，我還好，然後作搏擊狀，「距躍三百，曲躍三百。」〔註85〕以示自己身體狀況良好。遂得到赦免。殺顚頡以立君威。立

〔註83〕《漢魏古注十三經》上冊，《毛詩》卷五，中華書局 1998 年，頁 44～46。
〔註84〕〔日〕竹添光鴻《左氏會箋》巴蜀書社 2008 年，頁 356。
〔註85〕楊伯峻《春秋左傳注》中華書局 1990 年，頁 454。

舟之僑爲戎右，以黜魏犨。自此之後，魏氏被疏遠，直到悼公即位，魏氏才重新受到重用。但魏氏仍保留了魏都，以此爲根據地，仍然不時出現在晉國的政治舞臺上。

據《左傳・文公十三年》記載，趙盾當政時期，爲了誘使士會從秦國回到晉國，命魏壽餘假裝以魏都叛晉。秦伯信以爲眞。魏壽餘在秦國的朝廷上偷踩士會的腳，示意士會自己的來意。因爲秦國的軍隊在黃河以西，魏都在黃河以東。魏壽餘給秦伯說：請晉之舊人，且能爲晉國當政者所信任者，與我一起接收魏都。秦人因此上當，士會順利回到晉國，魏壽餘爲此立了大功。

魏犨之子魏錡想求得公族大夫一職，未得到滿足而發怒，遷怒於楚人，因取得射殺連尹襄老、射中公子穀臣的戰功，而受封廚邑和呂邑。

魏犨之子魏顆在輔氏大敗秦軍，俘獲秦國大力士杜回。《左傳・宣公十五年》載魏顆之事迹，知其頗具人道精神。魏武子有一愛妾，無子，武子有疾，吩咐魏顆以後事，可將此愛妾嫁人，病情加重之際，卻讓其殉葬，及武子卒，魏顆仍按初命嫁此愛妾。這在今天，也許根本算不了什麼，但在神權時代，殉葬制度還十分普遍的春秋時期，是難能可貴的。因此《左傳》特地記錄下來，以彰顯魏顆之德。魏顆既能如此愛人，必得民心，能得民心，勢力必然大增。魏顆因輔氏之戰功，獲封令狐。

魏錡之子魏相，有揭露秦國罪行之功，使晉國在外交上佔了上風，功不可沒。其《絕秦文》非常有氣勢，可謂外交文辭之典範。由上可知，不論是從軍事上，還是外交上，魏氏都是晉國抗拒秦國的一道屏障。爲晉國阻止秦國東進立下了汗馬功勞。當然這也是魏氏長盛不衰，不可取代的重要原因。

悼公即位，提拔魏相、魏頡爲卿。魏頡爲魏顆之子。又重用魏絳，先任爲司馬，後命爲新軍佐，亦位居卿列，魏氏大興。魏絳正式將魏氏宗邑從魏都遷往安邑。安邑是魏氏在晉國後期的中心大都。安邑城遺址位於今山西夏縣西北 15 里，從時代上判斷，該遺址中只有大城遺址符合三家分晉時安邑的條件。其時代爲戰國前期。大城爲梯形，北城牆長 2100 米，西城牆是 4980 米，南城牆長 3565 米。城牆寬度相差很大，在 11 米到 22 米。還有護城河遺存。〔註 86〕魏莊子選擇以安邑爲中心大都，是非常有眼光的。顧祖禹《讀史方輿紀要》卷四十一對安邑地區的分析是：「面石門而背鳴條，外控底柱之險，

〔註86〕 《中國考古學・兩周卷》中國社會科學出版社 2004 年，頁 241。

內擅鹽池之利，河東奧區也。」〔註87〕占此地利，魏氏得到了長足的發展。

及魏獻子爲魏氏宗主，范宣子賂之以曲沃。是以曲沃又在魏氏掌握之中。至此，魏氏幾乎佔領了今山西省西南部的大部分地區。魏獻子爲晉國中軍帥，魏氏勢力如日中天。

終晉國之世，魏氏以安邑爲中心大都，逐步構成耦國之勢，而以都代國。

韓氏：韓氏爲曲沃桓叔之後，屬晉舊族。自韓萬獲封韓，以此爲根據地，經過數百年的經營，終於在周威烈王二十三年，被命爲諸侯。韓氏的崛起，一是獲封韓都，奠定了基礎；二是得到趙盾的提拔；三是悼公之信任。

韓，是西周以來之古國。顧棟高《春秋大事表·春秋列國爵姓及存滅表》：「韓，侯爵，姬姓，首封之君爲武王子，國城在今陝西同州府韓城縣南十八里有古韓城。春秋前爲晉所滅，後以封大夫韓萬，爲邑。」〔註88〕

顧祖禹《讀史方輿紀要》：「韓，今陝西韓城縣南十八里有古韓城。襄二十九年『晉女叔侯曰，虞、虢、焦、滑、霍、楊、韓、魏。皆姬姓也』。杜預曰：『八國皆晉所滅。』」〔註89〕《詩經·大雅·韓奕》是最早記載韓國的文獻。《詩序》認爲是「尹吉甫美宣王也，能錫命諸侯。」〔註90〕二顧所說韓地，證之《左傳》，多有不合處。我們這裏以《左氏會箋》爲準，認定韓萬所封之韓在今山西河津、萬泉之間。《左氏會箋》云：「注闕言韓所在，後二十四年《傳》，邢、晉、應、韓下，云韓國在河東郡界。《史記正義》引《括地志》云，韓原在同州府韓城縣。此說非也。韓城縣今屬陝西同州府，地在河西，本秦漢之夏陽縣地，隋始析置韓城縣，以古韓國爲名，然秦晉戰韓原，非此地也。秦晉戰地當在河東，蓋在山西平陽府河津、萬泉之間。韓氏後滅鄭，徙都河南，而故采邑亦失其處耳。王符《潛夫論》云，昔周宣王時有韓侯。其國近燕，故《詩》云：『溥彼韓城，燕師所完』，《水經注》云，聖水逕方城縣故城北，又東南逕韓侯城東。又《魏書·地形志》亦云，范陽郡方城縣有韓侯城。……文十年，晉伐秦取少梁，始入於晉矣。傳文始曰涉河，謂秦伯之君渡河而東也。繼曰三敗及韓，又曰寇深矣。則秦軍已深入晉地，而韓原之當在河東可知。」〔註91〕

〔註87〕〔清〕顧祖禹《讀史方輿紀要》中華書局 2005 年，頁 1903。
〔註88〕〔清〕顧棟高《春秋大事表》中華書局 1993 年，頁 588。
〔註89〕〔清〕顧祖禹《讀史方輿紀要》中華書局 2005 年，頁 22。
〔註90〕《漢魏古注十三經》上冊，《毛詩》卷十八，中華書局 1998 年，頁 145。
〔註91〕〔日〕竹添光鴻《左氏會箋》巴蜀書社 2008 年，頁 467。

　　韓萬，是韓氏在晉國興旺的奠基人。首見於《左傳・桓公三年》。魯桓公三年春，曲沃武公討伐國城翼，韓萬擔任禦戎。服虔和賈逵〔註92〕及《世本》〔註93〕皆認爲：韓萬是曲沃桓叔之子，莊伯之弟。韓萬獲封韓都，爲韓氏立家之始。

　　韓萬之孫韓簡，出現在秦晉韓之戰中，未立戰功。直到趙盾當政，韓氏在晉國並不顯榮。韓簡之孫韓厥，受趙盾舉薦，被任爲司馬，在秦晉河曲之戰中，趙盾之車擾亂軍列，韓厥毫不顧趙盾之情面，毅然將趙盾之屬下殺戮，以正軍法。趙盾不但不歸罪韓厥，反而更加優禮。可見，韓厥爲人正大，非一般凡夫俗子可比。在這一點上，韓厥與魏絳非常相似，都具有正直果敢之德。韓厥之爲人，並不是無情寡義之輩，後來晉景公滅趙氏，韓厥力諫景公，趙氏才獲得東山再起的機會。韓厥在鞍之戰中立有大功，俘虜了逢丑父。景公作六軍，韓厥右遷爲卿。所以，鞍之戰確立了韓氏在晉國的政治地位。悼公即位，任命韓獻子爲正卿。標誌著韓氏正式崛起。韓厥輔佐靈、成、景、厲、悼五代國君，以韓都爲基地，精心經營，在複雜多變的政治環境中，站穩了腳跟，且變得日益強大。

　　韓宣子再任中軍，取得州邑，經過蠶食滲透，逐漸佔據了晉國南陽的大部分地區。韓貞子時，韓氏正式遷都平陽，成大都耦國之勢。在晉國後期，韓氏以平陽爲中心，逐步控制了今山西省中部的多數地帶。最終與趙、魏兩家一起實現了以都代國的目標。

　　平陽是晉國後期韓氏的中心大都。《史記・韓世家》：「晉定公十五年，宣子與趙簡子侵伐范、中行氏。宣子卒，子貞子代立。貞子徙居平陽。」〔註94〕顧棟高《春秋大事表・列國都邑表》：「平陽，杜注：平陽，平陽縣。堯所都，春秋時晉邑，後韓武子都此。歷代皆爲平陽縣，隋改曰臨汾。今爲平陽府治。」〔註95〕

　　顧祖禹《讀史方輿紀要》：「臨汾縣，古平陽也，相傳即堯所都。春秋爲晉邑。昭二十八年，魏獻子分羊舌氏之田爲三縣，以趙朝爲平陽大夫。其後韓貞子居此。」〔註96〕因爲平陽距離韓氏之發祥地韓都相對較近，佔據平陽，

〔註92〕〔清〕劉文淇《左傳舊注疏證》科學出版社 1959 年，頁 82。
〔註93〕〔清〕秦嘉謨等《世本八種》北京圖書館出版社 2008 年，頁 859。
〔註94〕〔漢〕司馬遷《史記》中華書局 1982 年，頁 1866。
〔註95〕〔清〕顧棟高《春秋大事表》中華書局 1993 年，頁 826。
〔註96〕〔清〕顧祖禹《讀史方輿紀要》中華書局 2005 年，頁 1873。

就可以將韓氏原來的領地連成一片。實力即可大增。

公元前 453 年，趙、魏、韓三家滅知氏，以都代國的目標已基本實現。公元前 403 年，周威烈王正式命趙、魏、韓三家爲諸侯。

二、趙、魏、韓三家以都代國的特點

第一，趙、魏、韓三家以都代國，主要是通過大規模的內戰實現的。內戰主要有兩次，一次是趙、魏、韓、知氏消滅范、中行氏的戰爭。另一次是趙、魏、韓消滅知氏的戰爭。兩次內戰的結果是六卿剩下三卿，趙、魏、韓三卿的實力遠超過公室，從而改變了國與都互相僵持的局面，最終實現了以都代國。第一次戰爭爆發於魯定公十三年，趙鞅殺邯鄲趙午，趙稷、涉賓遂以邯鄲發動叛亂，上軍司馬籍秦發兵包圍邯鄲，標誌著戰爭正式爆發。范、中行氏先發制人，進攻趙鞅，趙鞅奔守其大都晉陽，被范、中行氏包圍。這是戰爭第一階段，趙氏處於守勢。第二階段，知躒、韓不信、魏曼多奉晉定公之命討伐范、中行氏，二氏走保范氏大都朝歌。韓、魏爲趙氏求情，趙鞅回到國城絳，趙氏變被動爲主動，鐵之戰，趙氏贏得大捷，開始轉入戰略反攻。第三階段，從魯哀公三年到魯哀公五年，趙鞅連克朝歌、邯鄲、柏人，范、中行氏奔齊。戰爭以趙氏獲勝而結束。趙氏之得勝，從當時列國形勢來看，晉國的勁敵秦國和楚國沒有參與，縱有齊、魯、鄭、宋、衛等國支持范、中行氏，但趙氏的主要防線只有東面一線，且主要戰場是在晉國的東陽地帶，受到戰爭破壞的主要是范、中行氏的領地，趙氏之晉陽和晉國的腹地基本沒有受到大的侵擾。范氏敗逃至朝歌後，原來的隨、郇等都落入趙氏同盟一方，尤其是郇，是范氏的主要財源之一，失去郇，是范氏的重大損失。趙氏一方之大都晉陽、安邑皆處在戰略要地，易守難攻，憑藉太行山之天險，進攻東陽之朝歌、邯鄲，高屋建瓴，勢不可擋。而朝歌、邯鄲皆爲四戰之地，無險可守，戰事一有失利，很難組織縱深防禦。政治上，趙氏爲正卿，挾晉定公以令諸卿，在戰略上贏得了主動，從春秋時的政治觀來說，趙鞅打著國君的旗號，以正卿的身份進攻范、中行氏，是討伐叛逆之賊臣，必然得到國人的支持。鐵之戰中，在趙氏生死存亡的關頭，趙鞅利用正卿的名義，發佈號令曰：「范氏、中行氏反易天明，斬艾百姓，欲擅晉國而滅其君。寡君恃鄭而保焉。今鄭爲不道，棄君助臣，二三子順天明，從君命，經德義，除詬恥，在

此行也。克敵者，上大夫受縣，下大夫受郡，士田十萬，庶人、工、商遂，人臣隸圉免。」〔註97〕正是趙鞅掌握朝政大權，才能發佈這樣的命令，此令對鼓舞士氣，並為最終贏得鐵之戰的勝利起了十分重要的作用。

第二次內戰是指趙、魏、韓滅知氏的戰爭。范、中行氏滅亡後，六卿剩下四卿，即知、趙、魏、韓。知瑤是晉國歷史上最後一任正卿，執政期間，伐齊、親自擒獲了齊國的顏庚。又伐鄭，勇猛過人，知氏實力有了很大的發展，隨著其勢力的不斷增強，必然要擴大其勢力範圍，則知氏與趙、魏、韓三家的矛盾不可避免。知氏因向趙氏索取土地而趙氏不給，遂率兵攻打趙氏之大都晉陽，趙氏與韓、魏裏應外合，共滅知氏。《國語·晉語九》記載晉陽固若金湯的程度是：「沈竈產黽，民無畔意。」〔註98〕可見，晉陽作為趙氏之大都，在趙氏與其家臣的苦心經營下，人民忠於趙氏，統治基礎牢固，這是晉陽保衛戰取得勝利的重要原因之一。由此可知，大都是卿大夫勢力最可靠的保障，也是其生命線。

知氏滅亡後，晉國政權實際上歸三家所有，成功實現了以都代國的目標。

第二、與趙、魏、韓三家以都代國相適應，晉國後期經濟基礎和上層建築都發生了巨大變化。

經濟基礎方面，六卿相繼進行了土地制度的改革，以趙氏的改革最為徹底。銀雀山漢墓竹簡《孫子兵法·吳問》記載了六卿的田畝制度：「范、中行氏制田，以百六十步為畝，而伍稅之。其制田狹，置士多，伍稅之，公家富。知氏制田，以百八十步為畝。韓、魏制田，以二百步為畝。趙氏制田，以二百四十步為畝，公無稅焉。」〔註99〕由上可知，趙氏能夠消滅范、中行氏和知氏，絕非偶然，其徹底之畝制改革，深得晉國上下之支持，故能最終實現以都代國的目標。很顯然，趙氏以都代國的過程，就是其統治下的大都的經濟基礎發生重大變革的過程。

上層建築方面，魏氏和趙氏都大力推行縣制改革。魯昭公二十八年，魏獻子為正卿，將祁氏之田分為七縣，分羊舌氏之田地置以三縣。鐵之戰中，趙鞅命令有軍功者，上大夫可領受縣，下大夫可領受郡。這些措施客觀上推動了晉國政治制度的改革進程。

〔註97〕楊伯峻《春秋左傳注》中華書局 1990 年，頁 1613。
〔註98〕徐元誥《國語集解》中華書局 2002 年，頁 457。
〔註99〕《銀雀山漢墓竹簡》文物出版社 1985 年，頁 30。

　　在思想意識方面，趙氏和魏氏也走在時代前列。《左傳·昭公三十二年》記載了趙簡子與史墨的對話。趙簡子問史墨，魯國季氏驅逐國君而人民無動於衷，原因何在？史墨回答說：「物生有兩，有三，有五，有陪貳。故天有三辰，地有五行，體有左右，各有妃耦。王有公，諸侯有卿，皆有貳也。天生季氏以貳魯侯，為日久矣。民之服焉，不亦宜乎？魯君世從其失，季氏世修其勤，民忘君矣。社稷無常奉，君臣無常位，自古以然。」〔註100〕史墨的思想正是晉國社會狀況的真實反映，趙氏作為卿大夫，實施政治和經濟改革，人民受到實惠，自然歸向趙氏。趙氏以都代國的政治實踐，其實就是史墨思想的極好注腳。魯昭公二十八年，魏獻子以其庶子魏戊任梗陽縣大夫，遂問成鱄，自己的行為是否有偏袒黨私之嫌，成鱄卻說：「昔武王克商，光有天下，其兄弟之國者十有九人，姬姓之國者四十人，皆舉親也。夫舉無他，唯善所在，親疏一也。《詩》曰：『唯此文王，帝度其心』……子之舉也，近文德矣，所及其遠哉！」〔註101〕成鱄以魏獻子比文王，隱有以都代國之意，成鱄的思想，其實為魏氏後來以都代國指明了方向。《左氏會箋》云：「魏舒父子故不惡，然是時晉君孱弱，諸卿合謀，盡去公族樹私人，篡奪之勢，駸駸乎成矣。而成鱄承獻子之問，不能裁以人臣大義，猶盛陳誦美，漫述文武，以侈其心，隱有化家為國之議。此彧、攸、歆、寵之徒知有操而不知有漢者也。」〔註102〕

　　總而言之，趙、魏、韓以都代國的過程，也就是晉國社會經濟基礎、上層建築、及其思想意識發生巨大變化的過程，當然也是晉國國家形態發生重大變化的過程。

〔註100〕楊伯峻《春秋左傳注》中華書局 1990 年，頁 1519。
〔註101〕楊伯峻《春秋左傳注》中華書局 1990 年，頁 1494。
〔註102〕〔日〕竹添光鴻《左氏會箋》巴蜀書社 2008 年，頁 2083。

第四章　晉、齊與魯、鄭、衛、宋大都耦國現象比較

第一節　齊國大都耦國現象分析

　　齊國是春秋時期的重要諸侯國，與晉、楚、秦並列爲四強。齊國是西周初年著名的政治家姜尚的封國。國城在營丘，即今山東省臨淄一帶。胡公時遷國城於薄姑，在今山東省博興縣。齊獻公弒胡公後，又將國城遷往營丘，從此不再遷徙。齊在西周初封之時統治區域不是很大，入春秋後，兼併了紀、郕、譚、遂、郫、陽、萊、介根、牟、介等十國之地，統治範圍才逐漸擴大。齊桓公稱霸之前，齊襄公滅亡了紀，齊國來自東面的威脅始解除，這爲齊國將來的霸業奠定了基礎。齊桓公即位後，任用管仲爲相，進行內政改革，國力逐漸增強，齊國遂爲春秋首任霸主。桓公之後，齊國失去霸主地位，晉、齊鞌之戰，齊國失利，但元氣尚存，仍爲東方大國。春秋末年，政權漸入陳氏之手，公元前 379 年，齊康公卒，姜齊滅亡。

一、渠丘耦國和陳氏代齊的過程

　　首先，渠丘耦國的過程。

　　渠丘，是齊大夫雍廩之都。《國語・楚語上》記載列國的大城，其中有：「齊有渠丘，……齊渠丘實殺無知。」〔註1〕韋昭注：「渠丘，齊大夫雍廩之

〔註 1〕徐元誥《國語集解》中華書局 2002 年，頁 498。

邑。」〔註2〕《左傳·昭公十一年》:「國有大城,何如?……齊渠丘實殺無知。」杜預注:「在莊九年,渠丘今齊國西安縣也,齊大夫雍廩邑。」〔註3〕無知即公孫無知,是齊僖公的同母弟夷仲年之子,受到齊僖公的寵信,衣服待遇與嫡子相同,齊襄公即位後,無知受到貶黜。與此同時,齊襄公命連稱、管至父戍守葵丘,約定來年瓜熟季節派人替代,而戍守到期時,毫無襄公之音訊,二人請求替代,又不許,故聯合無知弒殺了襄公,立公孫無知爲君。公孫無知曾虐待過雍廩,魯莊公九年,雍廩遂殺公孫無知。但雍廩並未自立爲君,齊桓公乘機入齊爲君。

其次,陳氏代齊的過程。

陳氏代齊是春秋時期典型的大都耦國現象。高唐爲陳氏之大都。《左傳·昭公十年》:「穆孟姬爲之(陳桓子)請高唐,陳氏始大。」〔註4〕《左傳·襄公二十五年》:「祝佗父祭於高唐。」杜預注:「高唐有齊別廟也。」〔註5〕可知,高唐是齊國之宗邑大都。魯襄公十九年,齊夙沙衛以高唐發動叛亂,慶封圍攻高唐,而沒有攻克。足見高唐爲大都,實力雄厚,很難攻克。陳氏取得高唐,爲以後取代齊國政權奠定了堅實的基礎。在春秋後期,陳恒,也稱田常,獲取了更多的土地,《史記·田敬仲完世家》:「田常於是盡誅鮑、晏、監止及公族之強者,而割齊自安平以東至琅邪,自爲封邑。封邑大於平公之所食。」〔註6〕可見,陳氏在齊平公時完全形成大都耦國之勢,齊國政權實際上已歸陳氏所有,以都代國亦是遲早之事。

以上旨在說明陳氏所佔大都的基本史實,而陳氏以大都取代姜齊政權,實際上經歷了漫長的過程。

陳氏在齊國的始祖是陳公子完,也稱田敬仲,魯莊公二十二年,陳國發生內亂,陳人殺陳太子禦寇,陳公子完懼受牽連,遂逃奔齊國。齊桓公對其特別賞識,欲使之爲卿,敬仲非常謙虛,堅辭不就,並表示自己是逃亡在外之臣,很幸運遇到桓公這位爲政寬大的明主,赦其逃亡之罪,而免於懲罰,所受君之恩惠已很多,不敢再期望高位。於是桓公命敬仲爲工正,陳氏開始

〔註2〕 同上。
〔註3〕 《漢魏古注十三經》下冊,《春秋經傳集解》卷二十二,中華書局1998年,頁332。
〔註4〕 楊伯峻《春秋左傳注》中華書局1990年,頁1318。
〔註5〕 《漢魏古注十三經》下冊,《春秋經傳集解》卷十七,中華書局1998年,頁262。
〔註6〕 〔漢〕司馬遷《史記》中華書局1982年,頁1884。

在齊國立足。陳文子及其子陳桓子時，陳氏開始活躍於齊國政壇，陳文子爲敬仲之曾孫。魯襄公六年，陳桓子參加了齊國滅萊夷的戰爭，繳獲了萊之宗器，並將其獻於襄宮。魯襄公二十二年，齊莊公納欒盈，陳文子與晏嬰諫莊公，可知，陳文子之地位在齊莊公時與晏嬰相當。陳文子爲人，頗有見識，能夠準確把握當時齊國的國內和國外形勢。魯襄公二十三年，陳文子根據崔杼諫止齊莊公伐晉的態度，判斷出崔氏將亡，並以莊公好戰，預言齊國將受到攻擊，莊公將自取滅亡。陳桓子因受到莊公信任，曾出使楚國，目的是爲莊公尋求楚國軍隊的支持，以抵抗晉國。向戌弭兵時，齊人原不予贊同，陳文子力排眾議，堅主弭兵，齊國最終同意了向戌的倡議，說明陳文子在齊國政壇已具有一定的影響力。在慶氏滅亡前夕，陳文子意識到慶氏必敗，當時陳桓子正隨從慶封在萊打獵，陳文子急忙將陳桓子召回，並與欒、高、鮑三族一起消滅了慶氏。魯昭公十年，陳桓子聯合鮑氏，消滅了欒、高二氏，並瓜分了二氏之室。之後，晏子勸陳桓子將其瓜分的財富上交齊景公，桓子馬上照辦，而請求將莒作爲自己養老的封邑。陳桓子爲了團結公族勢力，擴大統治基礎，將子尾所逐群公子一一召回齊國，私自給予子山日常器用，甚至連子山隨從人員的衣物都予以配備，而且返還了子山原來的封邑棘。對子商、子周的待遇也與子山一樣，皆歸還了原來的封邑。子城、子公、公孫捷三人之祿邑還有所增加。舉凡齊國之公子、公孫無祿邑者，陳氏皆私分己邑而與之。國城之內貧困、孤、寡之人皆私自分給粟米。陳桓子的措施上贏得了齊景公的信任，下深得公族和國人的支持，陳氏開始在齊國崛起。陳桓子甚至取得了齊景公之母穆孟姬的支持，穆孟姬爲陳氏請封高唐，陳氏勢力開始壯大。魯哀公六年，陳桓子之子陳乞聯合鮑氏，驅逐國、高二氏，陳乞將國、高二氏所立之公子荼殺掉，另立悼公。陳乞之子陳恒弒齊簡公而立平公。陳氏能輕易廢立國君，說明此時陳氏具備了左右齊國政局的實力。齊平公時期，陳恒誅殺了鮑、晏、監止等政敵，以齊安平以東到琅邪爲自己的封地，形成大都耦國之勢，至田和時實現了以都代國的目標。

　　根據文獻記載，陳氏代齊的主要手段是厚施。《左傳》兩次借晏子之口詳細說明了陳氏厚施得國的策略。一次是晏子與叔向的對話。《左傳·昭公三年》記載晏子對叔向說：「此季世也，吾弗知齊其爲陳氏矣。公棄其民，而歸於陳氏。齊舊四量，豆、區、釜、鍾。四升爲豆，各自其四，以登於釜。釜十則鍾。陳氏三量皆登一焉，鍾乃大矣。以家量貸，而以公量收之。山木如市，

弗加於山；魚、鹽、蜃、蛤，弗加於海。民三其力，二入於公，而衣食其一。公聚朽蠹，而三老凍餒。國之諸市，屨賤踊貴。民人痛疾，而或燠休之。其愛之如父母，而歸之如流水。欲無獲民，將焉辟之？」〔註7〕

　　另一次是晏子與齊景公的對話。《左傳・昭公二十六年》記載晏子對答齊景公之言曰：「陳氏雖無大德，而有施於民，豆、區、釜、鍾之數，其取之公也薄，其施之民也厚。公厚斂焉，陳氏厚施焉，民歸之矣。《詩》曰：『雖無德於女，式歌且舞』陳氏之施，民歌舞之矣。後世若少惰，陳氏而不亡，則國其國也已！……在禮，家施不及國，民不遷，農不移，工賈不變，士不濫，官不滔，大夫不收公利。」〔註8〕

　　「家施不及國」是周禮所規定的一項重要原則，即卿大夫的施捨範圍只限於其都家內部，不能擴大到諸侯的國，否則就是違禮、亂政。因為施捨及國就要與國君爭奪人民，會削弱國君的統治基礎。《韓非子・外儲說右上》記載：「季孫相魯，子路為郈令，魯以五月起眾為長溝。當此之時，子路以其私秩粟為漿飯，要作溝者於五父之衢而飡之。孔子聞之，使子貢往覆其飯，擊毀其器曰：魯君有民，子奚為乃飡之。子路怫然怒，攘肱而入請曰：夫子疾由之為仁義乎！所學於夫子者，仁義也。仁義者，與天下共其所有，而同其利者也。今以由之秩粟而飡民，其不可，何也？孔子曰：由之野也。吾以女知之，女徒未及也，女故如是之不知禮也。女之飡之，為愛之也。夫禮，天子愛天下；諸侯愛境內；大夫愛官職；士愛其家。過其所愛曰侵。今魯君有民，而子擅愛之，是子侵也。不亦誣乎！言未卒，而季孫使者至，讓曰：肥也起民而使之，先生使弟子止徒役而飡之，將奪肥之民耶！」〔註9〕此處所說的「過其所愛曰侵」也反映了「家施不及國」的道理。按周代禮制，土地和人民皆有世襲之定主，親親而仁民，由近而及遠，各親其民。若越位而施捨，勢必打亂親疏、貴賤、尊卑的等級秩序，因而為禮制所不容。而春秋時期，禮壞樂崩，世卿大家乘機厚施，與國君爭奪民眾，行久而積重難返，民終將移於私家。

　　據此可知，陳氏通過家施及國的策略，取得了齊國民眾的支持。而施捨的背後是雄厚的經濟實力，在春秋時期，佔有都的數量和大小決定著卿大夫經濟實力的強弱。陳氏所佔有的都，見於文獻記載的有高唐、莒、安平以東

〔註7〕 楊伯峻《春秋左傳注》中華書局 1990 年，頁 1234。
〔註8〕 楊伯峻《春秋左傳注》中華書局 1990 年，頁 1480。
〔註9〕 《諸子集成》第五冊，《韓非子集解》卷十三，中華書局 2006 年，頁 235。

至琅邪（琊）一帶，據陳氏施捨的規模推斷，其所佔都的數量遠不止這些。所以，歸根結底，陳氏代齊的根本原因是陳氏掌握著齊國的大都，其所佔大都的數量和規模超過國城，形成大都耦國之勢後，才進一步奪取了齊國的姜氏政權。

二、齊國與晉國政治特點的比較

　　齊國的陳氏代齊與晉國的曲沃代翼、三家分晉皆取得了成功，根本原因是兩國有相似的社會、政治背景，即對舊制度因襲的負擔都比較輕。

　　齊國是異姓諸侯國，始封之君為太公姜尚，國城營丘靠近萊夷，太公初就國，萊侯即來討伐，與太公爭奪國城營丘。《史記·齊太公世家》：「萊侯來伐，與之爭營丘。營丘邊萊。」〔註 10〕這與晉國周圍為戎狄所環繞的國情十分相似。齊太公治理齊國的政治方略是，因其舊的風俗，簡化禮儀，發展工商業，興魚鹽之利。《史記·齊太公世家》：「太公至國，修政，因其俗，簡其禮，通商工之業，便魚鹽之利，而人民多歸齊。」〔註 11〕《史記·貨殖列傳》：「故太公望封於營丘，地潟鹵，人民寡，於是太公勸其女功，極技巧，通魚鹽，則人物歸之，繦至而輻湊。故齊冠帶衣履天下，海岱之間斂袂而往朝焉。」〔註 12〕這與晉國初封時的國策「啓以夏政，疆以戎索」，也極為相似。而與魯國秉持周禮的立國理念形成鮮明對比。《史記·魯周公世家》：「魯公伯禽之初受封之魯，三年而後報政周公。周公曰：『何遲也？』伯禽曰：『變其俗，革其禮，喪三年然後除之，故遲。』太公亦封於齊，五月而報政周公。周公曰：『何疾也？』曰：『吾簡其君臣禮，從其俗為也。』」〔註 13〕足見齊政與魯政從開始就具有不同之處。

　　齊桓公即位後，任用管仲為相，進一步實施興魚鹽之利，重用賢能的改革。《史記·齊太公世家》：「桓公既得管仲，連五家之兵，設輕重魚鹽之利、以贍貧窮，祿賢能，齊人皆說。」〔註 14〕《史記·管晏列傳》：「管仲既任政相齊，以區區之齊在海濱，通貨積財，富國強兵，與俗同好惡。故其稱曰：『倉廩實而知禮節，衣食足而知榮辱，上服度則六親固。四維不張，國乃滅亡。

〔註10〕　〔漢〕司馬遷《史記》中華書局 1982 年，頁 1480。
〔註11〕　同上。
〔註12〕　〔漢〕司馬遷《史記》中華書局 1982 年，頁 3255。
〔註13〕　〔漢〕司馬遷《史記》中華書局 1982 年，頁 1524。
〔註14〕　〔漢〕司馬遷《史記》中華書局 1982 年，頁 1487。

下令如流水之原，令順民心。』故論卑而易行。俗之所欲，因而予之；俗之所否，因而去之。其爲政也，善因禍而爲福，轉敗而爲功。貴輕重，愼權衡。」〔註15〕由上可知，管仲爲政，首先是從經濟入手，重視食貨魚鹽之生產、流通，以解決人民的物質生活問題，然後改革軍事制度，加強武裝力量。因齊地之舊俗，以順民心爲本，平易近人，故深得人民的支持。這與晉國因夏民以行夏政，因戎狄之俗以疆理土地的立國精神是頗爲一致的。爲了深入理解晉、齊兩國所具有的相同政治特點，我們特將齊桓公和晉文公的爲政風格予以梳理，就會發現兩人有很多共同點。之所以選齊桓公和晉文公作對照，是因爲兩人對晉、齊兩國在春秋時期的政治特點的形成，都有巨大的影響。

首先，齊桓、晉文皆有廣闊的胸懷，用人上不計前嫌，能夠重用異姓的賢能之士，並不拘泥於宗法周禮所標榜的親親原則。

齊桓公重用之管仲，名夷吾，爲姬姓。《史記正義》引韋昭云：「夷吾，姬姓之後，管嚴之子敬仲也。」〔註16〕齊國公室爲姜姓，所以管仲在齊屬異姓。而且管仲曾爲齊桓公之政敵，魯莊公九年，管仲支持公子糾與桓公爭奪君位，在爭國途中，管仲還射中了桓公。桓公即位後，因管仲有治國之才，毅然捐棄前嫌，委以重任，使之爲相。《左傳·莊公九年》鮑叔牙的一段話，體現了齊國棄親用仇的政治特點。鮑叔牙曰：「子糾，親也，請君討之。管、召，仇也，請受而甘心焉。」〔註17〕可知，齊國所受宗法周禮的影響甚微，親親之道在齊國沒有得到嚴格遵循。桓公所重用的鮑叔牙，也是異姓，《左傳·昭公二十五年》記載季公鳥娶齊國鮑文子之女爲妻，稱季姒，可知，鮑氏爲姒姓。齊國陳氏之祖陳敬仲爲陳厲公之子，是媯姓，因而也是齊國的異姓卿族，齊桓公不但不排斥陳敬仲，而且任命陳氏爲工正。《左傳·昭公十三年》：「（桓公）從善如流，下善齊肅；不藏賄，不從欲，施捨不倦，求善不厭。」〔註18〕

晉文公也具有捐棄前怨的廣闊胸懷，寺人披曾欲兩次加害文公，且追殺文公不遺餘力，文公即位，寺人披得知呂甥、郤芮將要焚燒公宮以弒殺文公，遂求見文公，文公非常大度的接見了他，及時告知了呂、郤的陰謀，文公才能安然無恙。曾追隨文公出亡的僕人頭須，是保管文公錢財之人，中途卻盜竊財物一走了之，文公即位後，也來求見，文公仍然接見了他。此兩人皆非

〔註15〕〔漢〕司馬遷《史記》中華書局 1982 年，頁 2132。

〔註16〕引自〔漢〕司馬遷《史記》中華書局 1982 年，頁 2131。

〔註17〕楊伯峻《春秋左傳注》中華書局 1990 年，頁 1480。

〔註18〕楊伯峻《春秋左傳注》中華書局 1990 年，頁 1352。

公室舊族，與文公並無任何血緣關係，文公能夠亦然重用他們，體現了晉國不拘一格，用人靈活的政治特點，與周、魯爲代表的以親親之道治國的理念截然不同。文公所重用的趙衰，爲嬴姓，在晉國屬異姓家族，文公不但將自己的女兒嫁給趙衰，而且任命其爲原大夫，清原之蒐，趙衰最終進入卿列。可見，大膽重用異姓卿大夫，是齊、晉兩國非常重要的政治特點。

其次，齊桓、晉文都對政治、經濟、軍事制度進行了改革，雖然對傳統分封制有一定保留，但相對來說，對傳統周禮因襲的負擔比較輕。

齊桓公主要任用管仲對齊國的舊制度進行改革，改革的重點是經濟領域，在土地制度方面，實行「相地而衰徵」。〔註19〕利用齊國豐富的魚鹽資源，大力發展工商業，使齊國的經濟實力得到迅速的提高。在政治、軍事方面，將軍令和內政結合起來，實際上是一種軍政合一的制度。齊國的改革是在原有分封制基礎上的改良，齊桓公一面重用異姓卿大夫，但對周天子所任命的國、高二氏仍然予以保留，在對外關係上，高舉尊王攘夷的旗幟，存亡繼絕，遷邢國，重立衛國，儼然是中原傳統文化的捍衛者。所以，齊桓公和管仲得到了孔子的稱讚，《論語・憲問》載孔子說：「管仲相桓公，霸諸侯，一匡天下，民到於今受其賜。微管仲，吾其被髮左衽矣。」〔註20〕儘管如此，齊桓公所開創的霸業，是對西周以來政令自天子出的一種衝擊，而且正式標誌著大國諸侯開始主宰春秋政局。

晉文公在用人上一方面重用異姓的趙衰，另一方面對屬於舊族的郤氏、如首任中軍帥郤縠，原軫、胥臣、欒枝等同樣委以重任。其原則是讓舊族執掌近官，姬姓執掌中官，異姓掌遠官。文公在經濟方面也採取了一些措施，《國語・晉語四》有較爲詳細的記載：「棄責薄斂，施捨分寡。救乏振滯，匡困資無。輕關易道，通商寬農。懋穡勸分，省用足財。利器明德，以厚民性。」〔註21〕這些措施爲文公稱霸奠定了堅實的基礎。晉文公也實行軍政合一的制度，建立三軍，以中軍帥爲正卿，中軍帥平時處理政務，輔佐國君，戰時統領全軍作戰。文公對原有的等級制度予以明確肯定，「公食貢，大夫食邑，士食田，庶人食力。」〔註22〕在外交上，文公勤王敗楚，納周襄王，在城濮打敗了楚國。表面上看，晉文公似乎比較保守，其實不然，文公勤王

〔註19〕徐元誥《國語集解》中華書局 2002 年，頁 227。
〔註20〕《漢魏古注十三經》下冊，《論語》卷十四，中華書局 1998 年，頁 63。
〔註21〕徐元誥《國語集解》中華書局 2002 年，頁 349。
〔註22〕徐元誥《國語集解》中華書局 2002 年，頁 350。

的目的是為了稱霸，並不是真心維護周天子的政治地位。溫之會，文公召周襄王參加盟會，顯然是使自己凌駕於天子之上，所以，晉文公並不是傳統周禮的衛道士。

由上可知，晉、齊兩國的政治特點是對傳統周禮因襲的負擔比較輕。雖然對舊的分封制在一定程度上予以保留，但並沒有全盤繼承舊制度，而是重用異姓卿大夫，並採取了一些新的改革措施。重用異姓的結果是，異姓卿大夫封得了大都，如封陳氏以高唐，趙之晉陽、魏之安邑、韓之平陽皆成大都耦國之勢，最終實現了以都代國。

總而言之，晉、齊兩國雖然對分封制有所保留，但相對中原魯、衛、宋、鄭等國來說，對舊的制度、典禮的因襲比較輕，從歷史主義的觀點來看，這也是不可避免的，因為在春秋時期，尤其是在齊桓、晉文的時代，一下子徹底廢除分封制也是不現實的。正是對傳統周禮因襲的負擔比較輕，所以晉、齊兩國都成功實現了以都代國。

第二節　魯國大都耦國現象分析

一、三桓專魯之過程

魯國是周王室分封的重要諸侯國。西周初年，周公擊敗了參與武庚叛亂的殷商殘餘勢力，之後周成王在被征服地區建立了魯國，始封之君是周公長子伯禽，國城為曲阜。分封之時賜予魯國不少禮儀宗器和殷商遺民，目的是使魯國成為周王室控制東方的重要堡壘。直至春秋初年，魯國仍為強國之一，不但曾打敗齊國和宋國，而且還奪取了周圍小國的地盤。春秋中期以後，魯國政權逐漸落入三桓之手。之所以稱為三桓，是因為季孫氏、叔孫氏、孟孫氏三家之祖季友、叔牙、慶父，同為魯桓公之子，莊公之弟。魯國是春秋時期除了周王室之外，保持周禮傳統較多的國家。春秋晚期，魯昭公被三桓所驅逐，三桓成為主宰魯國政局的主要政治力量。令三桓始料不及的是，季氏家臣陽虎勢力不斷增強，劫持季氏，進而控制了魯國政權，出現了陪臣執掌國政的現象，這是只有魯國才有的較為獨特的政治現象。魯定公時，陽虎奔齊，三桓重又執掌魯國的政權，直到春秋末年，三桓驅逐了魯哀公。

三桓專魯是春秋時期典型的大都耦國現象之一。因為三桓控制魯國政權的政治、經濟、軍事基礎是三家的大都，即費、郈、成三都。魯僖公元年，

僖公賜季友汶陽之田及費。此爲魯大都耦國現象之始。高士奇說：「大都耦國，強私弱公，已有其端。」〔註23〕劉文淇《左傳舊注疏證》：「賈逵云：『汶陽、費，魯二邑。』《一統志》費縣故城在沂州府費縣西北二十里。」〔註24〕費，顧棟高《春秋大事表・列國都邑表》：「世爲季氏邑，在今沂州府費縣治西南七十里。」〔註25〕顧祖禹《讀史方輿紀要》卷三十三：「費城，僖元年：『公賜季友汶陽之田及費。』自是爲季氏邑。襄七年：『城費。』昭十二年：『南蒯以費叛。』是也。」〔註26〕季氏在魯成大都耦國之勢的奠基人是季友。《左傳・閔公二年》載季友將出生時，魯桓公使卜人楚丘之父占卜吉凶，楚丘之父說，出生之男嬰，將位在國君之右，成爲輔佐公室之人。若季氏亡，魯國則不得昌盛。其尊將與父同，其賢必與君同。《左氏會箋》云：「傳錄此一故事，以見其所以爲國家之柱石，並爲後半部《春秋》提挈本末。」〔註27〕魯文公十二年，季孫行父帥師修築諸邑和郿邑。顧棟高引黃震曰：「二邑近費，而介於莒。他年宿伐莒，取郓，叔弓疆其田，費於是始大。此行父自爲封殖之計也。」〔註28〕顧棟高說：季孫行父自魯文公六年以後又見於《春秋經》，此時已漸有營私之意。〔註29〕行父之子季孫宿於襄公七年，大規模修築費都。《春秋大事表》云：「宿首城賜邑，將以抗君而專國。《春秋》書，以著犯上作亂之漸。」〔註30〕季武子又與襄公二十九年取得卞邑。昭公元年，又占取郓邑。在魯國中後期，季氏以大都耦國之勢，專斷魯政，兩逐魯君，勢力如日中天。成，杜預認爲在泰山鉅平縣東南。劉文淇《左傳舊注疏證》：「魯地，在泰山鉅平縣東南。乾隆《府廳州縣志》，成城在兗州府寧陽縣東北九十里。」〔註31〕顧棟高《春秋大事表・列國都邑表》：「在今兗州府寧陽縣東北九十里。莊三十年次於成，備齊也。襄十五年齊人圍成，公救成，於是城成郛。後爲孟氏邑。是魯之北境近齊之邑。」〔註32〕顧祖禹《讀史方輿紀要》卷三十二：

〔註23〕　〔清〕高士奇《左傳紀事本末》中華書局 1979 年，頁 113。

〔註24〕　〔清〕劉文淇《左傳舊注疏證》科學出版社 1959 年，頁 246。

〔註25〕　〔清〕顧棟高《春秋大事表》中華書局 1993 年，頁 723。

〔註26〕　〔清〕顧祖禹《讀史方輿紀要》中華書局 2005 年，頁 1586。

〔註27〕　〔日〕竹添光鴻《左氏會箋》巴蜀書社 2008 年，頁 364。

〔註28〕　〔清〕顧棟高《春秋大事表》中華書局 1993 年，頁 1726。

〔註29〕　同上。

〔註30〕　〔清〕顧棟高《春秋大事表》中華書局 1993 年，頁 1740。

〔註31〕　〔清〕劉文淇《左傳舊注疏證》科學出版社 1959 年，頁 92。

〔註32〕　〔清〕顧棟高《春秋大事表》中華書局 1993 年，頁 722。

「鉅平城，春秋時魯之成邑，桓六年，公會紀侯於成。莊三十年，次於成，備齊也。又襄十五年，齊人圍成，公救成，於是城成郛。十六年，齊復圍成。後爲孟氏邑。」〔註33〕成之規模擴大爲大都，始於魯襄公十五年，是年夏天，齊侯包圍了成，季孫宿和叔孫豹乘機修築了成之外城。規模擴大，大都耦國之勢是以造成。成之實力很強，魯哀公十五年，孟武伯伐成，未攻克。孔子墮三都，成久攻不下，遂不了了之。魯昭公七年，季武子將成送給杞國，爲了補償孟氏，桃、萊、柞三邑乃劃歸孟氏。後來成又重歸孟氏。孟氏勢力是以大增。郈，顧棟高《春秋大事表・列國都邑表》：「叔孫氏邑，杜注，郈在東平無鹽縣東南。在今泰安府東平州東南十里。」〔註34〕顧祖禹《讀史方輿紀要》卷三十三：「郈城，在（東平）州東南四十里，春秋魯叔孫氏邑也。昭二十五年，臧會奔郈。定十年，侯犯以郈叛，叔孫州仇帥師圍郈。亦曰郈鄉亭。」〔註35〕郈都非常強固，魯定公十年，侯犯以郈叛，武叔懿子圍郈，未能攻克。叔孫氏以郈爲基地，漸成大都耦國之勢，夥同季、孟兩家，橫專魯政。

二、三桓爲專魯政而採取的措施

季氏採取的重要措施首先是佔據費都，然後逐漸向周圍滲透。費都大致位於沂州一帶，地理位置非常重要。顧祖禹《讀史方輿紀要》卷三十三：「州南連淮、泗，北走青、齊。自古南服有事，必繇此以爭中國。其後歷秦、楚之際及兩漢之衰，奸豪往往窟、穴於此，豈非以聯絡海、岱，控引濟、河，山川糾結，足以自固，而乘間抵隙，又有形便可資哉？誠齊、魯之噤喉矣。」〔註36〕占此地利，又以其出於桓公，與公室之血緣關係非常親近，遂逐步控制了魯國之大政。魯宣公十五年，魯國實行了初稅畝，此舉是三桓專魯的關鍵舉措之一。初稅畝的實質是按每戶佔有田地的數量征稅。不難推知，向民戶征稅，即是厚斂，必然加重人民的負擔，三桓不可能引火燒身，定是假公室之名而爲之，然後上下其手，從中漁利。魯成公元年，作丘甲，舊兵制開始遭到破壞，目的是加賦以足用，益兵以備敵。襄公三十一年，三分公室，三桓各有其一，昭公五年，舍中軍，四分公室，季氏佔有其二，孟孫、叔孫

〔註33〕 〔清〕顧祖禹《讀史方輿紀要》中華書局 2005 年，頁 1517。
〔註34〕 〔清〕顧棟高《春秋大事表》中華書局 1993 年，頁 728。
〔註35〕 〔清〕顧祖禹《讀史方輿紀要》中華書局 2005 年，頁 1553。
〔註36〕 〔清〕顧祖禹《讀史方輿紀要》中華書局 2005 年，頁 1580。

各占其一。哀公十二年，用田賦。實質是備車馬，以增強軍事實力。通過以上措施，公室形同傀儡，完全被架空。相反，三桓勢力卻是蒸蒸日上，權傾朝野。關於三桓以上之奪權步驟，顧棟高有極為精彩的分析：「自是公室徒擁虛器於上，向之增賦為三家增之爾，公室不得而有也。向之益兵為三家益之爾，公室不得而役也。嗚呼！自古奸臣竊國，必使怨歸於上，而恩出於己，而後民歸之如流水。晉僖公之世，《碩鼠》興歌而曲沃得以支子奪宗矣。齊景公之世，踴貴屨賤而陳氏得以厚施竊國矣。魯自稅畝丘甲之興，民困徵斂，戰爭不已，三子日為君虐用其民，至四分公室以後，必更示寬大，以苛虐之制歸於上，以縱捨之實出於己。民當其時，如脫桎梏而就父母，誰肯為公家盡力死鬥，與季氏為難哉！乾侯之役，子家子曰：『政自之出久矣，隱民多取食焉。』范獻子曰：『季氏甚得其民。』其明證也。迨至公徒釋甲執冰而踞，向之丘甲以益兵者，增一兵，適增一敵爾。貨子猶粟五千庾，向之稅畝以加賦者，增一賦，適為季氏蓄一資爾。傳曰：『與其有聚斂之臣，寧有盜臣』嗚呼！誰知聚斂即盜臣之藉手哉！」〔註37〕

以上措施主要為季氏所發，孟孫、叔孫兩家只是附和而已。

孟孫氏自己主動採取的戰略措施莫過於攫取成，然後以成為中心，又取得了成附近之桃、萊、柞三邑，向四周輻射，先後佔據了兗州大部。關於兗州之戰略意義，顧祖禹《讀史方輿紀要》卷三十二指出「據河、濟之會，控淮、泗之交，北阻泰岱，東帶琅琊，地大物繁，民殷土沃，用以根柢三楚，囊括三齊，直走宋、衛，長驅陳、許，足以方行於中夏矣。」〔註38〕在驅逐昭公和哀公的鬥爭中，孟孫氏始終站在季氏一邊，尤其是在昭公之徒與季氏激戰正酣之際，孟孫氏加入季氏一方作戰，打敗了昭公，三桓之地位從此更加鞏固，難以撼動。孔子墮三都，就是因為孟孫氏之成久攻不下而沒有得逞。終春秋之世，孟孫氏就是以成為根據地，憑大都耦國之勢，長期專擅魯政。叔孫氏佔據邱都，也是其重要的策略之一。以邱為中心，逐漸將東平一帶納入其勢力範圍。此地之重要性，顧祖禹《讀史方輿紀要》卷三十三認為：「襟帶河、濟，控援魏、博，舟車四通，屹為津要。」〔註39〕叔孫氏在驅逐昭公的戰鬥中，堅定的站在季氏一邊，聲稱，無季氏，是無叔孫氏。在魯國中後

〔註37〕　〔清〕顧棟高《春秋大事表》中華書局 1993 年，頁 1423。
〔註38〕　〔清〕顧祖禹《讀史方輿紀要》中華書局 2005 年，頁 1509。
〔註39〕　〔清〕顧祖禹《讀史方輿紀要》中華書局 2005 年，頁 1551。

期，叔孫氏的策略是以郈都爲基地，追隨季氏，一同執掌魯國大權。

三、魯國與晉國政治特點的比較

三桓專魯雖然屬於大都耦國的政治現象，但最終沒有實現以都代國。其原因是三桓沒有觸動魯國的宗法分封制這個根本政治制度，也沒有推行郡縣制和官僚制，雖然有一些新的改革舉措，但大多是出於聚斂，如瓜分公室等，並沒有從根本上動搖舊的政治、經濟體制，宗法禮制在相當程度上得以保留。所以，魯國對傳統周禮的因襲負擔比較重，這是魯國的主要政治特點，也是魯國區別於齊、晉的重要方面。下面我們具體分析魯國的政治特點。

第一，魯國是一個宗法禮樂制度很盛行的傳統農業國。

魯國位於今山東省西南部，國城曲阜所在的位置地勢平坦，河、湖交錯，非常宜於農業生產。魯國沒有魚鹽之利，因而工商業不發達。這樣，自然經濟是魯國經濟的主要形式。魯國始封之君是周公之子伯禽，所以繼承了周人重視農業的傳統。收錄在《詩經‧豳風》中的詩篇，徐中舒先生認爲是屬於魯國之詩。〔註40〕其中《七月》是典型的描寫農業生產的詩。從詩之內容來看，魯國農業勞動者已總結出很多的天文氣象的知識，據此來安排農業生產。全詩總共記載了春耕、打獵、打掃場地等農事活動，以及農業作物的種類，如黍、稷、禾、麻、麥等。體現了魯國農業生產的盛況。《史記‧貨殖列傳》：「鄒、魯濱洙、泗，猶有周公遺風，俗好儒，備於禮，故其民齪齪。頗有桑麻之業，無林澤之饒。……沂、泗水以北，宜五穀桑麻六畜，好農而重民。」〔註41〕由此可知，魯國確有重農的傳統。

而與具有重農傳統的自然農業經濟基礎相適應，魯國的政治制度主要是宗法禮樂制度。《史記‧魯周公世家》記載伯禽初封到魯國，其施政方略是「變其俗，革其禮。」〔註42〕《左傳‧定公四年》載周成王封魯時，爲魯國定下的立國精神是：「法則周公。」〔註43〕而周公是周代禮樂的開創者。《左傳‧昭公二年》載晉國韓宣子聘魯，說：「周禮盡在魯矣。」〔註44〕魯襄公二十九年，吳公子季札聘魯，魯國樂工幾乎將《詩經》三百首歌唱了一遍，可見魯

〔註40〕徐中舒《徐中舒歷史論文選輯》中華書局 1998 年，頁 606。
〔註41〕〔漢〕司馬遷《史記》中華書局 1982 年，頁 3266～3270。
〔註42〕〔漢〕司馬遷《史記》中華書局 1982 年，頁 1524。
〔註43〕楊伯峻《春秋左傳注》中華書局 1990 年，頁 1536。
〔註44〕楊伯峻《春秋左傳注》中華書局 1990 年，頁 1227。

國保存詩樂之完整，禮樂傳統之濃厚。《左傳‧閔公元年》記載齊桓公問仲孫湫是否可以攻取魯國，仲孫湫回答說：「不可。猶秉周禮。周禮，所以本也。臣聞之：『國先亡，本必先顛，而後枝葉從之。』魯不棄周禮，未可動也。」〔註45〕這些都是魯國堅持禮樂傳統的有力證據。

第二，魯之三桓皆是公族，與晉之趙、魏、韓為異姓或異宗者不同。

根據顧棟高《春秋大事表‧魯政下逮表》統計，魯國從僖公元年到哀公二十七年止，共有執政十一人，季氏佔了六人，叔孫氏二人，孟孫氏一人，東門氏一人，加上陪臣陽虎，皆屬公族。

魯國出現大都耦國現象後的首任執政是季友。此人是季氏專魯政的奠基者，詳情已具上文。

第二任執政是公子遂，是為東門氏。公子遂執掌魯政長達四十三年，為魯莊公之子。文公十八年，公子遂殺嫡子惡及視，立庶子，即後來的宣公，又聯合宣公生母敬嬴，專擅朝政，權傾內外。顧棟高曰：「仲遂自僖十六年季友卒即執國政，歷僖、文、宣三世，前後共三十八年，弒儲君，逐國母，窮凶極惡，較意如更甚，彼季氏其效尤者耳。」〔註46〕

第三任執政是季孫行父。又稱季文子，為季友之孫。執政達三十四年。宣公十八年，驅逐東門氏，遂專魯政。《左傳‧昭公三十二年》：「魯文公薨，而東門遂殺嫡立庶，魯君於是乎失國，政在季氏。」〔註47〕顧棟高曰：「文子繼仲遂為政凡三十四年，其為人大抵賢奸參半，至其子宿嗣，則放手為攘奪矣。」〔註48〕

第四任執政是仲孫蔑。又稱孟獻子，為穆伯仲孫敖之孫，文伯穀之子，屬魯公族。執政三年。

第五任執政是叔孫豹。成公十六年因宣伯亂魯，被立為叔孫氏之後。屬公族，執政三年。

第六任執政是季孫宿。又稱季武子，為季文子之子。秉政達二十七年。襄公十一年作三軍；二十九年據卞為己有；昭公五年，捨中軍，四分公室。顧棟高引家氏鉉翁曰：「宿乘主幼，盜兵權，伐國取地以自私，襄公幾為所

〔註45〕楊伯峻《春秋左傳注》中華書局1990年，頁257。
〔註46〕〔清〕顧棟高《春秋大事表》中華書局1993年，頁1730。
〔註47〕楊伯峻《春秋左傳注》中華書局1990年，頁1520。
〔註48〕〔清〕顧棟高《春秋大事表》中華書局1993年，頁1741。

逐。自後世言，司馬懿其人也，至師、昭，遂移宗社矣。意如逐君，其殆宿所命歟。」〔註49〕

第七任執政是叔孫婼。又稱叔孫昭子，爲叔孫豹之子。爲政十九年。

第八任爲季孫意如。又稱季平子，爲季武子之子。執政總十二年。昭公被平子驅逐出境，魯國出現無君之局，止於此，大都耦國之患在魯國達到頂點。

第九任執政爲陽虎。是孟孫氏的庶支，故屬公族。陽虎執政三年，是春秋時期陪臣執國命的典型。這也是魯國大都耦國現象與晉國的重要不同點。晉國也出現了一些很有勢力的陪臣，如欒盈之室老州賓，幾亡欒氏之室；范宣子之室老訾祏，宣子朝夕顧問於訾祏而相晉國，以及治理范家。范宣子與和大夫爭田，叔向勸宣子問計於訾祏，因爲其「直而博……吾聞國家有大事，必順於典型」。〔註50〕可知訾祏已參預晉國大政，但遠未達到陽虎之地步。高士其說：「惟陽虎以梟雄之姿，不仁之性，中據魯國，而執其政柄。欲囚桓子，則囚之；欲盟三桓，則盟之；欲逐其所不快，則逐之。當是時，魯人畏之如雷電、鬼神之不可犯。及其既敗脫甲，於公室取寶玉、大弓以出，捨於五梧之衢，從容逸豫，無有能致難之者。使蒲圃之事竟成，則去一三桓，而得一三桓，公室之存亡未可知也，而豈止私家之患也哉？」〔註51〕陽虎不但控制了季氏之都費，而且佔據郈、陽關、讙等邑，集魯國軍政大權於一身，陪臣執國命之局達到無以復加之程度。

第十任執政是季孫斯。也稱爲季桓子，是季平子之子。秉政十年，其子季孫肥即季康子世襲執政，出哀公於越，秉政二十四年，爲魯終春秋之世最後一任執政。

季氏世襲司徒之職，世襲費都和卞都。《左傳‧魯哀公十一年》記載魯國群室所擁有的兵車可與齊國相比。季氏私家之甲士有七千人。魯昭公八年，魯大蒐於紅，自根牟至於商衛，革車達千乘之多。高士其說：「且以紅之蒐考之，是時公室衰微，魯國兵權半歸季氏，自根牟至於商衛，革車千乘，掃境內以爲此役，季實主之。」〔註52〕叔孫氏世襲司馬之職，世襲郈都。孟孫氏

〔註49〕〔清〕顧棟高《春秋大事表》中華書局 1993 年，頁 1751。
〔註50〕徐元誥《國語集解》中華書局 2002 年，頁 424。
〔註51〕〔清〕高士奇《左傳紀事本末》中華書局 1979 年，頁 124。
〔註52〕〔清〕高士奇《左傳紀事本末》中華書局 1979 年，頁 161。

世襲司空之職，世襲之都爲成，昭公時又佔了桃及萊、柞二邑。

魯國奉行興滅繼絕和以枝葉固根本的政策，故無滅族之事，是以三桓等世族縱有大逆不道之罪，其後仍能承繼其嗣，以此來顯示親親仁恩之周道。三桓成大都耦國之勢，根深蒂固，與此大有關係。與晉國相比，獻公滅桓、莊之族，甚至欲置親子於死地而後快，故晉無公族。晉國世卿皆因功勞居卿位，而魯國世卿皆因血緣關係而位居高官。此魯、晉兩國大都耦國成因之大不同者。以功晉升卿位，則晉國日益強盛，所以勸立功而賞賢能；以血緣關係居高位，即使無功庸才亦在所不惜，魯是以愈益衰微。

第三，晉、齊與魯國在大都耦國的具體表現形式上不盡相同。

晉國國城及其周圍的核心地區始終在公室的掌握之中，而地方的都鄙逐漸落入私家卿族之手。魯國正好相反，國城及其鄉遂爲三桓所瓜分，都鄙卻仍屬公室。《左氏會箋》云：「傳云四分公室，說者緣是遂謂魯國盡爲三桓所分，而魯君無復尺土一民之有。夫使魯國果盡屬於三桓，則當時三桓之外，魯之大夫尙多，若叔氏、臧氏、施氏、郈氏、叔仲氏、東門氏之屬，其祿皆於何取之？臧氏之邑在防，武仲出奔，仍入據防而請後，是諸人夫之采邑，未嘗歸三桓也。不但大夫之采邑然也，都鄙之中，亦有公邑，仍爲公有，故季武子取卞，曰卞人將叛，既取之矣，故告。襄公曰，欲之而言叛，只見疏也。是季氏未取卞以前，卞仍屬於魯君也。後人不達古人鄉遂都鄙之制，遂謂通國盡屬三桓，誤矣。若晉之韓、趙、魏，齊之陳氏，又與魯事不同。晉自六卿強盛，欒氏、祁氏、羊舌氏，盡爲所吞併，其後智、趙、韓、魏又滅范、中行氏，而趙又滅代，韓又滅鄭，而魏亦滅中山，益尾大不能掉，晉君無如其大夫何，故得以遷桓公於屯留，而分其地，晉事然也。齊之陳氏則由於專齊政，高、國既微，欒、高又滅，逮鮑氏亡，而政遂盡歸於陳氏，簡公力右闞止，使與之抗，卒不能勝。於是陳氏得以盡置其宗族黨羽於內之百僚，外之都邑，久而其勢益固，是以遷康公於海上，而莫之禁，齊事然也。故齊之篡與魏晉之事同，晉之分與周室之弱同。晉之患在鄉遂如故，而都鄙分屬於強宗，魯之患在都鄙如故，而鄉遂盡徵於世族，其君弱臣強雖同，而其形勢實各不同也。」〔註53〕

我們認爲，《左氏會箋》所言基本上是正確的，晉國的軍隊和國人始終爲公室所有，賞田和賜邑皆是滅國或戎狄之土，是在晉國兼併周圍小國和戎狄

的過程中賞賜給私家卿族的。三家分晉實際上是周天子權力下移於諸侯的重演。與此相反，魯國公室的土地、臣民、軍隊最終被三桓瓜分，而其他卿族的土地不屬三桓，因爲魯國沒有滅族的制度。齊國公室和卿族盡被陳氏兼併，其軌迹與後世曹魏篡漢，司馬氏篡魏相同。

第四，晉國因大都耦國而強盛，推動了晉國社會的進步，而魯國之大都耦國現象卻伴隨魯國日益衰弱。

晉國早、中期，自獻公開始，歷代國君鑒於大都耦國之患，及時制訂新的改革措施，不斷革新內政，其主觀願望雖是爲了鞏固公室之統治，但客觀上卻使晉國走上了崛起的道路。晉國後期，公室衰落，私家卿族乘機坐大，在其都邑內部，逐漸形成官僚制的萌芽，趙、魏、韓相繼建成中央集權制的領土國家，拋棄了落後的宗法制和分封制，確立了先進的中央集權政體。正是由於大都耦國的槓桿作用，促使晉國進行改革。大都耦國既造成了晉國政局的動蕩，又推動著晉國社會向前發展，這就是歷史發展的二律背反。晉國由方百里的彈丸小國，發展爲中原頭號強國，雄居華夏盟主之位，爲泱泱大國，崛起於北方，正是二律背反規律的具體表現。三家分晉後，確立的中央集權政體，由三晉傳入秦，後世相沿不改，影響至爲深遠。

相反，魯國雖然也出現了大都耦國現象，但是三桓始終沒有徹底改革傳統之宗法分封體制，禮樂傳統根深蒂固。終春秋之世，魯國始終沒有出現法制，沒有實施郡縣制度。三桓雖專魯政，但始終未取代大宗，魯公室沒有滅亡，沒有出現以都代國的現象。「周禮盡在魯」。〔註54〕《左傳·哀公三年》：「夏五月辛卯，司鐸火。火踰公宮，桓、僖災。救火者皆曰顧府。南宮敬叔至，命周人出御書，俟於宮。……子服景伯至，命宰人出禮書……季桓子至，御公立于象魏之外，……命藏《象魏》，曰：『舊章不可亡也。』」〔註55〕《左傳·哀公二十一年》：「唯其儒書，以爲二國憂。」〔註56〕可知，魯國直到春秋末年，一直保存著禮制典籍，禮樂傳統的包袱相當重。正是魯國對傳統周禮因襲的負擔重，所以魯國雖然出現了大都耦國的政治現象，但沒能進一步實現以都代國，這是魯國與晉、齊兩國政治特點的最大不同。

另外，魯國無滅族之制，致使刑賞不立，長此以往，魯國公室必然是積

〔註54〕 楊伯峻《春秋左傳注》中華書局 1990 年，頁 1227。
〔註55〕 楊伯峻《春秋左傳注》中華書局 1990 年，頁 1620～1622。
〔註56〕 楊伯峻《春秋左傳注》中華書局 1990 年，頁 1718。

貧積弱。顧棟高有言：「蓋聞有功不賞，有罪不刑，雖唐、虞不能以化天下……余觀《春秋》二百四十年，知天子之所以失其柄而旁落於諸侯，諸侯之所以失其柄而僭竊於大夫陪臣者，皆由刑賞之失政。……魯爲諸侯之望國，而陵夷更甚。慶父弒二君，再世負大罪，而累代貴位。公孫歸父欲張公室，而衰絰出奔。蓋文公之世刑賞出於仲遂，文公以後刑賞出於三家。其國命倒置，宜也。」〔註57〕

　　再者，倚重公族，分封公族以屏障公室的體制使得魯國積弱不振。顧棟高曰：「國家之勢，不外重則內重，外重之弊，權奪於異姓，內重之弊，勢落於宗藩。故漢懲七國之反，而削奪諸侯王，足成王莽之禍。晉懲魏孤立之弊，而大封諸子，旋釀八王之亂。二者嘗循環而相因。我觀春秋之世，晉分於韓、趙、魏，齊篡於陳氏，此外重之弊也。魯之政逮於三桓，衛之政由於孫、甯，宋之亂鍾於華、向，此內重之弊也。蓋世卿爲春秋列國之通弊，而晉以驪姬之亂詛無畜群公子，故文公諸子孫，雍仕於秦，樂仕陳，黑臀仕周，無在本國者。惟悼公之弟楊干與其子公子憖二人見《傳》，終不聞其當國秉政爲卿。故通《經》無書晉公子來聘之事，而權奪於韓、趙、魏矣。齊之公族高、國、崔、慶，恣睢暴戾，自取滅亡，卒爲陳氏所覆，此亦天運使然。楚以令尹當國執政，而自子文以後，若鬭氏、成氏、蒍氏、蓮氏、陽氏，皆公族子孫，世相授受，絕不聞以異姓爲之，可以矯齊、晉之弊。然一有罪戾，隨即誅死。子玉、子反以喪師誅，子上以避敵誅，子辛以貪欲誅，子南以多寵人誅，絕不赦宥，可以矯魯、衛、宋之弊。以肺腑而膺國重寄，則根本盛強。以重臣而驟行顯戮，則百僚震懼。且政權畫一，則無牽制爭競之病。責任重大，則無諉罪偷安之咎。楚之國法行而綱紀立，於是乎在。或者以秦之用孟明，晉之不殺荀林父，以是爲楚咎。曰：此自朝廷宥過之典，可偶一用之，然晉亦未爲得也。若魯之慶父弒二君，而卒立其後爲孟孫氏，公孫敖從己氏，而卒歸公孫敖之喪，此則魯之法紀倒地，其終至乾侯之遜宜矣。」〔註58〕

　　第五，魯國出現了陪臣叛亂之事，這是宗法分封制下，大都耦國現象向縱深發展的表現，與晉國明顯有異。

　　陪臣即卿大夫私家所屬之臣。魯國陪臣叛亂主要指南蒯、陽虎、侯犯、公孫宿四人。陪臣叛亂，甚至執國命，是宗法分封制下層層分封體制發展的

〔註57〕〔清〕顧棟高《春秋大事表》中華書局 1993 年，頁 1379。
〔註58〕〔清〕顧棟高《春秋大事表》中華書局 1993 年，頁 1840。

必然結果。之所以出現在魯國，而不是其他國家，是因爲魯國的宗法分封制最爲典型，貫徹執行宗法禮制最爲徹底。之所以出現在魯國的後期，而不是早中期，是因爲早中期私家勢力還沒有得到充分的發展，沒有壯大到控制魯國政局的地步。後期，三桓勢力達到頂峰，實際上瓜分了公室的土地、臣民、軍隊，其大都足可敵國。這時三桓具備了分封陪臣的客觀條件，陪臣勢力壯大後，也擁有了自己的采邑、私屬，而且世襲邑宰等家臣之職。則此時之家臣對三桓形成尾大不掉之勢，猶如三桓對公室形成大都耦國之局，其理相同。陪臣大多可以世襲官職，且與三桓有血緣關係，可謂世臣。孔子說：「陪臣執國命，三世希不失矣。」〔註59〕南遺、南蒯父子世襲費宰，豎牛爲叔孫豹之子，陽虎爲孟孫氏支庶，公孫宿也屬公族。「施氏之宰有百室之邑，」〔註60〕豎牛贈送南遺三十邑。家臣還擁有自己的族人和軍隊。「陽虎劫公與武叔，以伐孟氏，公斂處父帥成人自上東門入，與陽氏戰於南門之內，弗勝。」〔註61〕「公孫宿以其兵甲入於嬴。」〔註62〕而且家臣直接控制著三桓的軍隊。正如童書業先生所言：「家臣亦皆有土有民有軍有政之世襲貴族。」〔註63〕其叛亂而執國政，乃是勢所必然。事實證明，層層分封的宗法體制使魯國成一盤散沙，公室、私家皆失去了凝聚力，這是魯國陪臣趁機竊取政權的原因所在。

第三節　鄭國大都耦國現象分析

一、鄭京、櫟耦國的過程

　　鄭國是周王室所封的同姓諸侯國。西周晚期，周宣王封其弟姬友於鄭，在今陝西省華縣以東，是爲鄭桓公。周幽王時，桓公爲周王室的司徒，因幽王無道，知西周將亡，於是遷國於原虢、鄶舊地，在今河南省榮陽以東，春秋時期的鄭國即位於此地。戎狄滅西周，鄭桓公死於戰亂，其子鄭武公即位，與晉文侯一起幫助周平王東遷洛邑，且被平王任命爲卿士。武公之後，莊公即位爲君，在莊公在位的四十三年中，鄭國國力大爲增強，侵襲陳國，討伐

〔註59〕《漢魏古注十三經》下冊，《論語》卷十六，中華書局1998年，頁72。
〔註60〕楊伯峻《春秋左傳注》中華書局1990年，頁898。
〔註61〕楊伯峻《春秋左傳注》中華書局1990年，頁1569。
〔註62〕楊伯峻《春秋左傳注》中華書局1990年，頁1694。
〔註63〕童書業《春秋左傳研究》上海人民出版社1980年，頁162。

許國，攻打宋國，又打敗了北戎。因周王室分卿士之職於虢，引起莊公不滿，周與鄭互相交換人質，這是鄭國勢力超過王室的表現，周桓王因不甘心鄭國日益坐大，遂聯合陳、蔡、衛等國一起攻鄭，結果桓王反爲鄭國所敗，且肩部被鄭箭所傷。至此，王室威信徹底掃地，鄭國大有稱霸之勢。莊公之後，內亂不斷，國力有所下降。春秋晚期，子產爲政，夾在晉、楚兩強之間，有亡國之危，而免於亡國之難。

晉封成師於曲沃與鄭封叔段於京幾乎同時。前者爲魯惠公二十四年，即公元前 745 年，後者爲鄭莊公元年，即公元前 743 年，兩者僅相差兩年。根據《史記·晉世家》和《史記·鄭世家》，曲沃邑大於翼；京大於鄭之國城。兩國幾乎同時出現大都耦國之現象，絕非偶然，說明兩國都實行分封制，而大都耦國是分封制實施的必然結果。制度使然，概莫能外。《左傳》全書開篇就是鄭叔段以京城耦國之事。鄭武公之元妃是中國之女，史稱武姜，生了兩個同胞兄弟，即鄭莊公和共叔段。武姜愛共叔段，惡莊公，亟言於鄭武公而欲立叔段，武公嚴守嫡長子繼承制，堅持立了鄭莊公。莊公即位，武姜一再要求分封叔段，莊公被迫封叔段於京，號稱京城大叔。京大於鄭之國城。《左傳·隱公元年》言如同二君並立。杜預注：「以君討臣，而用二君之例者，言段強大儁傑，據大都以耦國。」〔註64〕大都耦國之勢是以形成。共叔段以京爲根據地，不斷蠶食公室的都邑，佔領了西鄙、北鄙，以及廩延。鄭莊公沉著應對，欲擒故縱，發兵攻打京城，叔段出奔。《左氏會箋》云：「破之極難。」〔註65〕可見，京爲大都，很難制服。京，顧棟高《春秋大事表·列國都邑表》：「京，杜預注：『鄭邑，今滎陽京縣。』在今開封府滎陽縣東南二十里。」〔註66〕顧祖禹《讀史方輿紀要》卷四十七：「京城，春秋時鄭邑，莊公封弟叔段於京。」〔註67〕《詩經·鄭風》之《將仲子》、《叔於田》、《大叔于田》反映了京城耦國的史實。《詩序》云：「《將仲子》，刺莊公也，不勝其母，以害其弟。弟叔失道，而公弗制，祭仲諫而公弗聽，小不忍以致大亂焉。《叔於田》，刺莊公也，叔處於京，繕甲治兵，以出於田，國人說而歸之。《大叔于田》，刺莊公也，叔多才而好勇，不義而得眾也。」〔註68〕鄭莊公能夠平定段亂，說明鄭公室的實力尚強。

〔註64〕　《漢魏古注十三經》下冊，《春秋經傳集解》卷一，中華書局 1998 年，頁 45。
〔註65〕　〔日〕竹添光鴻《左氏會箋》巴蜀書社 2008 年，頁 28。
〔註66〕　〔清〕顧棟高《春秋大事表》中華書局 1993 年，頁 750。
〔註67〕　〔清〕顧祖禹《讀史方輿紀要》中華書局 2005 年，頁 2200。
〔註68〕　《漢魏古注十三經》上冊，《毛詩》卷四，中華書局 1998 年，頁 34～35。

櫟，劉文淇《左傳舊注疏證》：「服虔云：『櫟，鄭之大都。』櫟音歷，即鄭初得十邑之歷也。《水經注》引王隱曰，『陽翟，本櫟也。』沈欽韓云：『《一統志》，陽翟故城，今禹州治。』李貽德曰：『知櫟爲大都者，昭十六年傳稱五大不在邊。又云鄭京、櫟實殺子元。是櫟爲大都也。』」〔註69〕顧棟高《春秋大事表·列國都邑表》：「櫟爲鄭別都。桓十五年，鄭伯突入於櫟，杜注：『鄭別都，河南陽翟縣。』今爲許州府禹州。李氏曰：『《春秋》書突入櫟而不書其入鄭，所以著強都之害。』」〔註70〕顧祖禹《讀史方輿紀要》卷四十七：「禹州，春秋時鄭櫟邑也。州控汴、洛之郊，通汝、潁之道，山川盤紆，形勢險固，一旦有警，此腹心之患也。若其根抵淮、沔，憑依襄、鄧，縱橫北向，鴻溝不能限，成皋不足恃矣。」〔註71〕櫟是鄭莊公之子公子突武力奪取的都邑。公子突即後來的鄭厲公。厲公母爲宋國雍氏之女，雍氏有寵於宋莊公，宋人設計綁架了鄭國權臣祭仲，迫使其立厲公爲君，祭仲無奈，遂立厲公，鄭昭公奔衛。祭仲專權，厲公欲除去之，謀泄，乃出奔蔡，昭公復位。魯桓公十五年，鄭厲公因櫟人的幫助，殺掉櫟之守臣檀伯，奪取了櫟都，而成大都耦國之勢。魯莊公十四年，鄭厲公自櫟攻打鄭之國城，在大陵俘獲了鄭國大臣傅瑕，傅瑕爲內應，厲公復辟。

二、鄭國與晉國政治特點的比較

鄭國總體的政治特點是：鄭國地處中原，與周王室關係密切，受宗法周禮的影響比較深。雖然與晉國幾乎同時出現了大都耦國的政治現象，但晉國成功實現了曲沃代翼，而鄭國的共叔段沒能實現以都代國，其根本原因是鄭國對傳統禮制的因襲負擔相對較重。

首先，從鄭莊公及其大臣的言行反映出，鄭國的傳統宗法禮制觀念較爲濃厚。

鄭莊公雖然是春秋早期的一代雄主，但是他仍然要受到宗法周禮的束縛。例如，莊公明知其母后武姜不喜歡自己，而喜歡共叔段，可是當武姜要求分封共叔段時，莊公只能答應。因爲按照周禮親親的原則，武姜是莊公的母親，而共叔段是其同母兄弟，莊公沒有理由拒絕，事實證明莊公也按照武

〔註69〕〔清〕劉文淇《左傳舊注疏證》科學出版社 1959 年，頁 124。
〔註70〕〔清〕顧棟高《春秋大事表》中華書局 1993 年，頁 761。
〔註71〕〔清〕顧祖禹《讀史方輿紀要》中華書局 2005 年，頁 2193。

姜的要求做了。這說明鄭國的政治大環境是宗法分封制，莊公也無可奈何。分封共叔段於京之後，鄭國的大臣表示反對，理由是京與鄭之國城規模相當，不符合禮制。《左傳·隱公元年》記載鄭國大臣祭仲曰「都城過百雉，國之害也。先王之制，大都不過三國之一，中五之一，小九之一。今京不度，非制也。」〔註72〕公子呂曰：「國不堪貳。」〔註73〕由鄭國大臣的這些言論可以看出，臣下的禮制觀念比莊公還濃厚。莊公克平段亂後，因一時衝動，發誓說自己再也不想見到武姜，說完後，就後悔了。莊公之大臣潁考叔想方設法讓莊公母子相見，並使之和好如初。《左傳·隱公元年》借君子之口讚美了潁考叔的孝道：「潁考叔，純孝也，愛其母，施及莊公。《詩》曰：『孝子不匱，永錫爾類。』其是之謂乎？」〔註74〕提倡孝道是周文化的重要特徵，潁考叔的孝行反映出鄭國深受周文化的影響。莊公時，雖與王室之間摩擦不斷，但莊公並沒有完全背叛王室，魯隱公六年，莊公親自朝見周桓王。魯隱公八年，莊公又與齊人一同朝見周天子。魯桓公五年，周桓王率諸侯聯軍討伐鄭國，鄭國取得了勝利，但莊公表示：「君子不欲多上人，況敢陵天子乎？苟自救也，社稷無隕多矣。夜，鄭伯使祭足勞王，且問左右。」〔註75〕可知，鄭國儘管軍事力量上超過了周王室，莊公還是承認周天子的宗主地位，這與鄭國受周文化影響大有關係。莊公又將其子子元分封於櫟，這與晉國驅逐群公子的政策大為不同。由此可知，鄭國政治的特點主要是受中原周文化的影響，宗法禮制觀念相對晉國來說，還是比較濃厚，這是共叔段不能以都代國的根本原因。

其次，鄭國自鄭穆公之後，政權逐漸落入公族七穆之手，與晉、齊兩國權歸異姓、異宗卿族大為不同。

七穆是指在春秋中後期執掌鄭國政權的七大家族良氏、游氏、國氏、罕氏、駟氏、印氏、豐氏，因為七家的始祖子良、子游、子國、子罕、子駟、子印、子豐皆為鄭穆公之子，所以稱為七穆。鄭國因為處於周文化核心區的中原一帶，受封立國較晚，與周王室的血緣關係較近，所以受周文化的影響較深。表現在政治方面，就是鄭國的執政多為公室同姓。

〔註72〕楊伯峻《春秋左傳注》中華書局1990年，頁11。
〔註73〕楊伯峻《春秋左傳注》中華書局1990年，頁12。
〔註74〕楊伯峻《春秋左傳注》中華書局1990年，頁15。
〔註75〕楊伯峻《春秋左傳注》中華書局1990年，頁106。

　　鄭國在春秋時期的第一任執政是祭仲，祭氏為姬姓，因為祭仲之女稱雍姬，可知祭氏為姬姓。《左傳・桓公十五年》：「祭仲專，鄭伯患之，使其婿雍糾殺之。將享諸郊。雍姬知之，謂其母曰：『父與夫孰親？』其母曰：『人盡夫也，父一而已，胡可比也？』遂告祭仲……祭仲殺雍糾。」〔註76〕鄭穆公時執政為公子歸生，既言是公子，必為公室同姓。自魯宣公九年，子良為政，標誌著七穆執掌鄭國政權的開始。之後子罕、子駟相繼為政，子駟之後，執政為子孔，子孔即公子嘉，杜預注：「穆公之子。」〔註77〕子孔之後，子展繼任執政，子展是子罕之子，屬罕氏。繼子展為政者是伯有，伯有即良霄，屬良氏。伯有之後，子皮為政，又稱罕虎，是子展之子，屬罕氏。子皮授權子產為政，子產是子國之子，屬國氏。繼子產為政者是子太叔，子太叔又稱游吉，屬游氏。子太叔之後一直到春秋末年，駟歂、罕達、駟弘相繼為政。是可知，春秋中後期，鄭國的執政皆為鄭穆公之後，這是鄭國受周文化影響，以親親為治國之道的有力證據。這是鄭國區別於晉、齊兩國的主要政治特點。

　　子產執政時期，也實行了一些改革，但總體來看，子產的改革沒有從根本上觸動宗法分封制，也沒有改變七穆掌握鄭國大權的政治格局。很顯然，子產的執政風格與魯國的孔子頗為相似，其實質是在不改變舊有制度的前提下，做一些改良。所以孔子頗為讚賞子產，稱其為「古之遺愛也。」〔註78〕子產所具體實行的政策，一是「都鄙有章，上下有服，田有封洫，廬井有伍。」〔註79〕這分明是以禮治國的體現，《左傳・襄公二十九年》記載吳公子季札對子產說：「鄭之執政侈，難將至矣，政必及子。子為政，慎之以禮。」〔註80〕此舉目的是按原有的禮制規範當時的僭越行為，以防止大都耦國現象重演，都鄙之規模不得超過定制，實際上是對舊制度的重新肯定和認可。子產為政伊始，鄭國大臣豐卷請求封給自己更多的土地，子產斷然予以回絕。子產對於大都的實際管理者，即卿大夫的家臣，也是精心選擇，毫不馬虎。子皮欲使尹何擔任自己的私邑大夫，子產認為不可，因為大官、大邑是身之所寄託，如擇人不慎，必有所害。子皮聽後，對子產大為讚賞，甚至說我子皮之私家今後也要聽從您子產

〔註76〕楊伯峻《春秋左傳注》中華書局 1990 年，頁 143。
〔註77〕《漢魏古注十三經》下冊，《春秋經傳集解・名號歸一圖》卷下，中華書局 1998 年，頁 17。
〔註78〕楊伯峻《春秋左傳注》中華書局 1990 年，頁 1422。
〔註79〕楊伯峻《春秋左傳注》中華書局 1990 年，頁 1181。
〔註80〕楊伯峻《春秋左傳注》中華書局 1990 年，頁 1166。

的安排。子皮是鄭國的首席卿大夫，其私家大都也要受到子產的約束。在子產為政之時，鄭國沒有發生大都耦國的現象，與子產維護舊的統治秩序的措施大有關係。二是子產為政的主導方針是不得罪世卿大族，事實上是維護七穆的既得利益。《左傳‧襄公三十年》載子產說：「安定國家，必大焉先。姑先安大，以待其所歸。」〔註81〕子產初為政，欲使伯石完成一項任務，伯石屬於七穆之一的豐氏，為鄭國當時的大族之一，遂以都邑賜予伯石，作為伯石完成使命的賄賂。此舉的真正用意是先穩住伯石等大族，使其不犯上作亂。但是子太叔表示反對，理由是鄭國的眾大夫皆為國家出力，為何單獨要賄賂伯石。子產於是向子太叔詳細闡述了為政之先，在於安定大族的道理。雖然子產很不欣賞伯石之為人，但是為了鄭國政治安定的大局，最終不但都邑歸於伯石，而且使之居於卿列。這說明子產所謂的改革是在不觸動七穆為代表的公族世卿的前提下開展的，因而具有一定程度的保守性。

　　總而言之，鄭國對周禮因襲的負擔重於齊、晉兩國，這是鄭國沒有實現以都代國的根本原因。

第四節　衛國的大都耦國現象分析

一、衛蒲、戚耦國的過程

　　衛國是周王室所封的同姓諸侯國，西周初年，周公通過東征，鎮壓了殷商殘餘勢力的叛亂，為了加強對殷商故地的統治，周公於是分封康叔於衛。此段史實保存在《尚書》的《康誥》、《酒誥》等名篇中，《左傳‧定公四年》也有明確記載。西周末年，衛武公曾幫助平王東遷，直至春秋初年，衛國仍是重要的諸侯國之一。衛懿公因好鶴，致使朝政混亂，終被狄人所滅。之後，齊桓公在楚丘重建衛國。衛文公時，勵精圖治，國力逐漸恢復。衛成公時，遷國於帝丘，衛國逐漸成為春秋時的一般小國。

　　蒲，顧棟高《春秋大事表‧列國都邑表》：「蒲，杜注：『衛地，在陳留長垣縣西南』，後為甯氏邑。在衛西，與晉、楚接界。衛靈公曰：『蒲，衛之所以待晉、楚也。』甯殖以蒲出獻公，甯氏誅；繼受蒲者為公叔氏，出於獻公，復以蒲叛。是蒲為衛之嚴邑矣。今為直隸大名府長垣縣治。」〔註82〕顧祖禹

〔註81〕楊伯峻《春秋左傳注》中華書局 1990 年，頁 1180。

〔註82〕〔清〕顧棟高《春秋大事表》中華書局 1993 年，頁 776。

《讀史方輿紀要》卷十六：「蒲城，今（長垣）縣治也。春秋時衛邑。桓三年，齊侯、衛侯胥命於蒲城。九年，同盟於蒲。」〔註83〕蒲是甯氏的世襲大都。杜預認爲甯氏出於衛武公〔註84〕，從甯氏爲卿至甯喜，居卿位長達九世，世代以蒲爲根據地，憑藉大都而執掌衛國朝政。甯氏以蒲耦國而亂衛政，非一朝一夕之故，有其漫長的過程。甯氏首見於《左傳》者，爲甯莊子，魯閔公二年，狄伐衛，衛懿公賜甯莊子以弓矢，命爲守國大臣，後力主伐邢，皆被採納，又與諸侯盟會於向，權勢日盛。甯武子能彌平晉難，爲衛國立下大功，其勢力遂不可動搖。甯相繼位爲卿，甯氏勢力得以保存，甯殖擔任衛卿，甯氏勢力盛極一時，魯成公十四年，衛定公有疾，命孔成子、甯惠子爲顧命大臣，擁立衛獻公爲君。衛獻公因爲甯氏和孫氏佔據大都，耦國之威脅時在心頭，故頗爲猜忌二氏。有一次，衛獻公命令孫文子、甯惠子與自己一起進食，有意怠慢二人，二人等了一整天還不見召，原來獻公在園囿中射鴻，孫、甯二人找到獻公，獻公又傲慢無禮，二人於是大怒。獻公出奔齊國後，孫、甯二人立公孫剽爲君。甯殖病重，召其子甯喜說：我得罪了獻公，悔之不及，惡名留在諸侯的史冊之上，曰「孫林父、甯殖出其君。」〔註85〕若獻公得以復位，則能遮掩我的惡名，如此，則是我的兒子，如若不然，則不食你的祭品。甯悼子答應了其父的請求，遂迎立獻公。由於甯喜專斷朝政且多占都邑，爲獻公所不容，後被公孫免餘所殺。

戚，顧棟高《春秋大事表・列國都邑表》：「戚，杜注：『衛邑，在頓丘衛縣西。』世爲孫氏邑，會盟要地。孫林父出獻公後，以戚如晉。晉人爲之疆戚田。蒯聵自戚入衛。蓋其地濱河西，據中國之要樞，不獨衛之重地，亦晉、鄭、吳、楚之孔道也。今開州北七里有古戚城，亦曰戚田。」〔註86〕顧祖禹《讀史方輿紀要》卷十六：「戚城，春秋時衛邑，會盟要地也。又爲衛大夫孫林父之食邑。《左傳》文十年：『公孫敖會齊侯於戚。』時晉師伐衛取戚，疆戚田也，成十五年，同盟於戚。襄元年，晉以諸侯之師伐鄭，侵楚及陳，晉侯、衛侯次於戚以爲之援。二年，諸侯之師會於戚。五年，晉復會諸侯於戚。襄二十六年，孫林父以戚如晉，晉會諸侯於澶淵以討衛，疆戚田也，取衛西鄙懿氏六十以與孫氏。又昭七年，晉反戚田於衛。哀二年，趙鞅納衛太子蒯聵於戚，宵迷，陽

〔註83〕〔清〕顧祖禹《讀史方輿紀要》中華書局2005年，頁742。
〔註84〕《漢魏古注十三經》下冊，《春秋經傳集解》卷十七，中華書局1998年，頁265。
〔註85〕楊伯峻《春秋左傳注》中華書局1990年，頁1055。
〔註86〕〔清〕顧棟高《春秋大事表》中華書局1993年，頁781。

虎曰：『右河而南，必至焉。』杜預曰：『是時戚在河外，晉軍已渡河，故云。』哀十六年，衛世子蒯聵自戚入衛。今亦謂之戚田。」〔註87〕戚是孫氏的世襲大都。《新唐書‧宰相世系表三下》：「孫氏出自姬姓，衛康叔八世孫武公和生公子惠孫，惠孫生耳，食采於戚。耳生武仲乙，乙生昭子炎。」〔註88〕孫氏之所以能活躍於衛國政壇，是因為有戚作為強有力的後盾。孫昭子為《左傳》所最早記載的孫氏卿大夫。在後來追述中，有孫莊子，在魯僖公二十八年，與甯武子一起納衛成公，從此成為衛國重臣。孫桓子時，孫氏勢力在衛國得到很大的發展，桓子長期參預盟會，且多次率領衛國軍隊出征，如魯成公二年，孫良夫與甯氏等伐齊；次年，孫良夫會同晉郤克討赤狄之餘；魯成公六年，孫良夫又與晉人一起侵宋。至其子孫林父為衛卿，勢力發展到極盛。衛定公時期，孫林父受到定公的排擠，孫氏以戚歸晉國，其因大都耦國之勢，衛國也無可奈何。衛獻公即位，孫文子將自己的重要寶器全部移置到戚都，隨時準備叛衛投晉。魯襄公十年，孫氏俘獲了鄭國的皇耳，次年，孫文子又出兵攻打鄭國北鄙，足見其軍事實力之強。衛獻公鑒於孫、甯二氏都大族強，內心深忌之，故約二人進食，而有意不禮於二人，孫文子是以大怒，回到戚都而從此不再朝請，使孫蒯代替自己入朝。獻公以酒招待孫蒯，並使樂師歌《詩經‧小雅‧巧言》之卒章，樂師推辭不歌。因為詩中有比喻謀亂的內容。《詩經‧小雅‧巧言》：「彼何人斯，居河之麋。無拳無勇，職為亂階。」〔註89〕吳靜安《左傳舊注疏證續》引李石曰：「衛之君臣相失，非特一食之間也。獻公猜貳於孫文子有素，文子得以先事為謀，亦疑忌之積也。」〔註90〕就在此時，師曹自告奮勇，表示願意歌《巧言》之卒章。這是有原因的，起先，獻公有一愛妾，使師曹給此妾教彈琴，不知何故，師曹鞭打了她，獻公大怒，罰師曹鞭打三百。師曹想通過歌《巧言》激怒孫文子，使其叛亂，由此達到報復衛獻公的目的。果然，孫蒯聽了感到恐懼，回去報告文子，孫文子乃先發制人，出兵攻打獻公。連殺衛大臣子蟜、子伯、子皮、子行等，獻公被迫出奔齊國，孫氏窮追不捨，敗公徒於河澤。孫林父乃立公孫剽為君。及衛獻公復位，孫林父以戚叛歸晉，因大都耦國之勢，衛國無法制馭孫氏。

　　孫氏衰落後，戚都落入衛靈公太子蒯聵之手，太子蒯聵即後來的衛莊公。

〔註87〕〔清〕顧祖禹《讀史方輿紀要》中華書局 2005 年，頁 736。
〔註88〕〔宋〕宋祁、歐陽修《新唐書》中華書局 1975 年，頁 2945。
〔註89〕《漢魏古注十三經》上冊，《毛詩》卷十二，中華書局 1998 年，頁 92。
〔註90〕吳靜安《春秋左氏傳舊注疏證續》東北師範大學出版社 2005 年，頁 184。

衛靈公寵幸南子，朝政混亂，太子蒯聵欲殺掉南子，事泄被迫出奔宋國。魯哀公二年六月，晉國趙鞅納太子蒯聵於戚都。魯哀公十五年，蒯聵在渾良夫的幫助下，脅迫孔文子支持自己，而登上了君位，是爲莊公。

二、衛國與晉國政治特點的比較

衛國是周人控制殷商舊地的重要堡壘，其所受周文化的影響比較深，《左傳·定公四年》記載康叔受封時，被賜予許多禮樂重器，立國的主要精神是「啓以商政，疆以周索。」〔註 91〕可見，不管是殷人的傳統，還是周文化的傳統，衛國因襲的負擔相對齊、晉兩國來說，比較沉重。衛國的世卿大族，多爲同姓公族。甯氏是衛武公之後，孫氏也出於衛武公，孫昭子是《左傳》中最早出現的孫氏卿大夫。

衛國雖然出現了甯氏以蒲耦國、孫氏以戚耦國的政治現象，但始終沒有實現以都代國。其根本原因是衛國因襲傳統的負擔較重，又地處中原殷周傳統文化的核心區，而不能採取較大的改革措施，固守傳統的結果是，衛國由西周初一大國淪爲一微不足道的小國。甯、孫二氏是衛國之世卿大族，二氏以大都耦國之勢而逼君，衛獻公被迫出亡，孫氏立公孫剽爲君，甯氏又弒公孫剽，返歸衛獻公，獻公滅甯氏，孫氏不久亦亡。「政由甯氏，祭則寡人。」〔註 92〕「專祿以周旋。」〔註 93〕是甯、孫二氏專國柄，以蒲、戚而耦國的經典評語。衛國雖然最終滅了甯、孫二世族，但並沒有改革宗法分封制。衛靈公太子蒯聵以戚爲據點而奪位成功，但只是驅逐了自己的政敵，並沒有對經濟、政治、社會制度等進行徹底的改革，衛國因此而逐漸衰落下去了。春秋後期南氏專衛政，政歸南氏，衛衰落爲一無足輕重的小國。

第五節　宋國的大都耦國現象分析

一、宋蕭、蒙耦國的過程

宋國是周王室所封的異姓諸侯國，爲子姓。西周初年，周公削平了殷商

〔註91〕楊伯峻《春秋左傳注》中華書局 1990 年，頁 1538。
〔註92〕楊伯峻《春秋左傳注》中華書局 1990 年，頁 1112。
〔註93〕楊伯峻《春秋左傳注》中華書局 1990 年，頁 1113。

殘餘勢力的反叛，分封紂王之兄微子啟於宋，國城在商丘。宋國是商遺民之國，因而繼承了許多商文化的傳統，是殷商禮制的代表。春秋早期，宋襄公欲繼承齊桓公的霸業，而楚國不服，襄公被楚國擊敗。宋國與鄭國因同處中原交通要道，晉楚相爭，兩國首當其衝，兵連禍結，幾無寧日。在這種背景下，宋國發起了兩次弭兵運動，第一次，是宋華元弭兵，第二次是宋向戌弭兵。春秋中後期，宋公室衰落，政權落入公族大夫之手。

蕭，顧棟高《春秋大事表‧列國都邑表》：「蕭，杜注：『宋邑，沛國蕭縣。』今江南徐州府蕭縣北十里有蕭城。蕭本宋邑，是年蕭叔大心殺南宮牛立桓公有功，宋封之以為附庸，自是遂為國。莊二十三年蕭叔朝公，至宣十二年，楚莊王滅蕭。然楚雖滅之而不能有，還為宋邑。襄十年楚子囊、鄭子耳伐我西鄙，還圍蕭，克之；定十一年宋公之弟辰入於蕭以叛，是仍為宋邑之明證也。」〔註94〕顧祖禹《讀史方輿紀要》卷二十九：「蕭城，古蕭國，春秋時為宋附庸，蕭叔大心之封邑。莊十二年，南宮萬弒閔公，立公子游，群公子奔蕭。宣十二年，楚伐蕭，蕭潰，即此。」〔註95〕

蕭為蕭叔大心受封之大都，魯莊公十二年，宋萬弒殺了宋閔公，又連殺了宋大臣仇牧，及太宰華督，繼而擁立子游為君。宋群公子奔蕭。蕭叔大心聯合戴、武、宣、穆、莊等公族勢力，在曹國軍隊的幫助下，殺南宮牛及子游，立宋桓公。

在宋昭公時，公子鮑佔據了蕭、蒙兩大都。依靠雄厚的經濟實力，厚施於民，遂深得宋國民心。《左傳‧文公十六年》記載，公子鮑對國人特別加以禮遇。宋國發生了饑荒，鮑將自己的餘糧全部借貸給饑民。國人自七十以上者，皆賜予食物，不時有山珍鮮味。對宋之六卿，參請不絕。國之賢達有才之人，皆招攬之，言能放下身段，禮賢下士。公族中，血緣關係在桓公以下者，皆予以撫恤。長此以往，昭公眾叛親離，終為臣下所弒。公子鮑遂登君位，是為文公。

魯定公十一年春，宋景公母弟辰，及其仲佗、石彄、公子地據蕭都而叛宋。後來樂大心也入蕭都，給宋國帶來很大的禍患。魯哀公十二年，宋平、元之族又利用蕭都逃奔鄭國。宋公族常以蕭都耦國，公室無可奈何。

〔註94〕〔清〕顧棟高《春秋大事表》中華書局 1993 年，頁 767。
〔註95〕〔清〕顧祖禹《讀史方輿紀要》中華書局 2005 年，頁 1398。

二、宋國與晉國政治特點的比較

宋國政治的主要特點是對古代禮制的因襲負擔較重，地處中原，東鄰魯國，北接衛國，西有鄭國，幾乎在周同姓國的包圍之中，必然要受到周文化的影響，且自身是殷商遺民之國，保持有濃厚的商文化傳統。所以，宋國長期深受商周傳統禮制的薰陶。宋襄公是遵守傳統禮制的典型，魯僖公二十二年，宋襄公與楚國在泓交戰，襄公堅持古代交戰的軍禮，說：「君子不重傷，不禽二毛。古之爲軍也，不以阻礙也。寡人雖亡國之餘，不鼓不成列。」〔註96〕結果宋軍大敗，襄公受重傷。《史記・宋微子世家》：「襄公既敗於泓，而君子或以爲多，傷中國闕禮義，褒之也，宋襄之有禮讓也。」〔註97〕可知，宋襄公的確是受傳統禮制影響頗深之人。《左傳・襄公十年》：「諸侯宋、魯，於是觀禮。魯有禘樂，賓祭用之。宋以《桑林》享君，不亦可乎？」〔註98〕由此可見，春秋時期，宋國在保存傳統禮樂方面，可與魯國相提並論。

公子鮑以蕭、蒙取宋昭公而代之，與齊國陳氏代齊的手段頗爲相似，但公子鮑爲公族，陳氏屬異姓。《國語・楚語上》記載「宋有蕭、蒙……宋蕭、蒙實弒昭公。韋昭注：『蕭、蒙，宋公子鮑之邑。』」〔註99〕齊國陳氏代齊與公子鮑得國一樣，主要是通過厚施以竊取國君的政權。當時宋國出現饑荒，公子鮑竭盡其粟米而貸於國人，民年自七十以上者，皆賜之飲食；對宋之六卿，參請不絕，禮賢下士，公族自桓公以下之子孫，皆撫恤之。《左氏會箋》云：「全是收拾人心之術，聞齊商人之風，又加一倍，此齊田之俑也，寫出深情原貌籠絡機權。」〔註100〕顧棟高曰：「自古奸臣竊國，必使怨歸於上而恩出於己，而後民歸之如流水。」〔註101〕由此可知，公子鮑厚施於民而竊國的手段，是陳氏代齊等一系列通過大都耦國而取得政權的慣用手法，實際上都是利用家施及國的策略成功奪權，而陳氏之策略只是更加完備以加厲而已。

陳氏代齊後，促進了齊國社會的發展，使齊國成爲後來的戰國七雄之一。然而，宋公子鮑奪權之後，對宋國社會的長遠發展，沒有產生太大的影響，宋國始終未能對宗法分封制進行重大改革，國勢是以漸衰。其根本原因是宋

〔註96〕楊伯峻《春秋左傳注》中華書局 1990 年，頁 397。
〔註97〕〔漢〕司馬遷《史記》中華書局 1982 年，頁 1633。
〔註98〕楊伯峻《春秋左傳注》中華書局 1990 年，頁 977。
〔註99〕徐元誥《國語集解》中華書局 2002 年，頁 498。
〔註100〕〔日〕竹添光鴻《左氏會箋》巴蜀書社 2008 年，頁 786。
〔註101〕〔清〕顧棟高《春秋大事表》中華書局 1993 年，頁 1423。

國地處中原，長期受殷商禮樂文化的影響，對禮制的因襲負擔相對較重，宋國的權臣執政，皆爲同姓公族，華氏、樂氏，皆屬戴族，向氏爲桓族，戴、桓二族世襲卿位，勢力強固，而晉、齊兩國的六卿和陳氏多爲異姓和異宗。更重要的是晉之趙、魏、韓和齊之陳氏，實現以都代國後，推動了社會的進步，趙、魏、韓、齊皆爲強國，同屬戰國七雄之列，這是宋國的大都耦國現象與晉、齊的根本區別所在。

小　結

由以上的分析不難看出，春秋各主要諸侯國，雖然都普遍出現了大都耦國的政治現象，但晉、齊皆成功實現了以都代國，通過以都代國，國家和社會皆取得了很大的進步。相比之下，魯、衛、鄭沒有實現以都代國，宋公子鮑雖奪權成功，但對宋國的國家進步和社會發展沒有產生太大的影響。我們認爲晉、齊與中原各國出現的強烈反差，不是偶然的，其背後肯定有更爲深刻的原因。

晉、齊皆處於政治、經濟、文化的邊緣地帶，與戎狄和東夷爲伍，是屬於落後地區，不屬於中原周文化的核心區。這是晉、齊兩國取得成功的重要原因。

《左傳·定公四年》記載了晉國立國時的情形：「分唐叔以懷姓九宗，……啓以夏政，疆以戎索。」〔註102〕「懷姓九宗」據王國維先生研究，是屬於鬼方族。〔註103〕以夏人的爲政之道統治臣民，土地的疆理方式按照戎狄之俗，這充分說明晉國在西周初年是屬於落後的邊緣地帶。《國語·晉語二》：「戎、狄之民實環之。」〔註104〕《左傳·昭公十五年》：「晉居深山，戎狄之與鄰，而遠於王室，王靈不及，拜戎不暇。」〔註105〕文獻所記載的晉國的客觀環境是長期與戎狄爲鄰，本身受周文化的影響比較弱，宗法觀念相對中原各國來說，比較淡薄。所以，當晉昭侯封其叔父成師於曲沃後，並不念及小宗與大宗的血緣宗法關係，而是利用大都耦國的政治優勢，迅速展開了奪權鬥爭，曲沃成師、莊伯、武公祖孫三代，進行了前赴後繼、矢志不渝的武裝鬥爭，

〔註102〕楊伯峻《春秋左傳注》中華書局 1990 年，頁 1539。
〔註103〕王國維《觀堂集林》中華書局 1959 年，頁 583。
〔註104〕徐元誥《國語集解》中華書局 2002 年，頁 288。
〔註105〕楊伯峻《春秋左傳注》中華書局 1990 年，頁 1371。

最終取得了以都代國的成功。曲沃的成功，歸根結底是由於晉國處於邊緣地帶，宗法禮制的阻力小於中原各國，當成師之時，就有潘父作為曲沃的內應，弒昭侯而迎桓叔成師。說明在晉國，不僅曲沃祖孫三人的宗法觀念淡薄，國城內部大臣的宗法意識也不是很濃。而在中原各國，情形絕不如此，在鄭國，鄭莊公的大臣反復進諫莊公，如祭仲、公子呂、子封等，要求莊公早日平定共叔段之亂，當鄭國大臣子封以兵車二百乘討伐共叔段時，共叔段之都——京，隨即背叛了叔段，說明不管是鄭國的國城內部，還是叔段的大都，宗法觀念皆比較濃厚，大宗在鄭國的政治地位甚為牢固。齊國的政治情形與晉國相類似，齊國本非周的同姓諸侯國，又遠在東海之濱，周圍被萊夷所包圍，在西周初年，齊國與晉國一樣，政治、經濟、文化比較落後，屬於邊緣地區，齊太公因地制宜，根據齊國靠近海濱，魚鹽資源豐富的特點，發展手工業和商業，這與周人重農的傳統形成鮮明對照。春秋早期，管仲相桓公，繼承了齊國重視魚鹽之利，發展手工業和商業的傳統。由此而知，周文化對齊國的影響也比較弱，宗法禮制觀念相對魯、衛等國而言，也較為淡薄。齊桓公重用異姓的鮑叔牙、管仲，又任命從陳國逃奔到齊國的陳敬仲，可為佐證。陳氏代齊正是在這種重用異姓，對宗法周禮因襲的負擔較輕的背景下實現的。而在魯、衛、宋、鄭各國，周文化的傳統非常濃厚，執政大臣皆為同姓公族，魯之三桓、鄭之七穆、宋之戴、桓、莊之族，衛之孫、甯之族等，都是同姓卿族，世代執掌朝政。在這種政治環境下，異姓卿族受到排斥，因而不可能出現像晉國和齊國那樣，異姓或異宗卿族以都代國的政治現象。中原各國重用同姓，以親親之道治國，對宗法周禮等傳統的因襲負擔較重。所以，不可能對舊的政治制度作徹底的改革，因循守舊的氣息也阻礙著社會的進步，隨著時間推移，國力逐漸衰弱。相反，晉、齊兩國，沒有許多舊的條條框框的限制，重用異姓或異宗，國家充滿銳意進取的新氣象，對於不適合社會發展的制度，能夠進行大膽的改革，晉國能夠成為法家的發源地，以及戰國時期郡縣制和官僚制的重要源頭之一，其根源也在於此。

　　從以上分析我們得出的結論是：晉國的曲沃代翼，趙、魏、韓三家以都代國，以及齊國陳氏代齊之所以取得了成功，是因為兩國同處於邊緣地帶，原來比較落後，受傳統周文化的影響不深，改革的阻力小，而易於取得成功。我們不妨稱此為邊緣崛起的政治現象。

　　邊緣崛起的政治現象，不僅對晉國和齊國適用，而且秦國和楚國也是邊

緣崛起的極好例證。

秦國是西周末年周王室分封的異姓諸侯國，屬嬴姓。秦國的祭祀對象是少昊，西周中期，秦人主要居住在西陲犬丘，即今甘肅省禮縣一帶。周孝王時，秦人的首領非子因對王室養馬有功，孝王遂使非子於汧河和渭河之間為王室服養馬的勞役。周宣王時，任非子之後秦仲為大夫，秦仲在討伐西戎時，為戎人所殺，秦仲子莊公重新討伐西戎，反敗為勝，秦人勢力開始壯大，莊公子秦襄公護送周平王有功，在周人東遷後，佔據了西周故地，故被封為諸侯，秦人開始立國。實際上襄公是秦國的始封之君，襄公之父莊公是秦立國後秦人追封的。秦的勢力範圍最初在今甘肅省東南和陝西省西部的渭河流域一帶，長期與西戎為鄰，政治、經濟、文化比較落後，秦國遲至公元前 753年，才開始有文字記載的歷史記事，是名副其實的邊緣地區。周王室東遷後，位於今陝西關中一帶的周人故地實際上被戎狄佔領，秦國立國後，開始一步步從戎狄手中奪取土地，勢力逐漸向東發展，國城也不斷東移，秦德公時國城遷至雍。秦穆公即位，趁晉國發生內亂，奪取了晉國的河西地區。而晉文公稱霸後，秦國東進的勢頭受到晉國的阻擋，晉襄公時，晉軍在殽設伏，秦軍三帥被俘，幾乎全軍覆沒。之後，秦穆公將擴展的方向轉向西部，攻佔了西戎的大片土地。從秦國的發展歷程可以看出，秦國原來落後，長期與西戎為伍，政治、經濟、文化的發展階段遠遠落後於中原各國，周文化對秦的影響也有限度。所以，秦國崛起的歷程也是邊緣崛起現象的典型例證之一。

楚國也是異姓諸侯國，屬羋姓。楚國立國於周成王時，楚人首領熊繹，被周成王封於楚蠻一帶，受封級別為子男之國。國城在丹陽，位於今湖北省秭歸縣。楚人的發源地主要在湖北省西部山區，及其漢水與長江匯合處的江漢平原地區，後來逐漸蠶食周圍姬姓小國和南蠻部落，領土不斷擴大，在整個春秋時期，楚國共吞併了四十餘國，只有晉國能與之相提並論。楚國在立國之時，周圍被眾多蠻族所包圍，社會發展階段遠落後於殷、周故地，相對周王室和宋、鄭、魯、衛等國而言，也屬於邊緣地區。《左傳·宣公十二年》：「訓之以若敖、蚡冒篳路藍縷以啟山林。」〔註106〕《左傳·昭公十二年》：「昔我先王熊繹辟在荊山，篳路藍縷以處草莽，跋涉山林以事天子。」〔註107〕這是楚國早期落後面貌的形象寫照。早在西周時期，楚國對周天子就叛服無常，

〔註106〕楊伯峻《春秋左傳注》中華書局 1990 年，頁 731。
〔註107〕楊伯峻《春秋左傳注》中華書局 1990 年，頁 1339。

周昭王因楚人不服，出兵討伐楚國，結果昭王及其王師全部葬身漢水，這使得楚人更加有恃無恐。在西周王室勢力尚強大之時，楚人就與周人爲敵，這也從側面說明了楚國原本受周文化影響不大，文化上可以說自成一派。正因爲楚人對周文化因襲的負擔比較輕，所以能夠放開手腳，大膽開疆拓土，最終成爲春秋時期的強國。春秋初葉，楚國開始佔領濮地，之後，楚國在熊通統治時期，將國城遷到郢，即今湖北省江陵紀南城。不久，熊通僭稱王號，開始進攻漢江以東的隨國，楚文王時，基本上控制了江漢流域的眾多小國。春秋中期，齊桓公和晉文公稱霸後，楚國勢力暫時受到一定程度的抑制，尤其是晉楚城濮之戰，楚國失利，楚國北上爭霸受到重挫，但楚國並沒有因此沉淪下去，相反，楚國先後吞併了周圍的一些小國，如弦、黃、夔等國。楚穆王時，滅江、六。楚莊王時，在邲之戰中，打敗了晉國，勢力如日中天，楚國遂稱霸中原。春秋晚期，楚國內亂不斷，又加吳國之外患，國力有所削弱，但楚國始終不失爲一個大國。

從以上楚國由原來的子男小國發展爲南方第一大國，並稱霸中原的歷程，我們可以清楚地看出，楚國原本非常落後，且與南蠻爲鄰，與周王室的關係，雖名爲君臣，但實際上臣服的時間少，叛離的時間多。而且在春秋時期，長期僭稱王號的國家，以楚國爲最。吳、越雖也稱王，但影響沒有楚國大。這充分說明楚國基本上沒有傳統周禮的包袱，無疑有利於楚國在發展過程中，根據自己的實際情況，因地制宜，且能夠勇於改革創新，新的政治、經濟措施實行的阻力小，所以社會進步的速度快。因此，楚國強大而崛起的歷程，也是邊緣崛起現象的生動體現。

綜上所述，齊、晉、秦、楚四國的崛起，盡管各自國內情況千差萬別，但有一個共同的特點，就是皆處於邊緣地區，長期與戎、狄、蠻、夷爲鄰，政治、經濟、文化比較落後，對傳統周禮因襲的負擔都比較輕，勇於開拓進取，改革的阻力相對較小，因而國家進步的速度快。這就是邊緣崛起的政治現象。此前的商滅夏、周滅商，此後的秦併六國，其實都是邊緣崛起所帶來的政治結果。

第五章　春秋大都耦國現象
形成的原因

第一節　大都耦國現象形成的普遍原因

一、是分封制發展的必然結果

　　分封制是西周、春秋時期的根本政治制度。到目前爲止，關於分封制的研究成果非常多，本文採用其中具有代表性的觀點，如近人王國維先生之《殷周制度論》〔註1〕，對分封制及其相關的內容進行了分析和概括。王先生認爲，分封制和宗法制是殷周間大變革的產物，從表面上看，殷周之間只是朝代更替，而實質上是舊制度的廢除，新制度的興起；舊文化的廢除，新文化的興起。周人創立宗法分封制，有長治久安的精神包含在其中。周制與殷制的重大區別主要有三點。一是立子立嫡之制，由此而衍生出宗法制和喪服制，以及分封制。二是宗廟制度。三是同姓不婚之制。在以上三者之中，周人又將以倫理道德治國的理念貫穿在其中。商代沒有嚴格的嫡庶之制。捨弟傳子的制度始於周人，由傳子的制度衍生出嫡庶之制。創立立子立嫡之制的主要目的是平息政治權位的爭奪。這是周人鑒於殷商自中丁以後九世之亂而創立的新制。嫡庶之制是周代政治制度的核心。因爲宗法制和喪服制就是根據嫡庶之制而產生的。分封制更是與嫡庶之制相輔相成。周人先立嫡長子，其餘嫡

〔註 1〕　王國維《觀堂集林》中華書局 1959 年，頁 451。

子和庶子，皆按照貴賤，封以國邑。分封的主要對象是同姓，而且所封之國多處形勝要地，戰略地位非常重要。所封異姓只是陪襯而已，國小勢微。周人之嫡庶之制、宗法制和分封制，都有內在的根據，即尊尊和親親的原則。周人的這套政治制度，主要由當時的時勢所促成。因爲周人崛起於西土，政治、經濟、文化都落後於殷商，武王能夠滅商，是乘商朝軍隊主力與淮夷作戰之機，可謂攻其不備、出其不意，並非其軍事、經濟實力超過商朝所致。此時，商人殘餘勢力還相當強大。周人迫於當時複雜的形勢，遂創立了分封制和宗法制。而周人爲政的精髓，更是將制度、典禮看作道德的實現形式。明乎此，則知分封制和宗法制在西周時期有其合理性，尤其是在西周初年，周政權還不穩固的情況下，對控制當時局勢起了積極作用。

　　楊寬先生的《西周史》對分封制有細緻的分析。楊寬先生認爲，周公時期所實行的分封制，是在總結前人經驗教訓的基礎之上推出的。分封制不是原始的部落殖民，而是周公用來加強統治的手段之一。通過分給諸侯以原來殷商和方國貴族的辦法，解除了殷商和方國貴族可能發動叛亂的隱患，同時殷商和方國貴族成爲新建國家的國人後，可輔佐封君進行統治。分封制的施行，其實是確立了國野對立的社會結構，有利於各個地區生產關係的調整和生產力的發展。分封制並不是對所有的封國進行一刀切，用一個模式進行統治，而是根據具體的實際情況，調整統治策略，這對緩和諸侯國內部的矛盾是非常必要的。西周能成爲幅員廣闊的國家，與分封制的推行是分不開的。楊寬先生還認爲，分封制既是鞏固和擴大統治的一種手段，也是貴族階級內部對財產和權力的再分配。貴族中有同姓也有異姓，分封制主要是維護姬姓貴族的利益，同時爲了擴大統治基礎，又不得不分封一些異姓國君。同姓諸侯和異姓諸侯如何布局，也是關係全局的大問題。經過分析發現，布局是經過周密計劃的，其主要目的是擴大姬姓貴族的統治，聯合異姓貴族，加強對東、北、南三方的統治。分封制在歷史上具有一定的進步意義，通過將舊貴族分封給諸侯，於是在各個地區確立了鄉遂國野制度，其因地制宜的方針，有利於生產力的發展。又通過對同姓諸侯和異姓諸侯的特意布局，將統治基地延伸至東、北、南三方，由此推動了落後地方經濟、文化的發展。〔註2〕

　　王玉哲先生的《中華遠古史》也對分封制進行了深入分析。王先生認爲，分封起於周初。「賜姓」、「胙土」、「命氏」是分封制的核心內容。分封的典禮

〔註 2〕楊寬《西周史》上海人民出版社 2003 年，頁 373。

與程序主要有三個步驟：一是在太廟行禮，由儐者贊襄其禮，然後賜給誥命。二是對受封者授民、授土、授予職務。三是封君感謝、稱頌周天子。在分封制中，以侯的地位最高。此外還有采、衛。封君對周天子的義務主要有五個方面：一是向周天子提供貢賦；二是提供力役；三是提供兵役；四是朝聘；五是封君對封土和屬民只有使用權而沒有所有權。〔註3〕

分封制的主要內容，分別見於《左傳·桓公二年》和《左傳·襄公十四年》。《左傳·桓公二年》記載：「故天子建國，諸侯立家，卿置側室，大夫有貳宗，士有隸子弟，庶人、工、商各有分親，皆有等衰。」〔註4〕《左傳·襄公十四年》記載：「故天子有公，諸侯有卿，卿置側室，大夫有貳宗，士有朋友，庶人、工、商、皂、隸、牧、圉皆有親暱，以相輔佐也。」〔註5〕可見，宗法制和分封制實施的範圍較廣，實際上分封制主要是指天子分封諸侯，以及諸侯立卿大夫。關於天子分封諸侯，前人已作了大量的研究，本文不再贅述，本文主要就諸侯立卿大夫，稍作補充。

西周時期，諸侯立卿大夫應該已經有了，但世家大族的大量建立，是在諸侯國開疆拓土，勢力範圍擴大以後。所以，春秋時期才是真正的諸侯立家階段。如魯國三桓出於桓公，《左傳·僖公元年》：「（僖）公賜季友汶陽之田及費。」〔註6〕這是魯國季氏立家的開始。東門氏出於莊公，鄭國的七穆，出自鄭穆公，宋國的戴、桓之族，出於宋戴公、宋桓公，晉之曲沃桓叔，受封於晉昭侯，晉滅韓，乃封韓萬，韓氏始立家，晉獻公滅耿，以封趙夙，趙氏始立家。同年，獻公滅魏，以封畢萬，魏氏始立家。范氏之先士蒍被獻公命為大司空，其後士會受隨、范，范氏始立家。衛國的孫氏、甯氏出於衛武公，齊國的管、鮑、陳氏等，皆為齊桓公所立。以上這些世家大族的建立，皆在春秋時期。諸侯分封卿大夫時，國君還要對卿大夫進行賜命，《左傳·僖公三十三年》：「文公以（郤缺）為下軍大夫。反自箕，襄公以三命，命先且居將中軍。以再命，命先茅之縣賞胥臣，曰：『舉郤缺，子之功也。』以一命，命郤缺為卿，復與之冀。」〔註7〕可知，襄公以三命，命先且居為中軍帥，實際上是分封其為正卿。以再命命胥臣，實質上是封胥臣以先茅之縣。冊命郤缺，

〔註3〕 王玉哲《中華遠古史》上海人民出版社2003年，頁577。
〔註4〕 楊伯峻《春秋左傳注》中華書局1990年，頁94。
〔註5〕 楊伯峻《春秋左傳注》中華書局1990年，頁1016。
〔註6〕 楊伯峻《春秋左傳注》中華書局1990年，頁279。
〔註7〕 楊伯峻《春秋左傳注》中華書局1990年，頁502。

就是立其爲卿大夫，且以冀爲都。《左傳・宣公十六年》：「三月，獻狄俘。晉侯請於王，戊申，以黼冕命士會將中軍，且爲太傅。」〔註8〕黼冕之命，應爲分封正卿時的冊命禮儀。《左傳・襄公二十六年》：「鄭伯賞入陳之功，三月甲寅朔，享子展，賜之先路，三命之服，先八邑。賜子產次路，再命之服，先六邑。」〔註9〕這是鄭國國君分封卿大夫的珍貴史料，說明諸侯分封卿大夫時，總共有享、賜路、命服、賜邑等完備的禮儀。《左傳・昭公十二年》：「季悼子之卒也，叔孫昭子以再命爲卿。及平子伐莒克之，更受三命。」〔註10〕這是魯國國君分封卿大夫的佐證。大都耦國的政治現象正是諸侯立家的產物。西周時期出現大都耦國政治現象的幾率較小，一是諸侯國本身國土面積狹小，無力分封大家大都；二是在西周時期，諸侯國之私家也由周天子來任命，諸侯無權干涉。如《左傳・僖公十二年》：「冬，齊侯使管夷吾平戎於王，王以上卿之禮饗管仲。管仲辭曰：『臣，賤有司也。有天子之二守國、高在，陪臣敢辭。』」〔註11〕此國、高二家即是周天子所命之上卿。進入春秋時期，周王室衰落，諸侯國開始大肆開疆拓土，通過兼併周圍小國，奪取的城邑數量大增，因而具備了分封大都大家的條件，如鄭莊公封共叔段於京，晉昭侯封成師於曲沃，晉國六卿之都邑，在數量和規模上都有超過國城的趨勢，如趙氏之晉陽，魏氏之安邑，韓氏之平陽，齊國陳氏之高唐，魯國三家之費、邱、成等。由此可知，大都耦國現象的出現，是分封制走向自己反面的必然產物。

分封制必然導致大都耦國，是由分封制的兩面性決定的。分封制的兩面性是指：一方面，分封制在實施初期確實起到了維護封主統治的作用；另一方面，隨著卿大夫勢力的不斷增強，又反過來威脅到國君的統治。

春秋早、中期，齊、晉、秦、楚等大國競相展開爭霸戰爭，隨著戰爭規模不斷擴大和諸侯領地的增加，僅僅依靠公室的力量，很難處理複雜多變的局勢。爲了贏得爭霸戰爭的勝利和加強對新增領土的控制，各大國先後分封了一些卿大夫。從齊、晉等國的爭霸歷程來看，私家卿族的確起到了輔佐公室的作用。齊桓公是春秋時期的第一位霸主。在位期間，於魯莊公十年，滅譚國。魯莊公十三年，滅逐國。次年，宋屈服於齊。魯莊公十五年，齊桓公始霸。魯莊公二十八年，伐衛。魯閔公元年，狄人討伐邢國，桓公救邢。《左

〔註8〕楊伯峻《春秋左傳注》中華書局1990年，頁768。
〔註9〕楊伯峻《春秋左傳注》中華書局1990年，頁1114。
〔註10〕楊伯峻《春秋左傳注》中華書局1990年，頁1335。
〔註11〕楊伯峻《春秋左傳注》中華書局1990年，頁341。

傳·閔公二年》：「僖之元年，齊桓公遷邢於夷儀。二年，封衛於楚丘。邢遷如歸，衛國忘亡。」魯僖公四年，侵蔡伐楚。魯僖公九年，齊桓公與諸侯盟會於葵丘，周天子正式承認齊國的霸主地位。由此可見，齊桓公的爭霸活動非常繁雜。不難推知，要成就齊國的霸業，內政、外交、經濟、軍事等各方面都要做好充分的準備，僅靠公室的力量顯然是不夠的，私家卿族當是桓公所依靠的重要力量。《左傳·昭公十三年》：「齊桓，衛姬之子也。有寵於僖，有鮑叔牙、賓須無、隰朋以為輔佐，有莒、衛以為外主，有國、高以為內主。」可為證。晉文公是繼齊桓公之後的又一位重要霸主。文公的霸業也是與卿大夫的輔助分不開的，對此，文獻有明確記載。《國語·晉語四》：「乃大蒐於被廬，作三軍。使郤縠將中軍，以為大政，郤溱佐之。子犯曰：『可矣。』遂伐曹、衛，出穀戍，釋宋圍，敗楚師於城濮，於是乎遂伯。」《左傳·僖公二十七年》記載的卿大夫還有上軍將狐毛、上軍佐狐偃、下軍將欒枝、下軍佐先軫。《左傳·昭公十三年》：「我先君文公，狐季姬之子也，有寵於獻。……有先大夫子餘、子犯以為腹心，有魏犨、賈佗以為股肱，有齊、宋、秦、楚以為外主，有欒、郤、狐、先以為內主。」是可知，卿大夫在其初封階段，對公室確有程度不同的貢獻。實行分封制的目的，是為了藩屏大宗。各國諸侯在本國來說，也就是大宗，諸侯立卿大夫為都家，也是為了藩屏公室，起到枝葉蔭蔽本根的作用。所謂「有都，以衛國也。」〔註12〕即是此意。

　　另一方面，隨著時間的推移，分封制的弊端日益顯現，積微而走向自己的反面。因為分封制的根本弊病是分封土地，人口，受封者擁有私家武裝。受封者集土地、人口，兵權於一身。顯而易見，進入春秋中後期，土地、人口、財富三者均屬於稀有資源，許多公子公孫皆已無田可封。資源的稀缺性決定了公室作為主封者，其手中掌握的土地，人口、財富會越封越少，隨著時間推移，即使不發生任何動亂，公室的實力自然也會削弱，此消則彼長，公室之衰弱，就意味著私家卿族的強大，私家則會利用各種時機和資源，努力壯大自己，佔領更大的都邑，而成耦國之勢，以圖取而代之。如齊國陳氏，始封高唐，厚施於民，先取得民心，再通過民眾的支持，消滅國、高等卿大夫，佔領齊安平以東，作為封邑，形成大都耦國之勢，最終奪取了政權。晉國的趙、魏、韓三家也是如此。

　　私家卿族在其都家之內，儼然一小君主，諸侯國君有的禮儀制度，卿大

〔註12〕楊伯峻《春秋左傳注》中華書局 1990 年，頁 1471。

夫也是應有盡有，無不齊備，魯國三桓八佾舞於庭，直僭擬周天子，何況魯君。如朝廷、宮室、宗廟、社稷、祭祀、禮樂、私家軍隊、設官分職等皆與國君相差無幾，大都一旦達到耦國的程度，其實就是國中之國。

根據《國語・魯語下》記載：「天子及諸侯合民事於外朝，合神事於內朝；自卿以下，合官職於外朝，合家事於內朝；寢門以內，婦人治其業焉。上下同之。」〔註13〕可知，私家卿族也有三朝制度。外朝，是處理政務的地方；內朝是解決家室內部事務的地方；寢門之內，可稱燕朝，爲卿大夫起居之處。三朝總稱爲朝廷。卿大夫還擁有宮室。如《左傳・定公十二年》之「季氏之宮」；〔註14〕《左傳・定公十三年》之「趙氏之宮」〔註15〕等皆是。私家之大都內設有宗廟。晉之曲沃，設有武公之廟。至於都家究竟有幾個宗廟，由於《禮記》成書較晚，其說多不可信，故在此存疑待考。大都之內還有社稷，在古代，社稷是國家政權的代名詞，有社稷，證明都家在西周春秋時期，實際上具有很大的獨立性。據《論語・先進》篇，季氏之都費設有社稷。國之大事在祭祀與戰爭，都家既爲國之翻版，自然有祭祀活動，《國語・晉語八》：「天子祀上帝，公侯祀百辟，自卿以下不過其族。」〔註16〕卿大夫還在大都中設官分職，建立政權機構，這些官職人員統稱爲家臣。主要有室老、也稱家宰、司徒、司馬、司空、邑宰、家傳，宰相，祝、宗、卜、史等。以上史實說明，私家卿族治下的大都，在春秋後期，其規模和實力逐漸達到諸侯的國城，而形成尾大不掉的局面，諸侯很難指揮、調動卿大夫，大都實際上成爲與國城平行的政治、經濟實體，一旦時機成熟，大都就變爲反抗國君的中心。在春秋後期，國君與大家卿族只是名義上的君臣關係，國與大都的關係不是中央集權下的如後世一樣的中央與地方政權的關係。因爲中央集權政體在春秋時期尚未完全建立起來，嚴格意義上的中央對地方實施有效管轄的地方政權還未形成。這也是大都耦國只能出現在春秋，而不能出現在戰國的原因之一。

分封制導致出現大都耦國的政治現象，還與「大夫食邑」有關，「大夫食邑」是指大夫以都邑作爲其食祿。從西周到春秋中期，卿大夫的生活來源

〔註13〕 徐元誥《國語集解》中華書局 2002 年，頁 193。
〔註14〕 楊伯峻《春秋左傳注》中華書局 1990 年，頁 1586。
〔註15〕 楊伯峻《春秋左傳注》中華書局 1990 年，頁 1590。
〔註16〕 徐元誥《國語集解》中華書局 2002 年，頁 437。

主要靠受封的都邑，都邑的勞動方式是卿大夫之屬民在土地上進行無償的體力勞動，也就是無償服勞役，類似後世的勞役地租，也就是借民力以耕公田的剝削方式。這種剝削方式，是建立在當時生產力水平低下，並以家族爲單位進行集體生產的勞動組合方式的基礎之上的。關於西周時期的勞動組合方式，趙世超先生有深刻的研究。他指出：「《詩經・周頌》有《載芟》、《良耜》、《噫嘻》、《臣工》等篇，《小序》或謂『春籍田而祈社稷也』，或謂『春報社稷也』，或謂『春夏祈穀於上帝也。』西周的農業勞動是在家長領導下，由長子、長子以下的兄弟們、血緣關係稍遠的叔伯兄弟、眾多的子侄及家內奴隸共同參加，集體進行的。……個體勞動在春秋的中後期才開始步履蹣跚地來到了世間。只有到了戰國，反映個體勞動的材料才陡然增加了。《呂氏春秋》的作者悟出了『公作則遲』、『分地則速』的道理。商鞅規定『民有二男以上不分異者倍其賦』，強制推行小家庭制度。若謂西周已是每個農戶佔有百畝土地，各自進行個體耕作，則何須荀子等人再去提倡『分田而耕』？而商鞅強制家庭細分的措施豈不完全失去了意義？」〔註 17〕

　　既然被剝削者是在生產力水平低下，以家族爲單位進行集體生產的條件下生產剩餘勞動產品的，則如此眾多的農業勞動者要同時進行集體生產，必然要以都邑爲依託，如果是平日七零八落的分散居住，則正常的生產生活就難以得到保障。《漢書・食貨志》記載：「春令民畢出在壄，冬則畢入於邑。」〔註 18〕這正是大夫食邑的剝削形態下農業勞動者的寫照。這種剝削形態還體現在《詩經・豳風・七月》中。《詩序》認爲是：「陳王業也，周公遭變，故陳后稷先公風化之所由，致王業之艱難也。」〔註 19〕「艱難」二字道出了大夫食邑的剝削形態的殘酷，和被剝削者生活的艱辛。在大夫食邑的粗放生產方式之下，卿大夫收入的多少取決於都邑的大小，因爲都大，則所佔土地更廣，以及所屬農業勞動人口的多少，因爲借民力以耕其田，靠的是勞動力的數量，即規模效益，規模越大，產出越多。卿大夫欲增加收入，變得更加富強，就必須佔有更大的都邑和更多的勞動人口，其佔有更大的都邑和更多的勞動人口之目標一旦實現，大都耦國的現象就出現了。從深層次講，卿大夫欲增加收入，變得更加富強的欲望，本身就是一種貪欲。而大都耦國現象的

〔註 17〕趙世超《周代國野制度研究》陝西人民出版社 1991 年，頁 87～95。
〔註 18〕〔漢〕班固《漢書》中華書局 1962 年，頁 1121。
〔註 19〕《漢魏古注十三經》上冊，《毛詩》卷八，中華書局 1998 年，頁 61。

出現，從某種程度上說，就是由這種貪欲推動的。我們在這裏不妨引用恩格斯的話，來加深對這一問題的理解。他說：「鄙俗的貪欲是文明時代從它存在的第一日起直至今日的起推動作用的靈魂；財富，財富，第三還是財富，不是社會的財富，而是這個微不足道的單個的個人的財富，這就是文明時代唯一的、具有決定意義的目的。」〔註20〕卿大夫只關心自己收入的增加與否，至於被剝削者，只要他們能夠繼續正常勞動即可。卿大夫爲了獲得更大的都邑和更多的人口，不擇手段，無所不用其極。如鄭莊公封叔段於京，莊公本人也是極不情願的，但是，共叔段通過其母親不斷請封，莊公被逼無奈，只好答應。按共叔段的想法，是要取得制邑，制邑地理位置十分重要，莊公不能答應，在討價還價之餘，遂封叔段於京。乃形成大都耦國之局。晉昭侯封成師於曲沃，也是出於不得已，因爲《左傳》明言：「晉始亂，故封桓叔於曲沃。」〔註21〕劉文淇《左傳舊注疏證》：「昭侯國亂身危，不能自安，故封成師爲曲沃伯。」〔註22〕可見，曲沃桓叔是乘晉亂，脅迫昭侯而得以獲封曲沃，以成耦國之勢。另一方面，大都耦國的出現，也是由當時的客觀經濟狀況決定的。因爲卿大夫的生活方式是靠剝削都邑收入來支撐的，不是說國君主觀上喜歡大夫食邑這種方式，而是由於當時祿米制還未產生。大夫食邑是與分封制和以家族爲單位進行集體生產的勞動組合方式相適應的，而祿米制是與郡縣制和授田制相適應的。所以，在西周、春秋時期，大夫食邑既是普遍存在的，也是不以人的意志爲轉移的客觀經濟條件決定的。大夫食邑的剝削形態發展到一定程度，私家卿族爲了獲得更多的剩餘勞動產品，必然要想方設法攫取更大的都邑，這就是大都耦國產生的經濟動因。除此之外，卿大夫還利用自己的社會政治地位、宗主祭祀權、私家武裝等鞏固和加強其大都的經濟地位。

綜上所述，分封制導致大都耦國的必然性可概括如下：分封制是一把雙刃劍，具有兩面性。一方面，實施初期確實起到了鞏固公室本根的作用，大國能夠贏得爭霸戰爭的勝利，分封的卿大夫功不可沒。另一方面，隨著時間的推移，其弊端日益顯現，而走向了自己的反面。

〔註20〕 恩格斯《家庭、私有制和國家的起源》（《馬克思、恩格斯選集》）人民出版社 1995 年，頁 177。

〔註21〕 楊伯峻《春秋左傳注》中華書局 1990 年，頁 93。

〔註22〕 〔清〕劉文淇《左傳舊注疏證》科學出版社 1959 年，頁 77。

　　首先，分封制隨著人口的繁衍，必然越封越多，使封主的政治、經濟勢力相對被削弱。將都邑封給卿大夫，實爲公室的巨大損失。分封的都越大，公室的損失也就越大。

　　其次，所封卿大夫之都是國之翻版，具有政治、經濟、軍事、祭祀等權力，不同於完全聽命於中央的郡縣，勢必獨立性、離心力越來越強。

二、是生產發展後貴族分化的必然結果

　　春秋時期，社會生產力發展水平有了很大的提高，考古發現的鐵器埋藏地點有 10 多處，分佈地域較廣，見於大江南北，其中發掘出的鐵農具有鋤、鏟等，手工業勞動工具有斧、鑿等，兵器有鐵劍、鐵刀等，甚至還發現了鐵鼎。陝西省益門村出土的春秋晚期的鐵器數量有 20 多件，[註23] 春秋時期出土的鐵器主要是塊煉鐵製品，如湖南楊家山發掘出的屬於春秋晚期的鐵器，[註24] 但是春秋早期，已發掘出土了生鐵器物，如天馬—曲村晉侯墓地發現了春秋時期的鐵條，屬於生鐵。[註25] 河南省三門峽上村嶺虢國墓地 M2001 出土了春秋早期玉莖銅芯鐵劍 1 件，金相鑒定屬塊煉鐵。[註26] 上村嶺虢國墓地 M2009 出土了鐵刃銅戈 1 件，鐵工具 3 件。[註27] 陝西省隴縣邊家莊發掘有春秋早期的銅柄鐵劍 1 件。[註28] 根據出土材料，春秋早期的鐵器以兵器爲主。春秋中、晚期，鐵製農具開始增多。如陝西鳳翔出土的春秋晚期鐵鏟等有 10 多件。[註29] 湖北省江陵紀南城出土了春秋晚期鐵鏟 1 件。[註30] 據大概估算，春秋時期出土的鐵器總量不下於八十件。由此可知，春秋時期已進入鐵器時代，這是無可置疑的。

　　鐵器用於農業生產領域後，必然大幅度促進農業生產技術的進步，《左

〔註23〕寶雞市考古工作隊：《寶雞市益門村二號春秋墓發掘簡報》，《文物》1993 年第 10 期。

〔註24〕長沙鐵路車站建設工程文物發掘隊：《長沙新發現春秋晚期的銅劍和鐵器》，《文物》1978 年第 10 期。

〔註25〕北京大學考古學系商周組、山西省考古研究所：《天馬——曲村》，科學出版社，2000 年。

〔註26〕《華夏考古》1992 年第 3 期。

〔註27〕《中國文物報》1992 年 2 月 2 日。

〔註28〕《文物》1993 年第 10 期。

〔註29〕《考古與文物》1988 年第 5、6 合期，《文物》1985 年第 2 期。

〔註30〕《考古學報》1982 年第 3 期。

傳·隱公六年》引用周任的話說：「為國家者，見惡，如農夫之務去草焉，芟夷蘊崇之，絕其本根，勿使能殖，則善者信矣。」〔註31〕可見，春秋時期，在農業生產中已開始採用去除雜草之後，又用雜草肥田的新技術。《左傳·宣公十一年》：「牽牛以蹊人之田，而奪之牛。」〔註32〕這是牛被人所牽引，有可能從事農業生產的證據。《國語·晉語九》：「夫中行、范氏，不恤庶難，而欲擅晉國。今其子孫，將耕於齊，宗廟之犧，為畎畝之勤。」〔註33〕史學界一般認為，這也是春秋時期牛耕技術存在的佐證。《論語·雍也》：「犁牛之子騂且角。雖欲勿用，山川其舍諸？」〔註34〕犁即犂，稱牛為犁牛，這是牛用於耕作的明確記載。山西省渾源縣發掘出土的春秋時期晉國的銅牛尊，牛之鼻部已被穿環，說明春秋時期，牛不再單純用於祭祀，而開始用於勞動了。《左傳·昭公元年》記載晉國的趙武說：「武將信以為本，循而行之。譬如農夫，是穮是蓘，雖有飢饉，必有豐年。」〔註35〕這是關於除草和培土保護根苗的珍貴史料。除此以外，春秋時期還有關於對土地進行規範和劃分的措施。《左傳·襄公十年》載鄭國的子駟下令「為田洫」。田洫就是田塊之間用於排水或灌溉的溝渠。子駟之目的主要是整理或重新規劃田間的溝渠。《左傳·襄公三十年》記載子產也實行了「田有封洫」的政策。由此可見，春秋時期鄭國對田間整治的重視，其他國家也當與鄭國相去不遠。《左傳·襄公二十五年》記載了楚國土地規劃的具體種類，「楚蒍掩為司馬，……蒍掩書土、田：度山林，鳩藪澤，辨京陵，表淳鹵，數疆潦，規偃豬，町原防，牧隰皋，井衍沃。」〔註36〕楚國處於南蠻地區，土地整治尚且如此細緻，中原各國作為傳統農業國，當至少不低於楚國的水平。

　　生產力的發展，必然引起社會財富的增加，而財富的增加又激起了統治者及其貴族們掠奪的欲望。

　　首先是對田地的爭奪。《左傳·閔公二年》：「初，公傅奪卜齮田。」〔註37〕《左傳·文公八年》：「（晉）先克奪蒯得田於堇陰。」〔註38〕《左傳·成公十七

〔註31〕楊伯峻《春秋左傳注》中華書局 1990 年，頁 50。

〔註32〕楊伯峻《春秋左傳注》中華書局 1990 年，頁 715。

〔註33〕徐元誥《國語集解》中華書局 2002 年，頁 453。

〔註34〕《漢魏古注十三經》下冊，《論語》卷六，中華書局 1998 年，頁 27。

〔註35〕楊伯峻《春秋左傳注》中華書局 1990 年，頁 1202。

〔註36〕楊伯峻《春秋左傳注》中華書局 1990 年，頁 1106。

〔註37〕楊伯峻《春秋左傳注》中華書局 1990 年，頁 262。

〔註38〕楊伯峻《春秋左傳注》中華書局 1990 年，頁 568。

年》：「郤錡奪夷陽五田，郤犨與長魚矯爭田。」〔註39〕《左傳·昭公十四年》：「晉邢侯與雍子爭鄐田。」〔註40〕《國語·晉語八》：「范宣子與和大夫爭田。」〔註41〕《左傳·成公十一年》：「晉郤至與周爭鄇田。」〔註42〕《左傳·昭公九年》：「周甘人與晉閻嘉爭閻田。」〔註43〕以上文獻所載皆爲本國貴族之間爲了增加財富而相互爭奪田地。列國之間爭奪田地的史料更多，《左傳·宣公元年》：「六月，齊人取濟西之田，爲立公故，以賂齊也。」〔註44〕《左傳·成公三年》：「秋，叔孫僑如圍棘，取汶陽之田。」〔註45〕《左傳·成公四年》：「鄭公孫申帥師疆許田，許人敗諸展陂。鄭伯伐許，取鉏任、泠敦之田。」〔註46〕

其次是爭奪都邑。《論語·憲問》：「問管仲。曰：『人也。奪伯氏駢邑三百，飯蔬食，沒齒無怨言。」〔註47〕《左傳·昭公五年》：「（魯）豎牛取東鄙三十邑，以與南遺。」〔註48〕《左傳·哀公十七年》記載宋皇瑗之子麇，有一朋友曰田丙，麇乃奪其兄之邑給田丙。

第三是搶掠。魯襄公十二年，季武子乘救臺之機，佔領了鄆，搶走了鄆之鍾而作爲公盤。魯昭公二十三年，吳公子諸樊攻佔了楚國的郹，將楚夫人即太子建之母和寶器擄往吳國。魯昭公十三年，晉國的荀吳討伐鮮虞，大肆俘獲而歸。魯昭公十八年，邾人襲擊鄅，將其一掃而光。魯成公六年，晉國的伯宗、夏陽說等率諸侯聯軍將攻打宋國，臨時駐紮在衛國的鍼，夏陽說見衛國對聯軍不加設防，欲襲擊衛國，稱盡可能多俘獲，雖然會獲罪，但不至於是死罪。可見，當時貴族已是搶掠成風，毫無信義可言。魯定公八年，魯國攻打齊國，兩軍在陽州交戰，魯國俘獲甚多，苫越遂以陽州作爲自己孩子的名字。這也是春秋時期搶掠之風盛行的可靠證據。其實賄賂也是一種掠奪。賂田是相對比較重要的賄賂方式，如魯宣公元年，魯國將濟西之田割讓給齊國，作爲魯國向齊國所行的賄賂。魯昭公十四年，莒國將賂田送給齊國的隰

〔註39〕楊伯峻《春秋左傳注》中華書局 1990 年，頁 900。
〔註40〕楊伯峻《春秋左傳注》中華書局 1990 年，頁 1366。
〔註41〕徐元誥《國語集解》中華書局 2002 年，頁 423。
〔註42〕楊伯峻《春秋左傳注》中華書局 1990 年，頁 854。
〔註43〕楊伯峻《春秋左傳注》中華書局 1990 年，頁 1307。
〔註44〕楊伯峻《春秋左傳注》中華書局 1990 年，頁 648。
〔註45〕楊伯峻《春秋左傳注》中華書局 1990 年，頁 814。
〔註46〕楊伯峻《春秋左傳注》中華書局 1990 年，頁 819。
〔註47〕《漢魏古注十三經》下冊，《論語》卷十四，中華書局 1998 年，頁 62。
〔註48〕楊伯峻《春秋左傳注》中華書局 1990 年，頁 1263。

黨和公子鉏。魯哀公二年，魯國將討伐邾國，邾人以漷、沂之田向魯國行賄。除賂田外，還有許多財物可作為賄賂，魯成公二年，齊國在鞍之戰中為晉所敗，齊國國君遂指使賓媚人向晉國行賄，賄賂之物有紀甗和玉磬，甚至齊國的土地亦在行賄之列。同年，楚國以侵衛為名，攻擊了魯國的蜀和陽橋，孟孫氏以執斲、執鍼、織紝各百人向楚人行賄，楚人乃許之盟。魯襄公十一年，鄭國正式臣服於晉國，乃向晉侯進獻大量的賄賂，包括師悝、師觸、師蠲等三個樂師，廣車等十五乘，兵車共百乘，以及各種樂器和美女等。晉侯將一半樂器賜給魏絳。魯襄公二十四年，因各諸侯小國進貢給晉國的財物負擔相當重，子產對當時的晉國執政范宣子說：「諸侯之賄聚於公室則諸侯貳，若吾子賴之，則晉國貳。」可知，晉國正卿分得諸侯所獻賄賂的可能性較大。魯襄公二十五年，晉平公伐齊，齊國請和，遂向晉國行賄，賄賂的數量十分驚人，晉平公得到了宗器和樂器，然後六卿、五吏、三十帥、三軍的大夫、百官的正長等各級官吏皆有程度不同的賄賂。掠奪和賄賂使得財富逐漸向貴族傾斜，這就為在貴族中首先出現一批富族提供了前提。

當然我們應該看到，富族的出現，不僅僅只有掠奪和賄賂的途徑，更重要的是貴族手中擁有大量的都邑，這是貴族成為富族的關鍵。在春秋時期，雖然手工業和商業與西周時期相比有了很大的發展，但是並沒有改變自然農業經濟占主體地位的狀況。這種客觀經濟環境，決定了財富的積累主要靠農業生產，其次才是手工業和商業。農業生產的特點是：一般情況下，投入生產的人口數量和佔有田地的數量越多，則產出越多。春秋時期，農業勞動力生產、生活的主要方式還是以家族為單位，集體進行的。這種勞動方式決定了人們的生產、生活必然要依託都邑，都邑是當時生產、生活的根本。貴族欲聚斂大量財富，就必須佔有更多的都邑。文獻中有許多有關財富與都邑相關聯的記載。《左傳·襄公二十八年》記載：「與晏子邶殿其鄙六十，弗受，子尾曰：『富，人之所欲也。何獨弗欲？』對曰：『慶氏之邑足欲，故亡。不受邶殿，非惡富也，恐失富也。且夫富，如布帛之有幅焉。」〔註49〕從晏子的話語中可以得知，貴族擁有了邑，也就意味著其富裕程度的提高。《左傳·魯襄公二十二年》：「鄭公孫黑肱有疾，歸邑於公，……盡歸其餘邑，曰：『吾聞之，生於亂世，貴而能貧，民無求焉，可以後亡。敬共事君與二三子。生在敬戒，不在富也。』」〔註50〕公孫黑肱也是將是否佔有邑，作為貧與富的標

〔註49〕楊伯峻《春秋左傳注》中華書局 1990 年，頁 1150。
〔註50〕楊伯峻《春秋左傳注》中華書局 1990 年，頁 1068。

準。可見，一般貴族要想成爲富族，就必須佔有更多更大的都邑。如晉國的六卿，無不是手中掌握著大量的都邑，趙氏之耿、原、屏、樓、晉陽、長子、邯鄲；魏氏之魏、呂、令狐、安邑；韓氏之韓、平陽；范氏之隨、范、朝歌；知氏之知等。魯昭公十年，齊國陳氏取得高唐，《左傳》謂「陳氏始大。」陳氏獲得大都之後，所佔有財富的數量逐漸增多，成爲名副其實的富族，陳氏能夠厚施於民，也間接證明了這一點。宋國的公子鮑，也是通過厚施於民奪取政權的，其施捨的前提是他本人首先是富族，公子鮑佔有蕭、蒙是其成爲富族的可靠保障。衛國的孫林父也是著名的富族之一，不僅佔據大都戚，還擁有許多重器，《左傳·成公十四年》：「孫文子自是不敢舍其重器於衛，盡置諸戚，而甚善晉大夫。」〔註51〕

　　以上所舉的例證多是春秋後期的富族，其實富族早在春秋早期就出現了。魯莊公二十三年，晉國的桓、莊之族勢力強大，威逼公室，晉獻公深以爲憂，士蔿說，先除去富子，則群公子的問題不難解決。富子也就是桓、莊之族中的富族。晉國的三郤，其富裕的程度達到公室的一半，其家族武裝的規模相當於晉國三軍的半數。魯國的季氏所佔財富超過了周公，秦國的公子鍼，出奔晉國時，竟有車達一千乘。這些富族的成長是與敝族的衰落相伴隨的，敝族是貴族中貧富分化的產物，在一定時期內，社會財富的數量是一定的，財富向一部分富族集中，則另一部分貴族所能占得財富的數量必然減少，這部分貴族就逐漸淪落爲敝族。魯襄公十年，周王國發生了王叔陳生與伯輿爭政的事件，晉國派士匄解決雙方的爭訟。《左傳》詳細記載了雙方的辯論：「王叔之宰曰：『篳門閨竇之人而皆陵其上，其難爲上矣。』（伯輿的屬大夫）瑕禽曰：『昔平王東遷，吾七姓從王，牲用備具，王賴之，而賜之騂旄之盟，若篳門閨竇，且王何賴焉？今自王叔之相也，政以賄成，而刑放於寵。官之師旅，不勝其富，吾能無篳門閨竇乎？』」〔註52〕這段材料形象的印證了我們所說的觀點，敝族的出現，正是富族越來越富的結果。《左傳·昭公十年》記載了齊國陳桓子的厚施之舉：「凡公子、公孫之無祿者，私分之邑。」〔註53〕公子、公孫本爲貴族，但沒有祿邑，就成爲敝族，之所以沒有祿邑，就是因爲陳氏等富族佔據了太多的都邑。陳氏佔領很多都邑的結果，就是形成大都耦國的局勢，並最終實現陳氏代齊。所以，陳氏代齊的過

〔註51〕 楊伯峻《春秋左傳注》中華書局 1990 年，頁 870。
〔註52〕 楊伯峻《春秋左傳注》中華書局 1990 年，頁 983。
〔註53〕 楊伯峻《春秋左傳注》中華書局 1990 年，頁 1317。

程是齊國富族與敝族分化的必然結果。晉國趙、魏、韓三家與此相類似，佔據了大量都邑，成爲富族，而晉國原來的舊族多淪落爲敝族，《左傳·昭公三年》叔向對晏子說：「欒、郤、胥、原、狐、續、慶、伯，降在皁隸，政在家門，民無所依。」〔註54〕這些舊族衰落後，政權逐漸歸於三家。所以，趙、魏、韓三家以都代國的過程，也是晉國富族與敝族分化的必然結果。

三、是開疆拓土的必然結果

大都耦國政治現象的出現，有一個重要的前提，就是諸侯國統轄地域的擴大。西周時期，諸侯國大多只有方圓百里的地域，顯然不具備分封大都的條件。進入春秋時期，周王室衰落，各國普遍掀起了開疆拓土的熱潮。《左傳·成公八年》記載申公巫臣之言曰：「夫狡焉思啓封疆以利社稷者，何國蔑有？唯然，故多大國矣。」〔註55〕《國語·晉語四》記載子犯勸晉文公出兵勤王：「繼文之業，定武之功，啓土安疆，於此乎在矣，君其務之。」〔註56〕從申公巫臣和子犯之言可以得知，春秋時期各大國都以開疆拓土爲本國的重要戰略方針。齊、晉、秦、楚四大國是啓土安疆的最大獲利者。

晉國原爲河、汾之東方百里的小國，自晉獻公開始，伐滅周圍小國，開始走上了大國崛起的道路。《左傳·襄公二十九年》：「虞、虢、焦、滑、霍、楊、韓、魏，皆姬姓也，晉是以大。若非侵小，將何所取？武、獻以下，兼國多矣。」〔註57〕韓爲晉文侯所滅，後封於韓萬爲都。魯閔公元年，獻公滅耿、霍、魏三國，趙夙封於耿，先且居封於霍，畢萬封於魏。魯閔公二年，晉討伐東山皐落氏。魯僖公五年，滅虢、虞、蒲、屈、荀、賈、楊、焦亡於晉的年代不可考，蒲爲重耳之都，屈爲夷吾之都，賈爲狐偃之子狐射姑之都。楊爲羊舌氏之都。焦在魯僖公三十年時已爲晉有。魯僖公二十五年，周襄王將陽樊、溫、原等賜予晉國，晉國勢力範圍開始達到南陽。同年，衛國滅邢，後歸晉所有，晉將其封給申公巫臣，稱爲邢大夫。魯僖公二十八年晉伐衛，攻佔了五鹿。魯僖公三十三年，秦滅滑，後歸晉所有。魯文公二年，晉伐秦，奪取了汪及彭衙。魯文公十年，晉又伐秦，奪取了少梁。魯宣公十五年，晉滅赤狄潞氏。魯宣公十六年，晉滅甲氏、留吁、鐸辰。魯昭公十二年，晉滅

〔註54〕楊伯峻《春秋左傳注》中華書局 1990 年，頁 1236。
〔註55〕楊伯峻《春秋左傳注》中華書局 1990 年，頁 840。
〔註56〕徐元誥《國語集解》中華書局 2002 年，頁 351。
〔註57〕楊伯峻《春秋左傳注》中華書局 1990 年，頁 1160。

肥。魯昭公十七年，滅陸渾。之後晉又滅鼓，虎牢、朝歌、河內、邯鄲皆爲晉所攻取。春秋時期《左傳》所載，晉國總計滅亡了十八國。

但是，晉國土地的增加，主要不是由於消滅周圍小國，而是得益於奪取了戎狄的廣大領土。晉獻公時滅驪戎和東山皋落氏，魯僖公八年，晉在采桑打敗了狄人。魯僖公三十二年，晉趁狄人發生內亂，在箕打敗了狄人，且俘獲了白狄子。魯宣公十五年，晉荀林父在曲梁打敗了赤狄，滅狄人所建之潞國。魯宣公十六年，士會率領晉軍消滅了赤狄中的甲氏、留吁、鐸辰等部落。原爲赤狄所奪取的邢國和衛國的舊地，河內、朝歌、邯鄲、范等盡爲晉國所有。魯昭公元年，中行吳和魏舒在太原打敗了群狄，繼而中行吳又消滅了白狄所立的肥、鼓兩國。魯昭公十七年，中行吳帥師消滅了陸渾之戎。

《左傳》所載楚國因開疆拓土而滅國的數量最多，總計有四十二國。楚國向外擴張的首選目標是漢水以東各國。魯桓公二年，蔡、鄭兩國的國君在鄧會盟，原因是楚國勢力膨脹而威脅到兩國的安全，兩國開始懼怕楚國。魯桓公六年，楚武王侵襲隨國。魯桓公八年，楚王召集諸侯盟會，黃、隨兩國不與會，楚王乃伐隨，隨國戰敗。魯桓公九年，楚國鬬廉攻鄧，鄧國戰敗。魯桓公十二年，楚國討伐絞國。之後，漢水以東的貳、軫、鄖、絞、州、羅等國多臣服於楚。在此基礎之上，楚國轉而北進，魯莊公六年，楚文王伐申。魯莊公十四年，楚滅息，魯莊公十六年，楚滅鄧。申、息滅亡後，楚文王在故地設立了申、息兩縣。楚靈王時，滅蔡，楚莊王時，楚滅陳，因申叔時進諫，楚又復封陳。魯哀公十七年，楚公孫朝滅陳，陳國徹底亡於楚。通過大規模的開疆拓土，楚國在楚莊王在位時期，勢力逼近周王國，鄭國和宋國也處於岌岌可危的狀況，楚國成爲齊、晉之後的又一霸主。

漢水以南，位於今湖北省西部的南蠻和百濮也是楚人開疆拓土的目標。魯文公十六年，庸人率領群蠻，麇人統領百濮討伐楚國，當時楚國遭遇了饑荒，形勢十分危急，楚國採納了蒍賈的計策，先擊敗百濮，繼而重點進攻庸人，在秦國和巴國的幫助下，楚國消滅了庸國。至此，漢水以南的南蠻和百濮部落大多臣服於楚。不久，楚又消滅了權和夔，則楚國西南部的土著部落對楚的威脅基本解除。除此之外，楚國還向東進一步拓殖，目標是群舒和淮河流域的東夷部落。黃國是嬴姓國家，屬於東夷，也是楚國向東夷擴展的第一個目標。魯莊公十九年，楚王伐黃，打敗了黃國的軍隊，面對楚人的威脅，黃國與齊、宋、江等國結盟，其中江、黃都屬於東夷。但是結盟之舉也抵擋

不住楚國的進攻，魯僖公十二年，楚滅黃。魯僖公十四年，楚成王滅英。魯文公四年，楚滅江。之後，楚國又相繼消滅了群舒各國，勢力範圍擴大到淮河及長江下游一帶，與吳、越爲鄰。在此還應說明的是，楚人也曾在今豫西一帶開拓，此地有一小國，名爲鄀，早在楚武王時被楚所征服。遂臣服於楚。魯文公五年，鄀叛楚，又叛秦，終爲楚所滅。春秋時期，在今河南省嵩縣附近活動者陸渾之戎，魯宣公三年，楚國曾予以討伐。在楚國西北部，還有一支戎人的部落，稱爲戎蠻氏，魯昭公十六年，楚滅戎蠻氏，既而又予以復封，魯哀公四年，楚國徹底將其消滅。至此，楚國勢力擴大到今豫西的陰地、汝水、以及陝西商洛地區。

　　齊國在春秋時期也進行了開疆拓土的活動。根據《左傳》的記載，春秋時期，計有十國爲齊所吞併。齊國的對外拓殖是從消滅紀國開始的，魯莊公四年，紀爲齊所滅。齊桓公時，齊國滅譚。魯莊公十三年，齊滅遂。魯閔公二年，齊人滅陽。之後，隨著齊國霸主之位被晉國所代替，齊國停止了消滅鄰國的行動，開始進攻萊夷，萊屬於東夷部落，分佈範圍相當廣泛，若齊國能盡有其地，則東海之濱的魚鹽之利皆爲齊國所有。魯襄公六年，齊滅萊。

　　秦國立國較晚，周平王始封襄公爲諸侯。秦國原與西戎爲鄰，勢力較小，趁西周末年周人東遷，才逐步向東擴展勢力，驅逐西戎後，佔有了宗周故地。至秦穆公時，秦國勢力逐漸壯大，滅芮、滅梁、滅鄀，與晉國隔河相望。晉獻公之後，晉國陷入內亂，惠公、文公皆爲秦國所立，晉國幾爲秦國所併，但殽之戰，秦人東進受阻，轉而經營西部，重用由余，討伐戎王，拓地千里，遂稱霸西戎。

　　開疆拓土使西周以來周王室所分封的小國大多被強國吞併，晉、齊等大國因此獲得了大量土地，在生產力發展水平尚不高的春秋時期，諸侯國君要有效控制新增加的土地，只能是大量修築城邑。僅《春秋》一書所載新築之城達 29 次，《春秋》主要是記錄魯國的史事，晉、齊、秦、楚等國所築之城當遠超過魯國的數量。新築之城由國君直接派官吏控制的，屬公邑。魯襄公二十九年，季武子乘襄公聘楚之機，強行奪取了卞，卞原屬公邑，至此，遂爲季氏之都。大多數新築之城分封給了卿大夫，也就是諸侯立家，卿大夫家所在之城，稱爲都。都是諸侯開疆拓土的產物，是憑藉軍事實力奪取的，所以都多位於邊疆一帶，魯國所築之朗城，位於魯和極的交界，目的是爲了滅極，修築郿城是爲了逼迫莒，魯國三桓之大都費、成、郈，也位於齊魯之間；

齊國修築東陽城是爲了便於進攻萊，陳氏之大都高唐，遠在濟水以西；楚國修築犫、櫟、郟三城是爲了侵襲鄭國，白公所處之白位於楚、吳兩國的邊境地帶。諸侯所建之都，賜予卿大夫以後，由於其遠離國城，國君的控制力相對較弱，而且都大多位於邊境地區，具有軍事重鎮的性質，一般處於戰略要地，有重兵防守，擁有許多戰略資源，隨著時間的推移，逐漸形成了大都耦國之勢。如《左傳・昭公十一年》記載楚國申無宇之言：「楚子城陳、蔡、不羹。使棄疾爲蔡公。王問於申無宇曰：『棄疾在蔡何如？』對曰：『擇子莫如父，擇臣莫如君。鄭莊公城櫟而寘子元焉，使昭公不立。齊桓公城穀而寘管仲焉，至於今賴之。臣聞五大不在邊，五細不在庭。親不在外，羈不在內。今棄疾在外，鄭丹在內，君其少戒！』王曰：『國有大城，何如？』對曰：『鄭京、櫟實殺曼伯，宋蕭、亳實殺子游，齊渠丘實殺無知，衛蒲、戚實出獻公。若由是觀之，則害於國。末大必折，尾大不掉，君所知也。』」〔註58〕這段材料充分說明，京、櫟、蕭、亳、渠丘、蒲、戚等大都皆位於各國的邊地，這些邊地正是開疆拓土之後才分封給卿大夫的，而包括卿大夫在內的五種人不宜使之處於邊境的大城，否則就有大都耦國之患。

第二節　晉國大都耦國政治現象形成的特殊原因

一、晉國的客觀環境

　　晉國與中原各國相比，其明顯的特點是長期與戎狄部落相鄰而居，通過耳濡目染，社會風尚自然受到戎狄的影響，表現在政治層面，就是血緣關係對政治的影響比較弱，與中原各國主要實施親親之道，形成鮮明的對照。

　　《左傳・定公四年》記載成王封唐叔虞時，就以「疆以戎索」爲晉國的立國精神，這是根據晉國周圍分佈有大量戎狄部落的客觀環境決定的。

　　首先，戎是與晉國爲鄰的重要部落之一。戎的種族最爲雜亂難考，大致分八種。分別是：戎州己氏之戎，北戎（山戎、無終），允姓之戎，揚、拒、泉、皋、伊、雒之戎，蠻氏（茅戎、戎蠻子），犬戎，驪戎，條戎等。

　　條戎，《古本竹書紀年》：「後五年，王伐條戎、奔戎，王師敗績。」〔註

〔註58〕楊伯峻《春秋左傳注》中華書局 1990 年，頁 1327。
〔註59〕方詩銘、王修齡《古本竹書紀年輯證》上海古籍出版社 2005 年，頁 61。

59〕《左傳・桓公二年》:「初,晉穆侯之夫人姜氏以條之役生太子,命之曰仇。」〔註60〕《史記・晉世家》:「穆侯四年,取齊女姜氏爲夫人。七年,伐條。」〔註61〕李孟存先生認爲條戎的活動範圍在今山西省絳縣、夏縣、平陸、永濟間的中條山。〔註62〕

北戎,也稱山戎、無終。《古本竹書紀年》:「後二年,晉人敗北戎於汾隰,戎人滅姜侯之邑。」〔註63〕魯襄公四年,北戎因魏絳的關係,向晉國納虎豹之皮,請求與晉和好,魏絳乘機獻和戎之策,認爲和戎有五大好處:一是戎狄逐水草而居,地域遼闊,以貨物爲貴,不重視土地,晉國可以從戎狄處買得土地。二是和戎之後,晉國的邊境鄙野不再受到侵擾,人民可在野中安全的勞動,農夫不再擔心農事活動受到戎狄的騷擾,而安享其勞動果實。三是戎狄向晉進獻禮物,晉國四鄰必然受到震動,諸侯也會感到威懾。四是可免於興師動眾。五是汲取后羿失敗的教訓,而達到戎狄來朝,四鄰相安的效果。晉和戎狄之後,不僅僅是晉、戎之間處於和平狀態,更重要的是晉與戎狄加深了交往,相互間的影響也會擴大,有利於民族間的融合,隨著時間的推移,進一步強化了晉國所具有的戎狄傳統。魯昭公元年,中行吳和魏舒與戎狄戰於太原,大獲全勝,太原即後來的晉陽,成爲趙氏的中心大都。

允姓之戎,首見於《左傳・昭公九年》:「故允姓之奸居於瓜州。」〔註64〕其後又稱陸渾之戎。魯昭公十七年,爲晉中行吳所滅。允姓之戎,又稱小戎。《左傳・莊公二十八年》:「小戎子生夷吾」杜預注:「小戎,允姓之戎。」〔註65〕也稱姜戎,魯僖公三十三年,晉國之師和姜戎在殽擊敗了秦軍。又稱陰戎,魯昭公九年,晉國的梁丙、張趯率領陰戎討伐潁。杜預注:「陰戎,陸渾之戎。」〔註66〕

揚、拒、泉、皋、伊、雒之戎,首見於《左傳・僖公十一年》,時值王子帶之亂,戎人受王子帶之召,進攻周王室,晉國幫助周王室討伐戎人。

蠻氏(茅戎、戎蠻子),魯成公六年,蠻氏曾隨從晉國攻打宋國。

〔註60〕 楊伯峻《春秋左傳注》中華書局1990年,頁91。
〔註61〕 〔漢〕司馬遷《史記》中華書局1982年,頁1637。
〔註62〕 李孟存《晉國史》山西古籍出版社1999年,頁457。
〔註63〕 方詩銘、王修齡《古本竹書紀年輯證》上海古籍出版社2005年,頁61。
〔註64〕 楊伯峻《春秋左傳注》中華書局1990年,頁1309。
〔註65〕 《漢魏古注十三經》下冊,《春秋經傳集解》卷三,中華書局1998年,頁85。
〔註66〕 《漢魏古注十三經》下冊,《春秋經傳集解》卷二十二,中華書局1998年,頁327。

犬戎，魯閔公二年，虢公在渭河與黃河的交匯處打敗了犬戎。

驪戎，魯莊公二十八年，晉國討伐驪戎，驪戎的首領向晉國進獻驪姬。

其次，狄是除戎以外，與晉國交往最多的部落。根據文獻記載，狄人一般分為三大種類：赤狄、白狄、長狄。

赤狄，別部有六：東山皋落氏、廧咎如、潞氏、甲氏、留吁、鐸辰。赤狄首見於《春秋經》：「魯宣公三年秋，赤狄侵齊。」〔註 67〕魯宣公六年，赤狄討伐晉國，包圍了懷和邢丘。次年，赤狄又侵襲晉國，且奪取了向陰之禾。魯宣公十三年，赤狄襲擊了晉國的清。在晉景公之前，赤狄是晉國的大患。景公即位後，命荀林父滅潞氏，俘獲了潞子嬰兒，從此晉國開始轉入攻勢。魯宣公十六年，士會滅甲氏、留吁、鐸辰，赤狄的大部被晉消滅。魯成公三年，晉國的郤克與衛國孫良夫一起消滅了廧咎如，至此，晉國基本上完全消滅了赤狄。

白狄，首見於《左傳·僖公三十三年》：「郤缺獲白狄子。」〔註 68〕原居於今陝西一帶，主要分為兩大支派，一支居住在原地，一支越過黃河而東遷，東遷的白狄部落有三：鮮虞、肥、鼓。魯昭公十二年，中行吳借道鮮虞，攻入了肥之昔陽。秋八月，晉滅肥。魯昭公十五年，中行吳進攻鮮虞，且包圍了鼓。魯昭公二十二年，晉滅鼓。鮮虞一直與晉國相對峙，至戰國之時，鮮虞還存在。

由上可知，戎狄是晉國歷史進程中不可缺少的重要組成部分，晉與戎狄的交往幾乎貫穿了晉國史的始終，在漫漫歷史長河中，晉國必然要受到戎狄的影響。在政治方面，晉國所受宗法制的影響與中原各國相比，要弱的多，這是戎狄對晉國政治的重要影響。《國語·晉語一》：「自桓叔以來，孰能愛親？唯無親，故能兼翼。」〔註 69〕魯宣公十六年，晉景公派士會調解王室的矛盾，周定王以周禮所規定的飲食儀式招待士會，士會竟然不知是何禮。說明晉國所受周禮的影響比較弱。在經濟方面，晉國佔領了大片戎狄的領土，《國語·晉語一》：「狄之廣莫，於晉為都，晉之啟土，不亦宜乎？」〔註 70〕晉國後期，六卿所佔據的大都，許多都是原來的戎狄之土。土地制度方面，晉國一直按戎狄的習慣疆理土地，這就為大都的存在提供了有利條件。在風俗習慣、思

〔註 67〕楊伯峻《春秋左傳注》中華書局 1990 年，頁 667。
〔註 68〕楊伯峻《春秋左傳注》中華書局 1990 年，頁 501。
〔註 69〕徐元誥《國語集解》中華書局 2002 年，頁 265。
〔註 70〕徐元誥《國語集解》中華書局 2002 年，頁 262。

想意識方面，因爲晉人與戎狄長期互相通婚，如晉獻公、文公、趙衰等，使得周禮對晉人思想、行爲的影響較小，也就是說，與中原各國相比，周禮對晉國的束縛比較微弱。

正是存在上述原因，所以晉國的大都耦國現象既出現的早，而且成功實現了以都代國。

二、晉國歷代國君的特殊政策

（一）晉獻公之政策

晉獻公是晉國歷史上非常重要的國君之一，是武公之子，因爲晉武公以曲沃代翼後在位時間僅有兩年，所以晉獻公實際上是曲沃一支取代大宗後各種制度的創立者。他所制定的政策對晉國政治局勢有十分深遠的影響。其中之一是滅公族、不畜群公子的政策。桓、莊之族在曲沃代翼中發揮了重要作用，又與獻公的血緣關係最爲親近，所以在獻公即位後不久，桓、莊之族特別強橫，常威逼公室，公族對公室形成威脅的事件又在晉國出現。此時，獻公面臨著嚴峻的考驗，要麼對桓、莊之族妥協，要麼採取斷然措施，消滅之。獻公採取了後者。因爲獻公對曲沃代翼的殘酷政治鬥爭記憶猶新，曲沃新政權來之不易，不可能眼睜睜將政權讓給公族勢力。公族勢力不可信，於是獻公大膽起用異姓大臣士蒍。士蒍幫助獻公制定了周密的計劃，誅殺了桓、莊之族，最終徹底解除了桓、莊之族對公室的威脅，士蒍因此而升任大司空。獻公之舉，在春秋早期是較爲罕見的，一方面，在中原各國，公室勢力尚處於上升時期，國君完全有能力駕馭公族，公族勢力開始膨脹，並控制政權是在春秋中後期。另一方面，即使公族勢力威脅到公室的統治，仍然保留公族，如魯國，就沒有滅公族的制度。晉獻公之所以採取消滅公族的措施，主要有兩個原因，一是晉國受戎狄的影響，以親親之道爲特徵的宗法周禮對晉國的約束甚微，二是曲沃代翼剛發生不久，晉獻公可引爲借鑒。

桓莊之族被消滅後，獻公的統治得到了鞏固，但緊接著獻公又面臨立儲君的問題。晉獻公原娶賈國之女，無子。納齊姜爲妾，生秦穆夫人和申生，於是立申生爲太子。繼而又娶戎狄之二女，生重耳和夷吾。之後，晉國討伐驪戎，驪戎首領向獻公進貢驪姬姐妹，獻公寵幸驪姬，生奚齊，遂立其爲夫人。驪姬欲立其子爲太子，設計陷害申生、重耳、夷吾，離間獻公與三子的關係，使三公子皆成爲獻公打擊的對象，唯有奚齊與驪姬之妹所生之子留在

國城絳。獻公於是下令驅逐群公子，廢除公族制度。《國語・晉語二》：「驪姬既殺太子申生，又譖二公子曰：『重耳、夷吾與知共君之事。』公令閻楚刺重耳，重耳逃於狄；令賈華刺夷吾，夷吾逃於梁。盡逐群公子，乃立奚齊。焉始爲令，國無公族焉。」〔註71〕晉獻公廢除公族制度是中國歷史上非常獨特的政治舉措，這是獻公鑒於曲沃代翼和桓莊之族威逼公室而採取的較爲激進的對策。關於這項政策，《左傳・宣公二年》也有記載：「初，麗姬之亂，詛無畜群公子，自是晉無公族。」〔註72〕「詛」起初是盛行於古代的一種巫術，即用動物作爲祭品以祭神，使神懲罰被詛之人。《詩・小雅・何人斯》：「出此三物，以詛爾斯。」〔註73〕毛亨傳：「三物，豕犬雞也。民不相信則盟詛之。君以豕，臣以犬，民以雞。」〔註74〕「詛」這種巫術在《左傳》中多有記載，《左傳・隱公十一年》：「鄭伯使卒出豭，行出犬、雞，以詛射潁考叔者。」〔註75〕《左傳・襄公十一年》：「季武子將作三軍，告叔孫穆子，固請之。穆子曰：『然則盟諸！』乃盟諸僖閎，詛諸五父之衢。」〔註76〕《左傳・襄公十七年》：「（宋）子罕曰：宋國區區，而有詛有祝，禍之本也。」〔註77〕《左傳・昭公二十年》：「晏子對（齊侯）曰：『民人苦病，夫婦皆詛。祝有益也，詛亦有損。雖其善祝豈能勝億兆人之詛！』」〔註78〕《左傳・定公五年》：「陽虎囚季桓子……盟季桓子於稷門之內；庚寅，大詛。」〔註79〕以上文獻所載之「詛」除宋國外，皆指使神懲罰被詛之人的巫術。

　　晉獻公賦予「詛」這種巫術以更多的政治含義，禁止當時及後世之晉國，不得畜群公子，實質上是廢除了公族制度。因爲公族主要由國君的子、弟及其後裔組成，而在位國君的子、弟應當是公族的核心。曲沃代翼後，桓、莊之族理應是新晉國的公族主幹，而獻公卻將其消滅，就獻公在位時期而言，獻公之子應是公族的主力，而獻公將其驅逐出晉國。所以，晉國的公族組織實際上已難以爲繼。從文獻記載來看，晉國實際上只存在舊族，而沒有眞正

〔註71〕　徐元誥《國語集解》中華書局 2002 年，頁 281。
〔註72〕　楊伯峻《春秋左傳注》中華書局 1990 年，頁 663。
〔註73〕　《漢魏古注十三經》上冊，《毛詩》卷十二，中華書局 1998 年，頁 93。
〔註74〕　同上。
〔註75〕　楊伯峻《春秋左傳注》中華書局 1990 年，頁 76。
〔註76〕　楊伯峻《春秋左傳注》中華書局 1990 年，頁 986。
〔註77〕　楊伯峻《春秋左傳注》中華書局 1990 年，頁 1033。
〔註78〕　楊伯峻《春秋左傳注》中華書局 1990 年，頁 1417。
〔註79〕　楊伯峻《春秋左傳注》中華書局 1990 年，頁 1553。

意義上的公族。舊族是指曲沃代翼之前歷代晉君的後代。獻公之後，晉國長期執行不畜群公子的政策，對晉國政局產生了非常深遠的影響。晉文公的子孫，雍在秦，樂在陳，黑臀在周，襄公之孫談在周，群公子多處國外，只有晉悼公之弟揚干與其子公子憖留在晉國，但此二人在晉國政壇沒有任何影響，也未進入卿列，《春秋經》和《左傳》沒有記載晉公子朝聘之事。說明自獻公之後，不畜群公子已成爲晉國的常法，迄晉國晚期，一直遵行未改。按周代政治慣例，公族不僅是宗法組織，而且是各國政權的中堅力量。公族幾乎世代擔任重要職官，大到國君廢立，小到日常政務，朝聘、會盟等皆由公族掌控，公族平時是國家政務的主要執行者，甚至是決策者，戰時是軍隊的主力。因此，公族在諸侯國具有舉足輕重的作用。而晉獻公廢除公族後，要保證國家機器的正常運轉，必須援引異姓和異宗卿大夫，這就爲晉國異姓卿族掌握朝政提供了有利時機。

晉獻公在位期間，提拔有才能的異姓卿大夫作爲股肱之臣，是其實施的又一重要政策。如士蔿，是六卿之一范氏的祖先；荀息，荀氏後來發展成中行氏和知氏，也是六卿的重要成員；趙夙，爲趙氏之祖；畢萬，是魏氏之祖。六卿勢力壯大雖然是晉國晚期之事，但六卿中的多數家族是在獻公時期奠定基礎的。

士蔿是獻公的重要謀臣之一。其主要功績是幫助獻公消滅了桓、莊之族，由此被獻公任命爲大司空，重新修築了國城絳，加深加固了獻公之宮。士蔿是晉國范氏的奠基人。

荀息首見於《左傳·僖公二年》，向獻公提出假道伐虢的計謀，被採納，魯僖公二年，遂與里克一起滅虢。之後，被獻公任命爲奚齊的老師，故獻公臨終以荀息爲託孤之臣，荀息表示將忠貞不貳以輔佐奚齊，後里克等發動叛亂，荀息以身殉職。荀息忠君之名對荀氏後來的發展起了積極作用，荀氏分爲中行氏和知氏後，日益發展壯大。

趙夙是晉國趙氏之祖，魯閔公元年，晉滅耿，獻公遂以耿封趙夙，這是趙氏在晉國立家的開始，趙氏獲得了自己的都邑耿，爲之後趙氏的強大奠定了基礎。

畢萬，爲晉國魏氏之祖，與趙氏獲封耿同時，晉獻公以魏封畢萬，畢萬之後裔遂以魏爲氏，之後，魏氏以其都邑魏爲根據地，勢力不斷壯大，最終實現了以都代國的目標。

由上可知，晉國六卿中的五家，范、中行、知、趙、魏，在獻公時期就已登上了政治舞臺，趙、魏兩家獲得都邑，從此奠定了強大的基礎。所以，六卿在晉國後期形成都與國的僵持局面，並不是一蹴而就的，追根溯源，與晉獻公滅公族，不畜群公子，而大力提拔重用異姓大夫的政策密切相關。

（二）晉惠公之政策

晉惠公是獻公之子，其政治作為無法與獻公相比，但在位期間所實行的「作爰田」和「作州兵」的改革，對卿大夫都家勢力的膨脹起了非常重要的作用。

「作爰田」就是將公室掌握的土地，賞給卿大夫，至多包括士之上層，目的是迅速恢復晉國軍隊的元氣。

爰田是一種賞田。證據是：《左傳·僖公十五年》：「朝國人而以君命賞。」〔註80〕《國語·晉語三》：「賞以悅眾。」〔註81〕接受賞賜的人主要是卿大夫。《國語·晉語三》：「君使乞告二三子曰，秦將歸寡人……二三子其改置以代圉也，……吾君慭焉其亡之不卹，而群臣是憂。」〔註82〕由此可知，「二三子」和「群臣」是受爰田的主體，能夠改置國君之人絕非普通國人，只能是卿大夫。「作爰田」、「作州兵」的直接原因是魯僖公十五年，秦、晉兩國大戰於韓原，結果秦國大勝，晉惠公被俘，晉國幾乎全軍覆沒。《國語·晉語三》：「以韓之病，兵甲盡矣。若徵繕以輔孺子，以爲君援，雖四鄰之聞之也，喪君有君，群臣輯睦，兵甲益多，好我者勸，惡我者懼，庶有益乎！」〔註83〕可知，韓原之戰，晉國的兵甲幾乎喪失殆盡，通過將爰田賞給卿大夫，使之提供兵甲，就可以在較短的時間內，恢復晉國軍隊的戰鬥力。

「作州兵」是指卿大夫向居於野中的人民徵兵。州的原意是人民聚居的地方。如《說文》：「水中可居者曰州。」〔註84〕《左傳·哀公十七年》：「初，公登城以望，見戎州。」〔註85〕「戎州」即戎人聚居的地方。魯宣公十一年，楚莊王滅陳之後復封陳，而在陳人的本鄉中，每鄉各取一人，使之居於楚地，命名爲夏州。韓之戰，晉國軍隊人數大量減員，只有允許領有采邑、受有賞

〔註80〕楊伯峻《春秋左傳注》中華書局 1990 年，頁 360。
〔註81〕徐元誥《國語集解》中華書局 2002 年，頁 313。
〔註82〕同上。
〔註83〕徐元誥《國語集解》中華書局 2002 年，頁 314。
〔註84〕〔漢〕許愼撰〔清〕段玉裁注《說文解字注》中華書局 1988 年，頁 569。
〔註85〕楊伯峻《春秋左傳注》中華書局 1990 年，頁 1710。

田的卿大夫向居於野中的廣大人民徵兵，才能及時補充兵員，恢復軍隊戰鬥力。所以，晉國卿大夫軍事實力的增強，與此大有關係。後來，韓氏所佔有的七座城邑，可以出兵車達七百乘，羊舌氏之邑有兵車二百乘，其餘都、縣可出兵車達四千乘。這必然是向野人徵兵賦日漸發展的結果。

爰田、州兵的改革措施，爲卿大夫都家勢力的強大提供了契機，都家控制的土地逐漸增多，都邑之中的野人被武裝起來組成軍隊，無疑壯大了都家的軍事實力。相反，公室所掌握的土地會逐漸減少，對軍隊的支配權受到都家的分割。當然，這是從長遠講，起初並不明顯。都與國的力量對比、勢力消長，是長期漸變的過程。在惠公時期，只是爲都家勢力的強大作了鋪墊，積微至晉平公時，才形成六卿凌駕於公室之上的局面。之後，趙、魏、韓三家實現了以都代國的目標。

（三）晉文、景、悼、平公的政策

晉文公是晉國歷史上最爲傑出的君主之一，在位期間，進行了一系列重大改革，其中對六卿等都家勢力有重大影響的是確立了三軍六卿的政治軍事體制。根據《左傳·僖公二十七年》的記載，晉文公蒐於被廬，擴建三軍，每軍各置將佐一人，以中軍將爲正卿，其餘五人依次位居卿列。三軍的將佐即六卿，在朝爲官，既掌握政權，又控制兵權。六卿還各自佔有都邑，在其都邑中，又是家君，通過收族、聚黨，控制著整個都邑的政治、經濟命脈。此外，六卿還擁有一支獨立的私家武裝。文公所創立的三軍六卿的政治軍事體制，爲晉國後期趙、魏、韓、知、中行、范氏等六卿的強大埋下了伏筆。因爲在這一體制下，當公室力量強大時，六卿因勢力分散，六卿中的任何一卿都不足以構成對國君的威脅；當公室衰落時，六卿就會乘機壯大自己的勢力，國君逐漸無法駕馭六卿，大都耦國、尾大不掉的局面就出現了。

文公的又一政策是讓異姓卿大夫執掌遠官，遠官是指鎮守遠離國城的邊緣地帶的職官，大多分佈於邊疆地區，而大都正好處於邊地，這就爲異姓卿大夫控制大都提供了有利條件。如文公命趙衰爲原大夫，原處於晉國的南陽地區，本屬於周王國，文公勤王有功，周襄王遂將包括原在內的南陽八邑賜給晉國。趙氏在獻公時獲得了耿，今又取得了原，勢力不斷壯大。晉國後期，趙氏之晉陽、魏氏之安邑、范氏之朝歌等，皆是處於邊緣地帶的大都，六卿以大都與國城形成僵持的局面，實是文公命異姓卿大夫執掌遠官的政策影響深遠所致。文公除重用趙氏外，魏犫、荀林父、士會等皆任職於文公之朝，

魏犨即魏武子，曾追隨文公出亡，後襲封魏氏之都魏。《史記·魏世家》：「魏武子以魏諸子事晉公子重耳。晉獻公之二十一年，武子從重耳出亡。十九年反，重耳立爲晉文公，而令魏武子襲魏氏之後封，列爲大夫，治於魏。」〔註86〕荀林父被文公提拔爲中行將，以抵抗戎狄的進攻。士會參加了晉楚城濮之戰。可知，晉文公時，范、中行、趙、魏等氏就已活躍於政治舞臺，六卿之強大，文公之政策也是其原因之一。文公的另一項重要政策，就是重申「大夫食邑」的原則。自西周以來，大夫階層皆以都邑爲其食祿，這是大夫立家的重要基礎，也是大都耦國現象出現的潛在原因之一。文公再次強調「大夫食邑」的原則，實際上是繼續堅持諸侯立家的分封制，立家必然要賜予都邑，卿大夫擁有都邑，是誘發大都耦國的條件之一，《史記·晉世家》：「文公修政，施惠百姓。賞從亡者及功臣，大者封邑，小者尊爵。」〔註87〕由此推斷，文公時期又重新分封了一些都家。

　　晉成公在位期間，趙盾當政，恢復了「公族」制度。但是換藥不換湯，名同而實不同，新公族實際上是假公族。因爲其全由卿之子弟組成，與晉公室無絲毫血緣關係。趙盾之策實爲中國歷史上非常罕見的一大創舉。《左傳·宣公二年》：「初，麗姬之亂，詛無畜群公子，自是晉無公族。及成公即位，乃宦卿之適而爲之田，以爲公族。又宦其餘子，亦爲餘子；其庶子爲公行。晉於是有公族、餘子、公行。」《左氏會箋》云：「夫君之親支爲公族，非卿大夫所得稱。今乃宦卿之適子爲公族，此成公之傎也。以異姓爲公族，公室之卑，三家之強，基於驪姬，成於成公矣！公室枝葉飄零，三卿根深蒂固，其移國祚，不待智者而知也。」〔註88〕以卿之子弟充當假公族的做法是晉國又一大獨特的政治創舉，其關係到晉國中後期政治的全局。在春秋時期，公族是國君維繫其統治的重要力量，但晉之公族已名存而實亡，晉國政權被權臣所篡奪，政自六卿局面的出現，都是由此積微至著的結果。晉國公族的削弱，開始於曲沃代翼後，武公、獻公懼怕公族同樣以大都耦國的方式奪權，以儆其尤，遂與士蒍合謀誅殺群公子，實行晉無公族制度。此後，歷代國君踵行此令。至成公即位後，欲恢復公族組織，因長期打壓公族勢力，而不得其人，遂被迫以異姓卿族充當公族，趙括出任公族大夫，趙氏乘機控制了新

〔註86〕　〔漢〕司馬遷《史記》中華書局 1982 年，頁 1836。
〔註87〕　〔漢〕司馬遷《史記》中華書局 1982 年，頁 1662。
〔註88〕　〔日〕竹添光鴻《左氏會箋》巴蜀書社 2008 年，頁 828。

公族，一時權傾朝野。魯成公十八年，荀家、荀會、欒黶、韓無忌皆為公族大夫。實際上晉國的公族已完全變質，徒以名存而混淆視聽。六卿坐大、三家分晉與此大有關係。

晉景公時期，以荀林父、士會為中軍帥，中行氏和范氏開始崛起，又重用知莊子荀首、韓厥，知氏和韓氏勢力逐漸增強。六卿之中的四家在晉國政壇已站穩了腳跟，這與景公的提拔和重用是分不開的。

晉悼公即位，以韓厥、知罃、中行偃為中軍帥，標誌著韓氏、知氏崛起，中行氏的勢力繼續得到鞏固和發展。又提升魏相、魏頡為卿，且重用魏絳，魏氏勢力逐漸壯大。趙武也被立為卿，趙氏得以復興。悼公使人重修范武子之法和士蒍之法，實際上是對范氏的尊崇與獎勵，有利於范氏的進一步發展。可見，六卿之政治勢力在悼公時已初具規模。

晉平公在位，實行了一些錯誤的政策，國力受到很大的削弱，如大興土木，修建虒祁之宮和銅鞮之宮，沉溺於聲色犬馬之中，政事多交付卿大夫去處理，久之，朝政大權逐漸落入六卿等都家之手。《左傳·昭公三年》記載叔向之言：「雖吾公室，今亦季世也。戎馬不駕，卿無軍行，公乘無人，卒列無長，庶民罷敝，而宮室滋侈。道殣相望，而女富溢尤。民聞公命，如逃寇讎。欒、郤、胥、原、狐、續、慶、伯降在皂隸，政在家門，民無所依。君日不悛，以樂慆憂。公室之卑，其何日之有？」〔註89〕可見，平公時期公室勢力由強變弱，國與都的力量對比悄然發生了變化。而此時，六卿經過長期的發展，消滅了舊族欒氏，且以各自大都為中心，不斷積聚實力，逐漸形成了都與國的僵持局面。

綜上所述，晉國的大都耦國現象，既出現的早，又成功實現了以都代國，與晉國自身的特殊原因有關。晉國長期以戎狄相處，自獻公起，大規模向外開疆拓土，地域遼闊，又以戎狄之法作為疆理土地的標準，受傳統周禮的束縛很少，再加上晉國歷代國君的特殊政策，使得晉國先後出現了曲沃代翼，六卿與晉公室之間形成都與國相僵持的局面，以及趙、魏、韓三家以都代國的政治現象。

〔註89〕楊伯峻《春秋左傳注》中華書局 1990 年，頁 1236。

第六章　春秋晉國大都耦國政治現象的影響

　　大都耦國只是一種政治現象，其背後所反映的是都和國的勢力消長，以及由都與國的較量而推動國家進步的程度。因此，我們要深入探討這一現象的影響，不能只限於該現象的表面，而是要從都的發展演變，及其卿大夫以都代國的過程中，分析出國家形態的完善和政治制度的變遷。國家形態的完善主要表現在，一是血緣關係向地緣關係轉變，二是公共權力的特徵愈益明顯。在中國歷史上，以上兩個方面的巨大變化在西周時期已出現萌芽，而發生顯著的變化則是從春秋時期開始的，就諸侯國內部而言，春秋時期的主要政治現象是大都耦國。尤其在晉國，大都耦國在晉國國家形態的不斷進步和完善中，起了舉足輕重的推動作用，如血緣聯繫為主的都家逐漸演變為地緣聯繫為主的縣；身份不同的國人、野人逐漸演變成國家的編戶齊民；從家族游離出來的士通過策名委質、盟，擔任邑宰、縣大夫，逐漸演變為官僚，軍法逐漸演變為民法等。以上重大的社會和制度變革，概括起來，主要是分封制向郡縣制的轉變和世卿世祿制向官僚制的轉變，這些變革堪稱中國歷史上的古今巨變，而大都耦國的政治現象，正是春秋時期社會和政治制度變遷的集中表現。下面我們就以大都耦國現象為線索，以揭示春秋時期的歷史巨變。

一、大都耦國現象對春秋縣制的影響

（一）分封制向郡縣制轉變的歷史必然性

　　關於這一問題，古來的研究成果可謂汗牛充棟，數不勝數。清代顧棟高

對此問題的研究很有見地，但容易被人所忽視，所以本文結合顧氏的研究，對分封向郡縣的演變稍作探討。顧氏指出〔註1〕，分封制轉變爲郡縣制，根本原因是由分封制本身的弊端造成的，分封制的特點是權力分散，諸侯各自爲政，政出多門，難以團結起來，一致對外。而且諸侯都是世襲的，不能保證代代皆賢，即使有不賢之諸侯國君予以廢黜而另立賢君，也由不得周天子，諸侯國之國民，也非周天子所能統領，春秋時期的諸侯國真如一盤散沙，難以積聚成一股力量，周王朝終積弱而不能致強。而將逐漸滅亡的小國設爲郡縣，情況就大不同了，根據其才能選任郡縣的守臣，朝有不忠或不稱職，夕則罷免之。鄭國子皮欲使尹何擔任自己的邑宰，而子產認爲不可，遂作罷。如此則政權操縱於公室或執政，呼吸、吐納皆氣出一口，外能抗強敵，內能強公室。春秋時期，分封制向郡縣制的轉變是世變所趨，非一朝一夕之故，有其必然性，即便有聖人復起，也無可奈何。西漢初年，諸侯國與郡縣在數量上各占一半，自漢高祖至漢景帝，先是異姓諸侯之叛亂，後是同姓之七國之亂，沒有叛亂者也多爲淫侈不軌之徒。平定叛亂之後，叛國被裂爲郡縣，則百姓黎民得以安居樂業，漢朝政權也存在了數百年。漢之侯國變爲郡縣，地入於漢皇帝，春秋諸侯國滅置縣，地歸於強大的諸侯國；漢之侯國以淫侈不軌而被除，春秋之諸侯以弱小不能自立而滅，事件過程不同，而分封制向郡縣制轉變的趨勢則是完全相同的。天下大勢，合則國家大治，分則天下大亂，這是中國歷史的規律。

分封制必然轉向郡縣制，首先是由於分封制本身的弊端。分封制的實質是一種分封土地和賜予人民的制度。卿大夫憑藉手中掌握的土地和民眾，可以組建自己的私家軍隊。當公室力量強大時，自然可以約束卿大夫；一旦公室衰落，私家卿族就會兼併弱小家族，擴充自己的實力，反過來成爲公室統治的威脅。而郡縣制正好彌補了分封制的缺失，郡守和縣令不得專擅土地和人民，且有一定的任期，國君可以隨時更換郡守和縣令。因此，面對分封制所造成的政治混亂，郡縣制成爲各國國君的必然選擇。戰國時期郡縣制得以全面確立，即是其必然性的極好證明。

分封制向郡縣制轉變的歷史必然性還在於生產力與生產關係的變化。分封制是建立在生產力水平低下，以家族爲單位進行集體生產的勞動組合方式基礎之上的，其剝削形態主要是勞役剝削，不是對勞動者個人的剝削，而是

〔註 1〕　〔清〕顧棟高《春秋大事表》中華書局 1993 年，頁 561。

以都邑爲單位對勞動者集體的剝削。這是由西周時期的經濟狀況所決定的。
到了春秋時期，鐵耕技術出現，「作爰田」、「作丘賦」，晉國末年，趙、魏、
韓三家的畝制改革等一系列經濟變革措施，催生了授田制。以都邑爲單位對
勞動者集體的剝削形式瓦解了，代之以實物、賦稅的剝削形式，這是與授田
制相適應的。而建立在授田制基礎之上的政治制度必然是郡縣制。

分封制向郡縣制轉變的另一重要原因是穀祿制的興起。童書業先生認
爲：「凡有封土即有人民，得組織武裝，爲獨立之資。春秋以來，天子之不能
制諸侯，諸侯之不能制大夫，以至大夫之不能制家臣，悉由於此。故封土賜
民之制，實爲造成割據局面之基礎。及穀祿制度興，臣下無土地人民以爲抗
上之資，任之即官，去之即民，在上位者任免臣下無復困難，乃有統一局面
出現之可能。」〔註2〕

（二）春秋縣制的萌芽和發展

大都耦國政治現象對春秋縣制的影響，主要體現在縣制的萌芽和發展的
過程中。這在晉國表現得尤爲明顯。

晉國的縣制與秦、楚兩國的縣制區別較大，晉國的縣同時又是卿大夫的
都，而秦、楚兩國的縣直轄於國君。這最早是由顧頡剛先生在其《春秋時代
的縣》一文中提出來的。〔註3〕

魯閔公元年，晉獻公命趙夙爲耿大夫，畢萬爲魏大夫，這是晉國縣制的
萌芽。之所以稱其爲萌芽，是因爲耿與魏並沒有正式稱爲縣，但按照後來晉
文公命趙衰爲原大夫之例推斷，趙夙和畢萬實質上就是獻公所委任的縣大
夫。魯僖公三十三，晉襄公賞胥臣以先茅之縣，這是晉縣正式稱縣的開始。
魯宣公十五年，晉景公賞士貞伯以瓜衍之縣。先茅之縣和瓜衍之縣，既是縣，
又是賞給胥臣和士貞伯的都邑。晉縣又是都邑的例子還有：《左傳・昭公三
年》：「初，州縣，欒豹之邑也。及欒氏亡，范宣子、趙文子、韓宣子皆欲之。
文子曰：『溫，吾縣也！』二宣子曰：『自郤稱以別三傳矣，晉之別縣不唯州，
誰獲治之？』文子病之，乃舍之。……及文子爲政，趙獲曰：『可以取州矣！』
文子曰：『退！……余不能治餘縣，又焉用州，其以徼禍也！』」可知，州縣
原是郤稱之都邑，郤氏滅亡後，成爲欒豹之都邑，欒氏滅亡後，趙武以州縣
屬溫縣的別邑爲由，欲占爲己有，因爲溫縣此時屬於趙氏所有。士匄與韓起反

〔註2〕 童書業《春秋左傳研究》上海人民出版社 1980 年，頁 371。
〔註3〕 顧頡剛《春秋時代的縣》，《禹貢》第七卷，第六、七合期，1937 年

對趙氏佔有州縣，趙武遂作罷。《左傳・昭公五年》：「韓賦七邑，皆成縣也。」可見，韓氏所佔有的七座都邑，皆屬於大縣。以上事例充分說明，晉國的縣多屬於卿大夫的都邑，不是國君的直轄區域。

晉國的縣爲什麼變成了卿大夫的都邑，日本學者增淵龍夫在其《說春秋時代的縣》一文中作了初步探討。〔註 4〕他認爲這與晉國的國家權力構成有關，晉國缺少公族勢力，三軍將佐成爲晉國政治的核心。三軍將佐所在的異姓卿族，既掌握著中央的權力，又控制著縣大夫的人選，縣大夫多由異姓卿族的同族人擔任，這樣，縣就成爲異姓卿族的私屬基地，即私家都邑。增淵龍夫的解釋基本上符合晉國的歷史事實，但他沒有說明晉國國家權力構成的深層次原因。

事實上，晉國的縣制具有卿大夫都邑的性質，與晉國異姓卿族的強大有關，而異姓卿族的強大是由於晉國自獻公起，廢除公族制度，不畜群公子的原因，而這一切都根源於晉國較早出現了大都耦國的現象。

晉國受封於西周成王時，從唐叔虞至晉昭侯，都實行傳統的宗法分封制，因此，晉國原來也有公族。變化起於晉昭侯封其叔父成師於曲沃，曲沃與翼形成大都耦國的局面。成師，即曲沃桓叔是晉穆侯之子、文侯之弟，屬晉公室的小宗，是名副其實的公族，本應忠於公室，藩屏大宗，但曲沃桓叔憑藉大都耦國之勢，圖謀以都代國，而取代大宗，由此拉開了長達六十七年的內戰，曲沃武公滅翼而併吞晉國，且得到了周天子的承認。曲沃代翼後，晉獻公鑒於自身是以小宗取代大宗，化都家爲侯國的，深知公族的危害性，所以，獻公一舉消滅了桓、莊之族，實行國無公族的制度。又因驪姬之亂，下令不畜群公子。公族勢力被消滅後，爲了維持國家機器的正常運轉，晉獻公於是大量提拔和重用異姓或異宗卿族，范氏、趙氏、魏氏等卿族開始登上晉國政治舞臺。獻公時期，隨著大規模對外開疆拓土，晉國佔領了大量的土地，爲了加強對新增土地的管理，獻公在佔領區開始設置大夫進行管理，如命趙夙爲耿大夫，畢萬爲魏大夫，這是晉國縣制的萌芽。

根據以上分析，晉縣在萌芽時期就以異姓或異宗卿族擔任大夫，從根本上來說，是由於曲沃代翼的影響所致。

晉文公即位，實行異姓卿大夫執掌遠官的政策，又重申了大夫食邑的原

〔註 4〕〔日〕增淵龍夫《說春秋時代的縣》，《日本學者研究中國史論著選譯》第 3 卷，中華書局，1993 年，頁 207。

則。縣因為是對新增加的土地進行有效管轄而設立的行政區，故多位於晉國的邊緣地帶，是以縣大夫多為異姓，如文公命趙衰為原大夫。因為此時縣制仍屬於萌芽時期，而且受到大夫食邑原則的影響，所以，縣保留了許多都的因素，如原縣，趙衰之後由其子趙同世襲。晉襄公時，賜胥臣以先茅之縣。晉景公即位，賜士貞子以瓜衍之縣。這些縣在很大程度上仍保留著都的形態。當然，並不是說晉國的縣是一成不變、原封不動的保持著都的狀態。

魏獻子為政，滅祁氏和羊舌氏，將祁氏之田分為七縣，將羊舌氏之田分為三縣，這是都邑色彩很濃的縣向地方行政區域的縣轉變的重要例證。〔註5〕《左傳·昭公二十八年》：「魏獻子為政，分祁氏之田以為七縣，分羊舌氏之田以為三縣。司馬彌牟為鄔大夫，賈辛為祁大夫，司馬烏為平陵大夫，魏戊為梗陽大夫，知徐吾為塗水大夫，韓固為馬首大夫，孟丙為盂大夫，樂霄為銅鞮大夫，趙朝為平陽大夫，僚安為楊氏大夫。謂賈辛、司馬烏為有力於王室，故舉之；謂知徐吾、趙朝、韓固、魏戊，餘子之不失職、能守業者也；其四人者，皆受縣而後見於魏子，以賢舉也。」

這段材料是關於晉縣演變的非常重要的史料，魏獻子將祁氏和羊舌氏的都邑之縣改制為地方行政區劃的縣，說明晉國的縣一直在進步和發展之中。改制之前，在祁氏和羊舌氏的都邑之縣內，以血緣關係為主，縣大夫與都的家君沒有多大區別，他們是祁氏和羊舌氏的宗主，如祁盈、叔向，縣的屬民如同都的屬民一樣，主要是祁氏和羊舌氏的同族人和歸其統治的鄙野之民。因為都邑之縣仍然是卿大夫家族的聚居地，在祁氏和羊舌氏二族勢力還相當強的情況下，要分割都邑之縣，幾乎是不可能的，所以，先有祁氏和羊舌氏的滅亡，後才將其都邑之縣予以改制。可知，都邑之縣改制的前提是滅族，都邑之縣以血緣聯繫為主，其中的家族組織具有極強的穩固性，很難分解，只有家族滅亡後，所屬地域的劃分才成為可能。改制之後，魏獻子所任命的十位縣大夫，與所轄縣的人民沒有血緣關係，純屬地緣上的管理與被管理的關係。因此，以血緣聯繫為主的都邑之縣轉變為以地緣聯繫為主的縣，往往不是風平浪靜的，而是充滿了血雨腥風的政治鬥爭。仔細考察魏獻子所舉的縣大夫人選，屬於六卿家族的只有四人，其餘六人皆非六卿所屬，如賈辛、司馬烏是由於對周王室有功，司馬彌牟、孟丙、樂霄、僚安等是由於本人之

〔註5〕關於祁氏之田和羊舌氏之田早已是縣的考證，見〔日〕增淵龍夫《說春秋時代的縣》，頁198。

才能。所以，**魏獻子**在縣大夫的任命上，主要以舉賢爲主，這與按親親之道分封都邑明顯有別。值得注意的是，魏戊所管轄的梗陽縣有訴訟案件，自己難以斷案，遂將其上告執政魏獻子，說明晉縣已具有中央所屬的地方行政區的性質。而在都中，卿大夫作爲家君，有權處理都中的大小獄訟，無須上報國君，國君也一般不過問私家都邑內的具體案件。

趙簡子爲政，繼承了魏獻子縣制改革的成果，縣大夫的任命主要根據軍功的大小，而不是血緣關係，如《左傳·哀公二年》：「克敵者，上大夫受縣，下大夫受郡。」

儘管如此，我們還應該明確，晉國並沒有將所有的都邑改制爲縣，六卿所屬的重要城邑，仍然是都，而不是縣，如趙氏之晉陽，魏氏之安邑等。在晉國後期，六卿之大都與國城絳形成都與國的僵持局面，之後，趙、魏、韓三家以大都而耦國。從晉國縣制的萌芽和發展的全過程來看，早期的晉縣，受到曲沃代翼的影響，縣大夫多由異姓卿大夫擔任，後期的晉縣，受到六卿之都與國城處於僵持局面，以及趙、魏、韓三家以大都耦國的影響，縣制沒能在晉國全面推開。進入戰國，三家以都代國後，縣制才得到普遍推行。所以，大都耦國現象始終影響著晉國的縣制。

二、大都耦國現象對春秋兵制的影響

首先，是對晉國兵制的影響。春秋時期，晉國的兵制最爲獨特，即由中軍帥擔任正卿，三軍將佐依次進入卿列。這種以軍事組織來決定政治組織的制度，具有濃厚的以軍治國的色彩。晉國何以能夠出現這種制度，追尋其根源，與曲沃代翼有很大的關係。魯莊公十六年，曲沃以小宗吞併大宗翼，周天子遂命晉武公以一軍的兵力列位諸侯。這是晉國軍制的開始。晉獻公時，晉國軍隊擴編爲上、下二軍，獻公親自率領上軍，太子申生領下軍，但不久，獻公驅逐了群公子，且廢除了公族制度，這爲異姓或異宗卿大夫染指軍權提供了有利條件。因爲國君不可能事必躬親，公族既不可用，必然要援引異姓或異宗的卿大夫作爲領軍將帥。這一步是由晉文公來完成的。魯僖公二十七年，晉文公大蒐於被廬，建三軍，大力提拔異姓或異宗的卿大夫擔任軍隊將佐，卿大夫的政治地位由其在軍中的職務大小決定，春秋時期晉國的軍事體制由此正式確立。

曲沃一系能夠以都代國，有兩個明顯的有利條件，一是曲沃桓叔與晉公

室的血緣關係較近；二是曲沃擁有強大的武裝力量。曲沃代翼之後，晉獻公和晉文公爲了避免大都耦國的現象重演，一手消滅公族勢力，一手不斷加強公室的軍事實力。武公時，晉國爲一軍。獻公時，擴編爲二軍，爲了加強對軍隊的控制，獻公親自統帥上軍。文公即位，對外戰爭更加頻繁，於是軍隊建制擴爲三軍。隨著軍隊數量的激增，如何有效的駕馭軍隊，是文公所面臨的一個棘手的問題，鑒於曲沃代翼的沉痛教訓，公族勢力被排除在軍隊領導權之外，而異姓或異宗卿大夫，按當時的宗法禮制，沒有君位繼承權，對公室統治的威脅相對較小，因而文公大量提拔他們作爲軍隊的將領。另外，文公時期繼續實行分封大夫以都邑的制度，隨著晉國領土的擴大，卿大夫都邑的增多，加強對卿大夫都邑中軍隊的控制，也是文公需要加以考慮的問題。綜合以上諸多因素，文公決定由異姓或異宗的卿大夫擔任三軍將佐，三軍之中，當然包括卿大夫都邑中的私家軍隊。文公時期所確立的獨特的軍事體制，其優點是，調動了異姓、異宗卿大夫的作戰積極性，有效防止了公族勢力以大都耦國方式奪取政權，短期內也起到了控制都邑武裝的作用。其缺點是，從長期看，異姓、異宗卿大夫染指軍權，爲後來六卿的強大埋下了伏筆。

其次，都的大量出現，使得春秋時期逐漸形成了戍守的制度。西周時期，諸侯國的統治區域比較小，大多在百里或五十里左右，各國公室所統轄的武裝力量多位於國城附近，國與國之間有大量荒蕪的土地，所以當時還未形成戍守的制度。春秋時期，各國相繼掀起了開疆拓土的熱潮，諸侯領土不斷擴大，許多距離國城較遠的地方皆設立了都邑，爲了加強對這些都邑的控制，於是出現了戍守的制度。如：魯莊公八年，齊國國君派連稱、管至父戍守葵丘。兩人在瓜熟時啓程趕往戍守地，齊侯說，再及瓜熟時，另遣人代替他們。說明當時已有戍守的期限。魯僖公二十五年，楚國的鬭克、屈禦寇以申、息的武裝戍守商密。魯襄公十年，以晉國軍隊爲首的諸侯聯軍，修築了虎牢城，並戍守其地。與此同時，晉國軍隊又修築了梧和制兩城，派士魴、魏絳戍守其地。魯襄公二十六年，晉國派兵戍守茅氏，齊國的殖綽進攻茅氏，並且殺了晉國的戍卒三百人。

第三，卿大夫逐漸取得了通過蒐狩以改軍制的權力，其私家武裝不斷壯大。卿大夫以其都邑爲後盾，攫取了許多本屬於國君的權力。如大蒐之權，魯宣公二年，趙盾在首山進行田獵。魯襄公十七年，衛孫林父之子孫蒯在曹隧進行田獵活動。魯定公元年，魏獻子在大陸進行田獵，都有大蒐的性質。

春秋時期，車兵改爲步兵，是非常重要的軍制變革之一。如此重大的軍制改革，本應由國君決定，但晉國後期，六卿勢力強大，魏氏和中行氏乘機主導了此次軍制改革。《左傳・昭公元年》：「晉中行穆子敗無終及群狄於太原，崇卒也。將戰，魏舒曰：『彼徒我車，所遇又阨，以什共車必克。困諸阨又克。請皆卒，自我始。』乃毀車以爲行，五乘爲三伍。荀吳之嬖人不肯即卒，斬以徇。爲五陣以相離，兩於前，伍於後，專爲右角，參爲左角，偏爲前拒，以誘之。翟人笑之。未陣而薄之，大敗之。」由上可知，改車戰爲徒兵的變革，並不是人人皆贊同的，中行吳的一部分下屬，不願改爲步兵，被斬首後，軍制改革才得以順利推行。魯國的軍制改革，也由三桓所主導，國君被排除在外。魯襄公十一年，季武子將魯國軍隊擴編爲三軍。魯昭公五年，三桓又捨去中軍。春秋時期，卿大夫採取各種手段，攘奪軍權，其結果必然是私家武裝的日益壯大。如魯宣公十二年，晉、楚邲之戰，因知罃被楚人俘獲，知莊子以其族兵返戰。魯成公十六年，晉、楚鄢陵之戰，欒、范以其族兵護衛公行。魯襄公十九年，鄭國子孔爲政專權，引起國人不滿，子孔遂以其自家之甲兵及子革、子良氏之甲兵加強守備，以防國人來討。魯襄公二十八年，齊國慶氏以其私家之甲兵包圍了公宮。魯昭公二十一年，宋國的華貙憑藉其私車十五乘、徒兵七十人，護送華登出境。魯昭公二十七年，楚左司馬沈尹戌率領都邑武裝參加對吳國的戰爭。魯哀公八年，魯國微虎以其私屬七百人欲攻吳王之舍。魯哀公十一年，季氏欲以其甲兵七千人抗擊齊國軍隊。以上所舉例證，只是卿大夫私家武裝之冰山一角。限於文獻記載，我們不能一一列舉，但可以肯定的是，春秋中後期，隨著私家卿族佔據都邑數量的增加，其都邑之武裝也是愈益強大。這是與各國公室衰落，政權逐漸移於私家卿族的政治大趨勢相一致的。

三、大都耦國現象對春秋賦稅制度的影響

西周時期，賦稅主要由國人來承擔。春秋時期，各諸侯國通過開疆拓土，佔有了許多新的土地，這些土地大多被用來分封卿大夫，於是大量的卿大夫之都就出現了。都的大量出現，改變了野中的面貌，卿大夫及其家族成員將先進的生產力和生產關係傳授給野人，使得野中的社會經濟狀況在不太長的時期內有了很大的提高，大大縮短了國、野之間社會發展的差距，這就爲野人承擔賦稅鋪平了道路。魯宣公十五年，魯國實行「初稅畝」的改革，其實質是按每戶

佔有田地的數量征稅，而不再區分國人或是野人，這不僅是稅收制度的重大變革，也是國人、野人地位漸趨平等，共同走向編戶齊民制的重要一步。魯國稅制改革的原因固然有多種，而魯國公族勢力強大，佔有大量都邑，都邑所轄的野中的土地在卿大夫的治理之下，得到較好的開發，日積月累，必然積蓄了不少的財富。所以，野中的土地因都邑的大量設立而得到開發，是魯國稅制改革的客觀前提。都邑要承擔賦稅在文獻中有明確的記載，《左傳・襄公二十二年》：「春，臧武仲如晉，雨，過御叔。御叔在其邑，將飲酒，曰：『焉用聖人！我將飲酒而已，雨行，何以聖為？』穆叔聞之，曰：『不可使也，而傲使人，國之蠹也。令倍其賦。』」除此之外，晉國也有卿大夫在其田地中征稅的記載，如范氏曾派其家臣公孫尨征稅。《左傳・哀公二年》：「初，周人與范氏田，公孫尨稅焉。」晉國趙氏在其大都晉陽之內，也派家臣征收賦稅。《國語・晉語九》：「趙簡子使尹鐸為晉陽。請曰：『以為繭絲乎？抑為保障乎？』簡子曰：『保障哉！』」韋昭注：「繭絲，賦稅。損其戶，則民優而稅少。」趙氏不僅在晉陽征稅，邯鄲也是趙氏的重要稅源之一。《國語・晉語九》記載，在趙襄子走保晉陽前夕，有人主張去邯鄲，因為邯鄲之倉庫非常充實。襄子曰：「瀎民之膏澤以實之，又因而殺之，其誰與我？」可見，邯鄲倉庫充實的原因是搜刮來的民脂民膏，也就是征自邯鄲之民的賦稅。關於春秋時期的賦稅不再區分國人和野人的證據還有，《左傳・哀公十一年》：「夏，陳轅頗出奔鄭。初，轅頗為司徒，賦封田以嫁公女。」杜預注：「封內之田悉賦稅之。」就是說，在陳國封域之內，無論國人、野人，都要繳納賦稅。除了土地稅之外，春秋時期關稅的征收也日益普遍了，《左傳・文公二年》：「仲尼曰：『臧文仲，其不仁者三，不知者三。下展禽，廢六關。』」不管此處之「廢」字作何解，春秋時期魯國置關征稅是鐵的事實。《左傳・文公十一年》：「初，宋武之世，鄋瞞伐宋，司徒皇父帥師禦之。耏班御皇父充石。……以敗狄于長丘，獲長狄緣斯。皇父之二子死焉，宋公於是以門賞耏班，使食其征。謂之耏門。」可見，宋國也是征收關稅的。這說明國、野之間的聯繫增多了，國人與野人的差距有所縮小，因為關稅的征收，不區分國人還是野人。以上是文獻中明確提到「稅」和「征」的例證，還有「政」字，當通「征」字，也是指征稅，如魯昭公二十年，齊景公「使有司寬政」，〔註6〕魯哀公十一年，魯國公叔務人曰：「事充、政重，上不能謀，士不能死，何以治民？」〔註7〕這兩處之「政」皆當征稅講。

〔註6〕 楊伯峻《春秋左傳注》中華書局 1990 年，頁 1418。
〔註7〕 楊伯峻《春秋左傳注》中華書局 1990 年，頁 1659。

在春秋時期，雖然賦稅經常連稱，但是賦和稅畢竟有區別。稅主要是指土地稅，賦主要是指軍賦。《漢書‧食貨志》記載：「有賦有稅。稅謂公田什一及工商衡虞之入也。賦共車馬甲兵士徒之役。」《漢書‧刑法志》又云：「稅以足食，賦以足兵。」可見，自漢代以來，稅和賦的區別已非常明顯。在春秋時期，常以賦直接代指軍隊。如，魯隱公四年，衛州吁稱本國軍隊為賦。魯成公二年，晉、齊鞍之戰前夕，齊侯稱自己的軍隊為賦。此類事例較多，不必一一列舉。這裏我們要特別強調的是，西周時期，野人不承擔軍賦。進入春秋，野中出現了大量的卿大夫之都，在卿大夫及其家臣的長期經營下，野中的社會經濟狀況及野人的面貌皆有所改善，國人和野人的差距逐步縮小，這為野人承擔軍賦創造了有利條件。隨著戰爭規模的不斷擴大，僅僅依靠國人充軍作戰顯然已不能滿足戰爭的需要，各國諸侯都希望野人能夠參軍，以增強其軍事實力，此其一；另一方面，卿大夫為了在複雜多變的政治鬥爭中立於不敗之地，也迫切需要建立一支屬於自己的強有力的武裝力量。這些諸多因素促成了野人終於進入了承擔軍賦的行列。野人出軍賦是通過一系列改革措施來逐步實行的，如魯僖公十五年，晉國出現了州兵。魯成公元年，魯國有了丘甲。魯襄公二十五年，楚國也根據實際征收的賦稅額度進行了賦制改革。魯昭公四年，鄭國子產開始征收丘賦。經過這些改革措施後，至春秋中後期，野人出軍賦已很普遍了。魯成公七年，申公巫臣說申、呂作為都邑，皆要出軍賦，以防禦北方各國。魯襄公十一年，魯國季氏將軍隊擴編為三軍，命令在其都邑中服役者也要參軍，這其中當然包括野人。魯襄公三十年，鄭國的豐卷因不滿子產，徵集其都中的武裝，蓄意發動叛亂。魯定公八年，魯國陽虎為了去掉三桓，曾經調動季氏都中的兵車，也就是都邑的武裝。因為都中大多為野人，所以都中的武裝一定也包括野人在內。魯哀公十一年，齊國討伐魯國，叔孫武叔集結自己都中的武裝準備迎擊齊軍，冉有以武城的三百人作為自己的徒兵，這些武裝中無疑有野人在內。野人出軍賦，不但是軍賦制度的重大變革，而且意味著野人取得了與國人一樣服兵役的權利，使得國人與野人的差距進一步縮小，這是國人、野人的區分最終消失，共同走向編戶齊民的必不可少的過程。晉國趙、魏、韓三家和齊國陳氏以都代國之後，國人、野人的區分徹底消除了，他們都變成了新型國家的編戶齊民。

四、大都耦國現象對官僚制度的影響

世卿世祿制轉變為官僚制，是春秋歷史上非常重大的變革之一。官僚制

區別於世卿世祿制的明顯特徵是：官僚不是憑藉血緣關係取得職務的，而且官僚不得世襲。根據官僚的特徵可以判斷，官僚的萌芽很難在上層高級貴族中產生，因為上層貴族封有土地和人民，擁有獨立的私家武裝，更有盤根錯節的家族組織作為其統治的基礎。則官僚的萌芽只能從下層士人中產生，下層士人因在政治鬥爭中失利或因貴族人數日益增多，逐漸無祿田可封受，於是從大家族中開始游離出來。而勢力強大，擁有大都的卿大夫成為他們投靠的對象，佔有大都的卿大夫為了進一步擴充自己的勢力，也需要有實際才能的士人擔任邑宰等職，以更好的治理大都。從大家族中開始游離出來的士人，與其新投靠的主人之間，沒有任何血緣關係，純屬政治上的君臣關係，這樣官僚制的萌芽就產生了。當然這一步在春秋歷史上經歷了漫長的過程，在私家都邑之中，邑宰最初多為卿大夫的同姓或本宗，原因是卿大夫初立家時，所佔都邑較少，都中人口不多，但隨著卿大夫勢力強大，佔領都邑數量的增多，所屬人口數量的增加，都中事務繁雜，需要更多的家臣來管理。如晉國的六卿、齊國的陳氏、魯國的季氏皆佔有多座都邑，晉韓氏賦有七邑，范氏擁有隨、范、郇、櫟、朝歌等大小都邑，齊陳氏有高唐及安平以東的廣大土地，魯國季氏佔有費、卞。因此，邑宰等職官的選任也就不以同姓或本宗為限。

如晉國趙簡子之家宰少室周，有讓賢之舉，可以斷定其非趙氏家族成員。《國語・晉語九》記載，少室周曾擔任趙簡子的車右，聽說牛談以力大著稱，乃請與之角力，以比力之大小，結果少室周沒有勝過牛談，少室周遂將車右一職讓給牛談，趙簡子以為少室周有讓賢之明，遂提拔其擔任家宰。董安於，也是趙簡子的重要家臣之一。《韓非子・內儲說上》記載董安於曾作過上地守，執法嚴峻。《戰國策・趙策一》張孟談說，董安於是趙簡子之能臣，長期經營晉陽，將晉陽建設成為城池堅固、府庫充足、倉廩盈實的政治軍事基地，為趙氏以都代國奠定了基礎。安於的才能引起了趙氏政敵的恐懼，《左傳・定公十四年》：「梁嬰父惡董安於，謂知文子曰：『不殺安於，使終為政於趙氏，趙氏必得晉國。』……而後趙氏定，祀安於於廟。」可見，安於對趙氏之重要性。尹鐸是繼董安於之後，治理晉陽的又一位重要的趙氏家臣。《國語・晉語九》記載，尹鐸初到晉陽，即將范、中行氏圍困晉陽時的壁壘修復一新，這違反了趙簡子欲拆除壁壘的意圖，因為趙簡子一看到壁壘，就聯想到自己的仇敵中行寅和范吉射，難免產生痛惡之情。尹鐸不但沒有拆除壁壘，反而加

高加固，簡子勃然大怒，非殺尹鐸不可。正在此時，簡子的另一位家臣郵無正替尹鐸解釋了反其道而行的原因，壁壘是趙氏危難時留下的見證，予以保存可以使人產生戒懼之心，實際上起到了師、保的作用，修復壁壘的根本目的還是爲了以此爲鑒，而安定趙氏。簡子深以爲然，遂重賞尹鐸。尹鐸治理晉陽期間，減少了戶數，達到了民優稅少的目的，晉陽成爲趙氏的中心大都，與尹鐸的貢獻是分不開的。郵無正亦是趙簡子的名臣，《國語・晉語九》有關於他的言行的記錄，除了以上爲尹鐸解圍之外，在鐵之戰中，郵無正擔任趙簡子的御戎，其御馬駕車的本領甚高，能止馬使之徐行，爲贏得鐵之戰的勝利做出了自己的貢獻。竇犫也是趙簡子的一位家臣，《國語・晉語九》記載了竇犫與趙簡子的一段對話，簡子感慨說，許多動物皆能變化爲它物，唯獨人不能！竇犫回答說，君子眞正擔心的是沒有賢人輔佐等問題，范、中行氏不撫恤庶民的艱難，而欲專擅晉國之政，如今其子孫在齊國成了農夫，人之變化如此之大，怎麼能說是沒有變化呢！這是竇犫乘機勸諫簡子要居安思危，勵精圖治，以范、中行氏爲前車之鑒，其用意非常深遠又富有啓發性。陽虎是趙簡子手下的又一位家臣，原爲魯國季孫氏的家臣，魯定公八年，陽虎圖謀去掉三桓，反爲三桓所敗，於是出奔齊國，齊侯受到鮑文子的勸告，將陽虎予以囚禁，僥倖逃脫後奔往宋國，輾轉到了晉國，最終投歸趙氏門下。魯哀公二年，陽虎協助趙簡子納衛太子蒯聵於戚，途中迷失方向，經陽虎出謀獻策，才到達目的地。鐵之戰中，陽虎再次向簡子進獻計謀，被簡子所採納，爲鐵之戰的勝利做出了一定的貢獻。趙襄子的著名家臣有張孟談，《國語・晉語九》和《戰國策・趙策一》詳細記錄了他的言行。知伯進攻趙襄子之時，有人或主張走長子，或走邯鄲，襄子決定歸保晉陽，於是張孟談追隨襄子固守晉陽，晉陽危在旦夕之時，張孟談成功游說魏、韓兩家，使得魏、韓兩家倒戈，知氏猝不及防，三家遂滅知氏。以上趙氏之家臣，在趙氏以都代國後，便由家臣變爲趙國的首批官僚。除趙氏有異姓家臣外，范氏也有。《左傳・哀公五年》：「初，范氏之臣王生惡張柳朔，言諸昭子，使爲柏人。昭子曰：『夫非而讎乎？』對曰：『私讎不及公，好不廢過，惡不去善，義之經也，臣敢違之？』」可知，王生和張柳朔皆非范氏同族之人。魯國的孔門弟子，多有仕於三桓者，僅受食祿，而無封邑，也屬於官僚制萌芽的性質。《論語・雍也》：「子華使於齊，冉子爲其母請粟……原思爲之宰，與之粟九百。……季氏使閔子

騫爲費宰⋯⋯子游爲武城宰。」《論語・先進》:「子路使子羔爲費宰。」《論語・子路》:「仲弓爲季氏宰⋯⋯子夏爲莒父宰。」孔子的弟子作爲邑宰,無尺土之封,僅有穀祿,因此,季氏可以輕易任免他們,而不會出現像陽虎等宗法貴族家臣的叛亂。

　　春秋時期,卿大夫吸收異姓士人擔任邑宰等家臣需要一些具體的儀式,如「委質」和盟。「委質」分別出自《左傳》和《國語》,《左傳・僖公二十三年》:「懷公立,命無從亡人,期,期而不至,無赦。狐突之子毛及偃從重耳在秦,弗召。冬,懷公執狐突,曰:『子來則免。』對曰:『子之能仕,父教之忠,古之制也。策名、委質,貳乃辟也。』」《國語・晉語九》:「委質爲臣,無有二心。委質而策死,古之法也。君有烈名,臣無叛質。」可見,「委質」就是異姓士人對新主人的完全投靠,與戰國以後中央集權制下的官僚相比,君臣之間人身依附關係的色彩較爲濃厚。典型的事例是欒氏之家臣辛俞。《國語・晉語八》:「欒懷子之出,執政使欒氏之臣勿從,從欒氏者大戮施。欒氏之臣辛俞行,吏執之,獻諸公。公曰:『國有大令,何故犯之?』對曰:『臣順之也,豈敢犯之?執政曰無從欒氏而從君。是明令必從君也。臣聞之曰:三世事家,君之;再世以下,主之。事君以死,事主以勤,君之明令也,自臣之祖,以無大援於晉國,世隸於欒氏,於今三世矣,臣故不敢不君。今執政曰不從君者爲大戮,臣敢忘其死而叛其君,以煩司寇!』公說。固止之,不可。厚賂之,辭曰:『臣嘗陳辭矣,心以守志,辭以行之,所以事君也。若受君賜,是墮其前言。君問而陳辭,未退而逆之,何以事君?』」由辛俞的言行可以看出,「委質」狀態下的家臣,只是官僚的萌芽,其人身要受到很大的約束,與後世的官僚仍有一定的區別。除了「委質」之外,卿大夫還通過盟的方式吸納異姓士人作家臣。如《侯馬盟書》中就有「委質」類的盟辭,研究者認爲:「委質類盟書的內容表明,趙尼等人兵敗逃亡之後,他們的宗黨、家臣、邑宰們便紛紛脫離舊的主君,而『委質』投靠到新的主君趙鞅這方面來了。委質人的身份,不是趙鞅的宗族。他們是趙鞅從敵對陣營中爭奪過來的。」〔註8〕

　　春秋時期,卿大夫通過「委質」和盟的方式,將一些異姓士人變爲自己的家臣,卿大夫以都代國之後,這些家臣也就成爲新建國家的首任官僚。所以,春秋時的家臣是戰國官僚的前身,而晉國趙氏的家臣是很典型的例證。

〔註8〕　《侯馬盟書》文物出版社,1976年,頁73。

五、大都耦國現象對法制的影響

　　春秋時期是中國法制的萌芽時期，而晉國是法制最早萌芽的國家之一。晉國的法制萌芽較早，有其特殊的原因。曲沃代翼使晉國的舊制度受到沉重打擊，宗法禮制已難以維繫人心，客觀形勢需要晉國統治者調整統治方式，以維護其統治地位。這就爲晉國的法制萌芽提供了契機。

　　晉獻公時期，是晉國法制的醞釀階段。晉獻公面對曲沃代翼後的新形勢，誅殺桓莊之族，解除了公族勢力對自己統治的威脅，又驅逐群公子，廢除公族制度，傳統的禮制幾乎被消除殆盡。在這種情況下，產生了士蒍之法。這是由晉獻公的重要股肱之臣士蒍制定的，由於文獻缺載，其內容已不可考，但對後世產生了深遠的影響。魯成公十八年，晉悼公命右行辛修定士蒍之法，說明此法直至悼公時還在發揮作用。晉文公時，系統總結了晉國自曲沃代翼至驪姬之亂的經驗教訓，利用被廬之蒐的時機制定了被廬之法。被廬之法的主要精神保留在《國語‧晉語四》中，其內容涉及面非常廣泛，包括授予百官職事，任用有功之人，除去宿債，輕繇薄賦，拯救淹滯之士和困難窮乏之人，減輕關稅，使物資、人員流通順暢，對商業和農業實施優惠政策，鼓勵商業和農業的發展。文公的被廬之法之所以關注大量經濟和社會民生方面的情況，是因爲晉國自晉昭侯封桓叔於曲沃以來，內戰不休，獻公在位期間，爲了開疆拓土，對外戰爭不斷，繼而又發生驪姬之亂，朝政混亂，生靈塗炭，人民痛不欲生。因此，文公欲穩定晉國政局，必須首先解決人民的生產、生活問題，讓人民從動盪不安中逐漸安定下來，這是爲政之本。被廬之法還規定，要對舊族、親戚、貴寵、故舊的利益予以維護，同時，對賢良、立有功勞的人，也要進行鼓勵和任用，既照顧舊族和同姓的利益，又舉用異姓中的能臣、良將。很明顯，這是對獻公一概排斥公族等舊勢力政策的適當調整，目的是適當安撫舊族，擴大統治基礎，有利於政局的穩定。總的來說，被廬之法的核心內容是整頓統治秩序，對曲沃代翼以來所實施的激進政策予以適當調整，使晉國政局朝著平穩的方向發展。《左傳‧昭公二十九年》：「文公是以作執秩之官，爲被廬之法，以爲盟主。」但是，被廬之法還有一個容易被人忽視的重要特徵是，被廬之法的頒佈是與軍事行動密切聯繫在一起的，《左傳‧僖公二十七年》：「於是乎蒐於被廬，做三軍，謀元帥。」這證明李孟存先生關於古代的法起源於軍法的論斷是有根據的。〔註9〕被廬之法雖然已不是

〔註9〕李孟存《晉國史》山西古籍出版社1999年，頁428。

軍法，但仍然保留了軍法的某些特徵，如依然在大規模軍事集結中頒佈。可以說，被廬之法是軍法向民法轉變過程中比較重要的一個環節。

魯文公六年，趙盾但任中軍帥，制定了夷蒐之法。主要內容是：制定政治事務的典章規則，規定法律條文的懲罰標準，清查過去斷而不決的刑獄案件，繼續追捕沒有捉拿歸案的人員，規範契約等經濟往來的憑證，改正過去錯誤的法令條例，強化貴賤等級秩序，任用賢能，以接續舊的職官，選拔沉滯在下層的優良人才。夷蒐之法實際上是對文公被廬之法的修正，主要針對向舊族勢力傾斜的內容。趙盾屬異姓卿大夫，其目的是要異姓卿族取得與同姓卿族平等的政治地位，夷蒐之法與被廬之法一樣，都是借大規模軍事行動的時機，向軍民公佈，還沒有徹底擺脫軍法的影響。但是，夷蒐之法制定以後，趙盾將其授予太傅陽處父和太師賈佗。太傅和太師均非軍職，這是軍法向民法轉變的一個很重要的轉折點。

晉國的法令開始擺脫軍法色彩，真正成為民法是從范武子之法開始的。《左傳‧宣公十六年》：「武子歸而講求典禮，以修晉國之法。」《國語‧周語中》：「（武子）歸乃講聚三代之典禮，於是乎修執秩以為晉法。」文獻中沒有記載范武子之法的頒佈與軍事活動有關，武子之法對後世也有一定的影響，魯成公十八年，晉悼公命士渥濁修訂范武子之法，說明此法對晉國社會的發展有積極作用。

魯昭公二十九年，趙鞅、中行寅將范宣子所作的刑書鑄於刑鼎之上，標誌著晉國成文法的產生，是晉國法制史上具有里程碑意義的大事。鑄刑鼎的事件表明傳統以禮治國的模式已難以為繼，預示著戰國時期各國的法制變革已為時不遠了。鑄刑鼎最重要的特點之一是將涉及民事的條款鑄之於鼎，意味著晉國的法令徹底拋棄了軍法的外衣，完全轉變為民法。此非臆斷之言，有孔子的評論可為證。《左傳‧昭公二十九年》：「仲尼曰：『晉其亡乎！失其度矣。夫晉國將守唐叔之所受法度，以經緯其民，卿大夫以序守之，民是以能尊其貴，貴是以能守其業。貴賤不愆，所謂度也。文公是以作執秩之官，為被廬之法，以為盟主。今棄是度也，而為刑鼎，民在鼎矣，何以尊貴？貴何業之守？貴賤無序，何以為國？』」「民在鼎矣」一語透露出晉國此次所鑄刑書具有明顯的民法特徵，也就是說，法令中民法的特徵愈明顯，對高低貴賤的等級秩序的衝擊也就愈大，這是晉國法制的巨大進步。趙、魏、韓三家以都代國後，晉國的法制得以發揚光大，對戰國時期各國的變法改制起了很

大的推動作用。戰國時期，三晉成爲法家的淵藪，與晉國具有先進的法制密切相關。

第七章　結　語

　　研究春秋時期大都耦國的政治現象實際上就是研究國和家的問題。這裏的國和家與通常意義上的國家概念不盡相同，一般所謂的國家是指領土國家，完全是一種地域概念和政治概念，而春秋時期的國多指諸侯的國城，包括城外的郊區。都是卿大夫所受封的大邑，也就是卿大夫家所在的城邑。春秋時期的家主要是指卿大夫的都，所以都家經常連用，與後來家多指小家庭有明顯的區別。春秋時期的國和家是國家形態處於初級階段的表現形式。關於國家形態的問題，前人有許多的爭論，本文不擬介入，而是重點通過考察晉國都與國的勢力消長，卿大夫最終以大都耦國的方式實現以都代國的過程，從而揭示出都與國之間對立統一的矛盾關係推動國家形態由低級向高級發展的歷史事實。自恩格斯發表《家庭、私有制和國家的起源》一文以來，一般將國家的特徵概括為兩個方面，即按地區劃分國民和公共權力的設立。實際上這是國家形態趨於成熟後的特徵，中國的國家形態在戰國以後開始逐漸接近以上所說成熟國家的特徵，而在戰國以前，國家形態處於初級階段。西周時期，國主要是指周天子分封的諸侯國，姬姓諸侯國占大多數。各國的統治範圍皆比較小，多為方圓百里或五十里，各國所統轄的庶民是以家族為單位進行生產、生活的。作為統治者的諸侯也是依靠公族勢力來維護其統治的，公族成員實行世卿世祿制，世代執掌朝政大權，政治關係和地緣關係雖在各國已存在，但血緣關係仍然是占主導地位的社會關係，這種情況一直延續到春秋早期。春秋時期，晉國最早以大都耦國的方式實現了以都代國，小宗成功取代大宗，血緣關係的主導地位開始發生動搖，晉獻公廢除公族制度，這不僅在當時，在整個中國歷史上也是非常罕見的。晉惠公時，實行「作爰

田」和「作州兵」的改革，野人開始取得了出軍賦、服兵役的權利。這些措施使晉國上層和下層中的血緣關係受到巨大的衝擊，從而推動晉國社會從血緣向地緣轉變，晉國的國家形態與中原各國相比，具有明顯的先進性。另一方面，獻公除去公族之後，必然要任用異姓、異宗卿大夫，這就爲晉國異姓的崛起，提供了良機。魯閔公元年，獻公封趙夙於耿，封畢萬於魏，再加上前已獲封韓的韓萬，拉開了此後長達二百五十八年三家從大都耦國到以都代國的序幕。三家以都代國後，趙、魏、韓三國隨之一同建立，周威烈王二十三年，周天子封趙、魏、韓三家爲諸侯，標誌著三個新型的中央集權制國家開始登上歷史舞臺。其重大的歷史意義還在於，標誌著宗法分封制基本上轉變爲郡縣制，世卿世祿制轉變爲官僚制，以勞役剝削爲主要特徵的剝削方式轉變爲以徵收賦稅爲主的剝削方式，以禮治轉變爲法治。這就是晉制的主要特徵，而晉制又是戰國、秦漢制度的源頭。縱觀晉國發生的這些歷史巨變，皆與大都耦國的政治現象有著千絲萬縷的關係。所以，研究晉國的大都耦國政治現象，對進一步明確國家形態的演變歷程，以及探索國家進步的軌迹都具有重要意義。

從兩漢經學到清代乾嘉學派，春秋學都是其中的專門之學，及至近代以來，關於春秋史的研究也是成果累累。本文絕不是對前人成果的簡單羅列，而是以大都耦國爲主線，來剖析春秋時期所發生的歷史巨變。就春秋時期各主要諸侯國的內部而言，大都耦國是主要的政治現象。因爲西周時期主要是天子建國的階段，當時各國當然也有都，但由於諸侯國的統治範圍皆爲百里上下，分封大都的條件尚不具備。只有到了春秋時期，各國掀起了開疆拓土的浪潮，諸侯封立大家才日益普遍，卿大夫遂以大都爲基地，不斷擴充實力，當其都之規模和實力達到或超過國城時，大都耦國的現象就出現了。如晉之曲沃代翼，齊之陳氏代齊，魯之三桓專魯，皆爲大都耦國的典型例證。戰國以後，中央集權制國家出現，郡縣制得到普遍推行，領土國家開始登上歷史舞臺，是以大都耦國也不可能在戰國以後出現。因此，大都耦國是春秋時期所獨有的政治現象。仔細考察將會發現，春秋時期各國普遍出現了大都耦國的政治現象，只是有的實現了以都代國，卿大夫成功奪取了政權，如晉、齊；而有的沒有實現以都代國，如魯國等中原各國。通過對大都耦國政治現象的分析，可以發現春秋時期的許多歷史變遷都與大都耦國現象有著或多或少的聯繫。因此，本文以大都耦國爲主要線索，重點考察春秋時期的制度變遷，

主要分析以血緣聯繫為主的都家演變為以地緣聯繫為主的縣；社會地位和等級身份不同的國人、野人轉變為新型國家的編戶齊民；因政治或經濟原因從家族中分化出來的士人，通過委質、盟等形式擔任邑宰，最後轉變為新型官僚；軍法轉變為民法等。這些重要的制度變遷，在晉國表現的最為突出，所以本文主要是以晉國為例，闡述了曲沃代翼、欒氏以曲沃耦國、六卿之都與國的僵持、萃於三族及三家分晉的過程和特點。為了加深對大都耦國現象的理解，本文特地將齊、魯、鄭、宋、衛的耦國現象與晉國作了對比，發現晉國和齊國最為相似，均處於邊緣地帶，所受中原周禮傳統的影響比較少，都成功實現了以都代國，並由此推動兩國的社會大踏步向前發展。而魯國等中原國家，處於傳統周禮文化的核心區，儘管出現了大都耦國的現象，但沒有實現以都代國。造成這種差別的主要原因是各國對傳統周禮因襲的負擔輕重不同所致。在此基礎之上，我們進一步聯繫秦國和楚國，發現兩國在春秋時期的國家發展軌迹與晉、齊兩國有許多相同或相似的地方，於是我們試著提出了邊緣崛起現像這樣一個新概念，以解釋齊、晉、秦、楚在春秋時期不斷發展壯大，而魯、衛、宋、鄭等中原國家反而走向衰落的歷史。

所謂邊緣崛起的現象，是指齊、晉、秦、楚等原來落後、處於邊緣的國家發展為春秋四大國的歷程。齊、晉、秦、楚等國長期與戎、狄、蠻、夷為伍，對傳統周禮因襲的負擔都比較輕，改革的阻力小，所以成功機率大。與此形成鮮明對照的是，魯、衛、鄭、宋等傳統包袱重的國家，改革阻力大，進步緩慢。最終在更加激烈的競爭中走向衰亡。此前的商滅夏、周滅商，此後的秦併六國，都為邊緣崛起理論提供了典型例證。

參考文獻

一、理論著作

1. 《馬克思恩格斯選集（第二卷）》〔M〕，北京：人民出版社，1995 年。

2. 《馬克思恩格斯選集（第四卷）》〔M〕，北京：人民出版社，1995 年。

3. 龐卓恒，《唯物史觀與歷史科學》〔M〕，北京：高等教育出版社，1999 年。

二、古　籍

1. 〔漢〕毛亨傳、鄭玄箋，《毛詩》〔M〕，（《漢魏古注十三經》本），北京：中華書局，1998 年。

2. 舊題〔漢〕孔安國傳，《尚書》〔M〕，（《漢魏古注十三經》本），北京：中華書局，1998 年。

3. 〔漢〕鄭玄注，《儀禮》〔M〕，（《漢魏古注十三經》本），北京：中華書局，1998 年。

4. 〔漢〕鄭玄注，《禮記》〔M〕，（《漢魏古注十三經》本），北京：中華書局，1998 年。

5. 〔魏〕何晏集解，《論語》〔M〕，（《漢魏古注十三經》本），北京：中華書局，1998 年。

6. 〔晉〕杜預，《春秋經傳集解》〔M〕，（《漢魏古注十三經》本），北京：中華書局，1998 年。

7. 〔漢〕司馬遷，《史記》〔M〕，北京：中華書局，1982 年。

8. 〔漢〕班固，《漢書》〔M〕，北京：中華書局，1962 年。

9. 〔晉〕杜預注、〔唐〕孔穎達疏，《春秋左傳正義》〔M〕，北京：中華書局，1979 年。

10. 〔唐〕杜佑，《通典》〔M〕，北京：中華書局，1984 年。

11. 〔宋〕鄭樵，《通志》〔M〕，北京：中華書局，1987 年。

12. 〔宋〕馬端臨，《文獻通考》〔M〕，北京：中華書局，1986 年。

13. 〔宋〕司馬光，《資治通鑑》〔M〕，北京：中華書局，1956 年。

14. 〔宋〕程公説，《春秋分紀》〔M〕，文淵閣四庫本。

15. 〔清〕洪亮吉，《春秋左傳詁》〔M〕，北京：中華書局，1987 年。

16. 〔清〕劉文淇，《春秋左氏傳舊注疏證》〔M〕，北京：科學出版社，1959 年。

17. 〔清〕顧棟高，《春秋大事表》〔M〕，北京：中華書局，1993 年。

18. 〔清〕馬驌，《繹史》〔M〕，北京：中華書局，2002 年。

19. 〔清〕高士奇，《左傳紀事本末》〔M〕，北京：中華書局，1979 年。

20. 〔清〕姚彥渠，《春秋會要》〔M〕，北京：中華書局，1955 年。

21. 〔清〕黃汝成，《日知錄集釋》〔M〕，上海：上海古籍出版社，2006 年。

22. 〔清〕秦嘉謨等，《世本八種》〔M〕，北京：北京圖書館出版社，2008 年。

23. 〔清〕顧祖禹，《讀史方輿紀要》〔M〕，北京：中華書局，2005 年。

24. 〔清〕梁玉繩，《古今人表考》〔M〕，北京：北京圖書館出版社，2005 年。

25. 〔清〕段玉裁，《説文解字注》〔M〕，上海：上海古籍出版社，1988 年。

三、近人著作

1. 徐元誥，《國語集解》〔M〕，北京：中華書局，2002 年。

2. 王國維，《觀堂集林》〔M〕，北京：中華書局，1959 年。

3. 王國維，《古史新證》〔M〕，北京：清華大學出版社 1994 年。

4. 顧頡剛，《古史辨》〔M〕，上海：上海古籍出版社 1982 年。

5. 顧頡剛，《史林雜識》〔M〕，北京：中華書局，1963 年。

6. 郭沫若，《中國古代社會研究》〔M〕，石家莊：河北教育出版社，2000 年。

7. 侯外廬，《中國古代社會史論》〔M〕，石家莊：河北教育出版社，2000 年。

8. 馮寶誌，《三晉文化》〔M〕，瀋陽：遼寧教育出版社，1991 年。

9. 侯伍傑，《山西歷代紀事本末》〔M〕，北京：商務印書館，1999 年。

10. 李亞農，《西周與東周》〔M〕，上海：上海人民出版社，1956 年。

11. 李元慶，《三晉古文化源流》〔M〕，太原：山西古籍出版社，1997 年。

12. 劉起釪，《古史續辨》〔M〕，北京：中國社會科學出版社，1991 年。

13. 任偉，《西周封國考疑》〔M〕，北京：社會科學文獻出版社，2004 年。

14. 謝鴻喜，《〈水經注〉山西資料輯釋》〔M〕，太原：山西人民出版社，1990 年。

15. 孫曜，《春秋時代的世族，民國叢書・第三編》〔M〕，上海：上海書店，1991 年。

16. 張蔭麟，《中國史綱》〔M〕，北京：三聯書店，1955 年。

17. 楊伯峻，《春秋左傳注》〔M〕，北京：中華書局，1990 年。

18. 童書業，《春秋左傳研究》〔M〕，上海：上海人民出版社，1980 年。

19. 童書業，《春秋史》〔M〕，上海：上海古籍出版社，2003 年。

20. 童書業，《童書業古代社會論集》〔M〕，北京：中華書局，2006 年。

21. 童書業，《童書業歷史地理論集》〔M〕，北京：中華書局，2004 年。

22. 童書業，《春秋史料集》〔M〕，北京：中華書局，2008 年。

23. 王貴民，《春秋會要》〔M〕，北京：中華書局，2009 年。

24. 徐中舒，《先秦史論稿》〔M〕，成都：巴蜀書社 1992 年。

25. 徐中舒，《徐中舒歷史論文選輯》〔M〕，北京：中華書局，1998 年。

26. 李學勤，《東周與秦代文明》〔M〕，北京：文物出版社，1991 年。

27. 楊寬，《古史新探》〔M〕，北京：中華書局，1965 年。

28. 楊寬，《西周史》〔M〕，上海：上海人民出版社 2003 年。

29. 楊寬，《戰國史》〔M〕，上海：上海人民出版社 2003 年。

30. 顧德融，《春秋史》〔M〕，上海：上海人民出版社，2003 年。

31. 王玉哲，《中華遠古史》〔M〕，上海：上海人民出版社，2003 年。

32. 朱鳳瀚，《商周家族形態研究》〔M〕，天津：天津古籍出版社 1990 年。

33. 繆文遠，《戰國策新校注》〔M〕，成都：巴蜀書社，1998 年。

34. 沈長雲，《趙國史稿》〔M〕，北京：中華書局，2000 年。

35. 王宇信、楊升南，《中國政治制度通史・先秦卷》〔M〕，，北京：人民出版社，1992 年。

36. 呂思勉，《中國制度史》〔M〕，上海：上海教育出版社，2005 年。

37. 呂思勉，《呂思勉讀史箚記》〔M〕，上海：上海古籍出版社，2005 年。

38. 方詩銘，《古本竹書紀年輯證》〔M〕，上海古籍出版社，2005 年。

39. 郭克煜，《魯國史》〔M〕，北京：人民出版社，1994 年。

40. 何懷宏，《世襲社會及其解體》〔M〕，北京：三聯書店，1996 年。

41. 吳靜安，《春秋左氏傳舊注疏證續》〔M〕，長春：東北師大出版社，2005

年。

42. 〔日〕竹添光鴻,《左氏會箋》〔M〕,成都:巴蜀書社,2008 年。

43. 葛志毅,《周代分封制度研究》〔M〕,哈爾濱:黑龍江人民出版社,1992
年。

44. 呂文郁,《周代的采邑制度》〔M〕,北京:社會科學文獻出版社,2006
年。

45. 侯志義,《采邑考》〔M〕,西安:西北大學出版社,1989 年。

46. 李孟存,《晉國史》〔M〕,太原:山西古籍出版社,1999 年。

47. 馬保春,《晉國歷史地理研究》〔M〕,北京:文物出版社,2007 年。

48. 許倬雲,《求古編》〔M〕,北京:新星出版社,2006 年。

49. 許倬雲,《中國古代社會史論》〔M〕,桂林:廣西師範大學出版社,2006
年。

50. 許倬雲,《萬古江河》〔M〕,上海:上海文藝出版社,2006 年。

51. 王毓銓,《王毓銓史論集》〔M〕,北京:中華書局,2005 年。

52. 瞿同祖,《中國封建社會》〔M〕,上海:上海人民出版社,2003 年。

53. 趙儷生,《中國土地制度史》〔M〕,濟南:齊魯書社,1984 年。

54. 陳翰笙,《解放前西雙版納土地制度》〔M〕,北京:中國社會科學出版社,
1984 年。

55. 馬曜,《西雙版納分地制與西周井田制比較研究》〔M〕,昆明:雲南人民
出版社,2001 年。

56. 袁林,《兩周土地制度新論》〔M〕,長春:東北師大出版社,2000 年。

57. 〔日〕長野郎,《中國土地制度的研究》〔M〕,北京:中國政法大學出版
社,2004 年。

58. 齊思和,《中國史探研》〔M〕,石家莊:河北教育出版社,2000 年。

59. 錢杭,《周代宗法制度史研究》〔M〕,上海:學林出版社,1991 年。

60. 錢宗範,《周代宗法制度研究》〔M〕,桂林:廣西師範大學出版社,1989
年。

61. 田昌五,《周秦社會結構研究》〔M〕,西安:西北大學出版社,1996 年。

62. 楊師群,《東周秦漢社會轉型研究》〔M〕,上海:上海古籍出版社,2003
年。

63. 楊國勇,《山西上古史新探》〔M〕,北京:中國社會科學出版社 2002 年。

64. 方朝暉,《春秋左傳人物譜》〔M〕,濟南:齊魯書社,2001 年。

65. 張有智,《三晉文獻集》〔M〕,太原:山西人民出版社,2007 年。

66. 王宇信等,《中國古代文明與國家形成研究》〔M〕,北京:中國社會科學

出版社 2007 年。

67. 謝維揚，《中國早期國家》〔M〕，杭州：浙江人民出版社，1995 年。

68. 趙世超，《周代國野制度研究》〔M〕，西安：陝西人民出版社，1991 年。

四、考古專著

1. 北京大學考古系，《天馬 —— 曲村遺址》〔M〕，北京：科學出版社，2000年。

2. 《太原晉國趙卿墓》〔M〕，北京：文物出版社，1996 年。

3. 《侯馬盟書》〔M〕，北京：文物出版社，1976 年。

4. 劉緒，《晉文化》〔M〕，北京：文物出版社，2007 年。

5. 中國社科院考古研究所編，《中國考古學・兩周卷》〔M〕，北京：中國社會科學出版社，2004 年。

五、參考論文

1. 徐中舒，〈豳風説〉〔J〕，《國立中央研究院歷史語言研究所集刊》，第六本第四分，1936 年。

2. 顧頡剛，〈春秋時代的縣〉〔J〕，《禹貢》，1937 年第 6、7 合期。

3. 〔日〕增淵龍夫，〈説春秋時代的縣〉，《日本學者研究中國史論著選譯》〔C〕第 3 卷，北京：中華書局》，1993 年。

4. 楊寬，〈論春秋戰國間社會的變革〉〔J〕，《文史哲》，1954 年第 3 期。

5. 徐中舒，〈試論周代田制及其社會性質〉〔J〕，《四川大學學報》，1955 年第 2 期。

6. 王毓銓，〈爰田解〉〔J〕，《歷史研究》，1957 年第 4 期。

7. 韓國磬，〈試論春秋戰國時土地制度的變化〉〔J〕，《廈門大學學報》，1959年第 2 期。

8. 常正光，〈春秋時期宗法制度在晉國的開始解體與晉國稱霸的關係〉〔J〕，《四川大學學報》，1963 年第 1 期，

9. 冉光榮，〈春秋戰國時期郡縣制的發生和發展〉〔J〕，《四川大學學報》，1963 年第 1 期，

10. 冉光榮，〈論郡縣制度〉〔J〕，《四川大學學報》，1975 年第 1 期。

11. 林劍鳴，〈井田和爰田〉〔J〕，《人文雜誌》，1979 年第 1 期。

12. 羅元貞，〈晉國的爰田與州兵〉〔J〕，《山西大學學報》，1979 年第 3 期。

13. 李根蟠，〈春秋賦稅制度及其演變初探〉〔J〕，《中國史研究》，1979 年第 3 期。

14. 徐鴻修，〈周代貴族專制政體中的原始民主遺存〉〔J〕，《中國社會科學》，

1981 年第 2 期。

15. 郭人民，〈秦漢制度淵源論〉〔J〕，《河南師大學報》，1981 年第 4 期。

16. 林甘泉，〈從出土文物看春秋戰國間的社會變革〉〔J〕，《文物》，1981 年第 5 期。

17. 林鵬，〈晉作爰田考略〉〔J〕，《晉陽學刊》，1982 年第 3 期。

18. 衛文選，〈晉國滅國略考〉〔J〕，《晉陽學刊》，1982 年第 6 期。

19. 陳力，〈晉國成文法的形成初探〉〔J〕，《晉陽學刊》，1983 年第 1 期。

20. 應永深，〈試論晉國政治的尚公特徵〉〔J〕，《晉陽學刊》，1983 年第 2 期。

21. 楊寬，〈分封制和郡縣制的發展演變〉〔J〕，《教學與科研》〔J〕，《1983 年第 2 期。

22. 徐喜辰，〈春秋時代的室和縣〉〔J〕，《人文雜誌》，1983 年第 3 期。

23. 韓連琪，〈論春秋時代法律制度的演變〉〔J〕，《中國史研究》，1983 年第 4 期。

24. 楊善群，〈爰田釋義辨正〉〔J〕，《人文雜誌》，1983 年第 5 期。

25. 楊英傑，〈春秋晉國軍制探討〉〔J〕，《晉陽學刊》，1983 年第 6 期。

26. 衛文選，〈歷代晉卿與晉國興衰的關係〉〔J〕，《晉陽學刊》，1984 年第 1 期。

27. 王蘭仲，〈試論春秋時代宗法制與君主專制的關係〉〔J〕，《中國史研究》，1984 年第 1 期。

28. 吳浩坤，〈西周和春秋時代宗法制度的幾個問題〉〔J〕，《復旦大學學報》，1984 年第 1 期。

29. 韓連琪，〈春秋戰國時代政治的變化〉〔J〕，《文史哲》〔J〕，《1984 年第 2 期。

30. 吳榮曾，〈試論先秦刑罰規範中所保留的氏族制殘餘〉〔J〕，《中國社會科學 1984 年第 3 期。

31. 張鴻雁，〈春秋戰國時期城市在社會發展中的地位和作用〉〔J〕，《文史哲》，1984 年第 4 期。

32. 趙世超，〈殷、周農業勞動組合演變略述〉〔J〕，《農業考古》，1985 年第 2 期。

33. 趙世超，〈晉和戎狄評議〉〔J〕，《史學月刊》，1985 年第 2 期。

34. 田昌五，〈談臨沂銀雀山竹書中的田制問題〉〔J〕，《文物》，1986 年第 2 期。

35. 俞榮根，〈晉刑鼎再議〉〔J〕，《法學研究》，1986 年第 3 期。

36. 許倬雲，〈東周到秦漢：國家形態的發展〉〔J〕，《中國史研究》，1986 年第 4 期。

37. 鄒昌林，〈晉文公的大分封和晉國中期貴族土地所有制的變化〉〔J〕，《中國社會科學院研究生學報》，1986 年第 4 期。

38. 韓連琪，〈春秋戰國時代的郡縣制及其演變〉〔J〕，《文史哲》，1986 年第 5 期，

39. 虞雲國，〈春秋縣制新探〉〔J〕，《晉陽學刊》〔J〕，1986 年第 6 期。

40. 郝鐵川，〈論西周春秋的國家政體〉〔J〕，《史學月刊》，1986 年第 6 期。

41. 周蘇平，〈春秋時期晉國政權的演變及其原因之分析〉〔J〕，《西北大學學報》，1987 年第 2 期。

42. 徐喜辰，〈論國野、鄉里與郡縣的出現〉〔J〕，《社會科學戰線》，1987 年第 3 期。

43. 周自強，〈生產力發展規律與春秋戰國之際的社會變革〉〔J〕，《中國史研究》，1987 年第 3 期。

44. 錢杭，〈周代宗法制度在我國歷史上的演變〉〔J〕，《河北學刊》，1987 年第 4 期。

45. 湯雄平，〈關於春秋時代的家〉〔J〕，《史學月刊》，1987 年第 6 期。

46. 王貴民，〈試論貢、賦、稅的早期歷程〉〔J〕，《中國經濟史研究》，1988 年第 1 期。

47. 楊善群，〈論春秋戰國間的世卿制〉〔J〕，《求是學刊》，1988 年第 5 期。

48. 楊文，〈軍事重鎮晉陽城〉〔J〕，《文史知識》，1989 年第 12 期。

49. 彭邦本，〈從曲沃代翼後的宗法組織看晉國社會的宗法分封性質〉〔J〕，《中國史研究》，1989 年第 4 期。

50. 徐勇，〈試析春秋中後期晉國的政局和趙氏強盛的原因〉〔J〕，《中國史研究》，1989 年第 4 期。

51. 錢杭，〈春秋時期晉國的宗政關係〉〔J〕，《華東師範大學學報》，1989 年第 6 期。

52. 程有為，〈晉國人才思想與舉用制度述論〉〔J〕，《史學月刊》，1990 年第 3 期。

53. 李力，〈論春秋末期成文法產生的社會條件〉〔J〕，《法學研究》，1990 年第 4 期。

54. 趙世超，〈西六師、成周八師不是常備軍〉〔J〕，《洛陽師專學報》，1991 年第 2 期。

55. 呂文郁，〈春秋時期晉國的采邑制度〉〔J〕，《山西師大學報》，1991 年第 2 期。

56. 衛文選，〈晉國縣郡考釋〉〔J〕，《山西師大學報》，1991 年第 2 期。

57. 林宏躍，〈論三家分晉形成的社會機制〉〔J〕，《山西師大學報》，1992 年

第 1 期。

58. 呂文郁，〈春秋時代晉國的縣制〉〔J〕，《山西師大學報》，1992 年第 4 期。

59. 臧知非，〈論縣制的發展與古代國家結構的演變：兼談郡制的起源〉〔J〕，《中國史研究 1993 年第 1 期。

60. 閻明恕，〈采邑是晉文公稱霸諸侯的一項重要措施〉〔J〕，《貴州師大學報》，1995 年第 3 期。

61. 周振鶴，〈縣制起源三階段説〉〔J〕，《中國歷史地理論叢》，1997 年第 3 期。

62. 李曉傑，〈春秋晉縣考〉，《歷史地理》〔C〕，第 16 輯，上海：上海人民出版社，2000，

63. 田建文，〈「啓以夏政、疆以戎索」的考古學考察〉，《慶祝張忠培先生七十歲論文集》〔C〕，北京：科學出版社，2004。

致　謝

　　此篇博士論文能夠順利竣工，應首先歸功於我的導師趙世超教授。作爲導師，本應做好教學工作即可，但是自我入校以來，小到衣、食、住、行，大到整篇論文的框架結構，都受到導師無微不至的關懷。實際上導師既充當了老師的角色，又擔負起父母的責任。此時此刻，我不禁感慨萬千，老師對我可謂仁至義盡，我當何以爲報！

　　從論文的選題可以看出，「大都耦國」實際上凝聚了導師對春秋史的獨到見解。對春秋史的研究，自西漢以來即是顯學，如何突破前人成規，以新的視角，從總體上對春秋時期的歷史特徵進行高度概括，無疑是對先秦史研究的重大挑戰。我的導師趙世超教授高屋建瓴，積數十年研究之心得，認爲春秋時期的主要歷史特徵就是「大都耦國」現象，而「大都耦國」現象的典型例證就是晉國。因此，以晉國的「大都耦國」現象爲主線，深入剖析春秋歷史，才能有所創新，有所開拓。然而，研究歷史決不能僅僅止於現象之表面，其根本目的還在於發現歷史發展之規律。晉國由方百里之國發展爲春秋第一大國，再聯繫到商滅夏，周滅商，以及後來的秦滅六國，都是由邊緣較小的政治勢力崛起爲大國。簡言之，一部先秦史就是邊緣崛起的歷史。邊緣崛起作爲歷史上反復出現的政治現象，絕非偶然。我的導師趙世超教授由此提出了邊緣崛起的理論。

　　在此，我還要特別感謝我的父母，回想自己的上學歷程，從小學到博士，無論遇到任何艱難險阻，父母都始終不渝的予以支持，能有今日，實賴父母所賜！

　　最後，我要衷心感謝所有支持和幫助過我的老師和朋友們，正是有你們的關心，才激勵著我勇往直前。